U0434935

21世纪新闻传播学丛书

编辑学

潘树广　编著

苏州大学出版社

图书在版编目(CIP)数据

编辑学/潘树广编著. —苏州：苏州大学出版社，1997.5(2025.1 重印)
(21 世纪新闻传播学丛书)
ISBN 978-7-81037-307-4

Ⅰ. 编… Ⅱ. 潘… Ⅲ. 编辑学 Ⅳ. G232

中国版本图书馆 CIP 数据核字(2001)第 09195 号

编 辑 学
潘树广 编著
责任编辑 朱坤泉

苏州大学出版社出版发行
(地址：苏州市十梓街 1 号 邮编：215006)
广东虎彩云印刷有限公司印装
(地址：东莞市虎门镇黄村社区厚虎路20号C幢一楼 邮编：523898)

开本 787×960 1/32 印张 21.5 字数 360 千
1997 年 5 月第 1 版 2025 年 1 月第 16 次印刷
ISBN 978-7-81037-307-4 定价：55.00 元

苏州大学版图书若有印装错误，本社负责调换
苏州大学出版社营销部 电话：0512-67481020
苏州大学出版社网址 http://www.sudapress.com

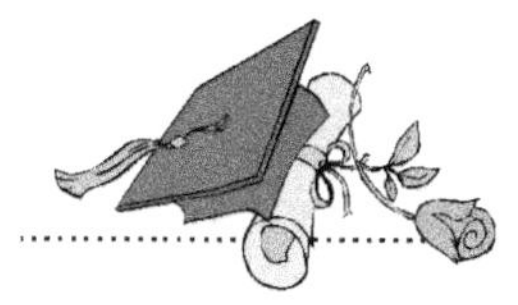

“21世纪新闻传播学丛书”编委会

目录

contents

第四章 图书的基本结构

第五章 图书编辑出版流程

第六章 图书装帧设计

第七章 报纸编辑概说

第八章　报纸的版面与标题

第九章　报纸版面设计

第十章　期刊编辑概说

第十一章　期刊的装帧设计

 第十二章 计算机与编辑出版

第一章 编辑与编辑学

内容提要：

本章解释编辑的涵义，阐述编辑工作与编辑学的基本概念；回顾编辑活动的历史进程和编辑学的建立；并从文献学的角度，论述编辑在文献生产、加工、交流这一动态系统中的枢纽地位。

第一节 编辑与编辑工作

一、编辑

“编”和“辑”，在古代原是两个独立的单音节词。

编，是古代用来穿联竹简的皮条或绳子。上古无纸，文字写在竹简上，把这些竹简按顺序联起来便是简册，这就是古代的书籍。《史记·孔子世家》记载，“(孔子)读《易》，韦编三绝”，是说孔子攻读《易经》，反复翻阅，竟致皮绳多次扯断。《史记》又说孔子“上纪唐、虞之际，下至秦缪，编次其事”，这里“编”用作动词，是依次排列的意思。

辑，是聚合、搜集之意，又引申为补合、整修之意。①

编、辑二字连缀为双音节词“编辑”，在唐代文献中已多处出现。其基本意义是，搜集材料，整理成书。如唐颜元孙《干禄字书序》：“不揆庸虚，久思编辑。”有时也写成“编缉”，如范传正在唐元和十二年(817)写的《李公(李白)新墓碑》说：“文集二十卷，或得之于时之文士，或得之于公之宗族，编缉断简，以行于代。”这是指编辑整理李白的文集。可见“编辑”一词在唐代的意义和用法，与现代已相去不远。

以上说的是“编辑”的古代意义。

今人使用“编辑”一词，已注入专业性的内涵，其意义和用法当然比古代复杂多了。当今的“编辑”，在不同的语言环境中，涵义有所不同。

一是作及物动词使用的“编辑”(edit)，指的是编辑行为。比如说：“他年轻时编辑过三种杂志。”

① 参见汉书·朱云传

二是作名词使用的“编辑”，有三种涵义：

(1) 指从事编辑工作的人，即编辑工作者(editor)。《中国大百科全书·新闻出版》的解释是：“使用物质文明设施和手段，从事组织、采录、收集、整理、纂修、审定各式精神产品及其他文献资料等项工作，使之传播展示于社会公众者。”

(2) 指一种业务或社会职业，即编辑工作(editorship)。

(3) 指出版系列的中级职务(专业职称)。我国1986年3月30日颁发的《出版专业人员职务试行条例》规定，编辑职务(含美术编辑)设编审、副编审、编辑、助理编辑四种。编辑为中级职务，相当于讲师、工程师。

上述不同涵义，在具体语言环境(口头或书面)中不难辨别。这里我们着重讨论的是编辑工作。

二、编辑工作

根据一定的目的，从事精神产品的征集、选择、整理、加工，促成其发表或出版，使之有效传播的工作，就是编辑工作。

编辑工作总是受一定的目的支配的。各家出版社、报社、杂志社都有自己的办社宗旨和编辑方针，从总体上指导各项编辑工作的开展。在不同的时期，编辑人员又要根据本社的性质、特点和社会需求，有针对性地开展组稿、审稿等工作。编辑工作的主要对象是精神产品——书稿、文稿、图稿等等，这些精神产品是初始形态的，未必符合出版或发表的要求。编辑人员需要通过审改、整理、加工等一系列劳动，才能把它们转化为出版物——具有更完善的形态、能广泛传播的精神产品。这些精神产品投向社会后，编辑人员要及时获取反馈信息，不断改进工作，引导新的精神产品的产生。

编辑工作的主要特点，是导向性、中介性和隐匿性。

编辑工作的导向性，首先体现在稿件的选择和组织的环节中。编辑部每天都收到大量自发来稿，采用哪些来稿，不用哪些来稿，都反映了编辑人员的政治倾向或学术取向，并影响着广大读者注意力的投向。同时，自发来稿往往处于分散、无序和质量参差不齐的状态，要求编辑人员精心确定选题，主动组稿，引导精神产品的生产，以此影响广大的作者和读者。此外，编辑工作的导向性，还体现在稿件的加工、编者按语的撰写、图片资料和文字资料的配发，乃至编排次序、版面设计等工作环节中。

编辑工作的中介性主要体现在两个方面。第一,编辑是原始文稿向出版物转化过程中的中介。在这个过程中,编辑是加工者,是把关人。编辑的重要职责,就是对原稿的内容和形式进行加工,使之优化,把初始文稿转化为出版用稿,促成其出版。第二,编辑是作者和读者的中介。编辑根据读者的需要,向作者组稿(在报社中,编辑还有组织记者采访的任务);作者写出稿件后,编辑将作者的劳动继续和升华,介绍给广大读者,又把读者的意见反馈给作者。通过编辑的居间联系作用,精神产品的生产与消费这两个方面互相促进,协调发展。

编辑工作的隐匿性,或称潜隐性,是指编辑掩身于作者身后的这一特点。编辑工作是艰辛的,但当作品发表或出版时,读者只知道该作品是谁写的,却不知道是谁编辑的。即使现在不少出版物注出责任编辑的名字,但读者极少过问。如果问读者喜欢哪些作家或者学者,读者会报出一串名字;如果问他钦佩哪些编辑,说不定他一个名字也说不上来。但是,如果询问已经成名的作家和学者是否还记得编辑的名字,他会满怀深情地说出曾经给予他帮助的编辑的名字,并具体讲述这些编辑如何发现人才、培养人才,如何为作品的修改加工付出艰苦的劳动。这说明,编辑的大量心血是投向他人的作品,这一点,只有作者最清楚。而作品一旦出版,编辑即隐身而去,读者无法区分出编辑人员追加给作品的劳动究竟有哪些,因为编辑的劳动已融化在他人的作品中了。

人们常说的编辑是无名英雄,编辑工作是“为他人作嫁衣裳”,正道出了编辑工作隐匿性的特点。作家茹志鹃在《我献给编辑的话》中写道:

你的成功,
消亡在别人的成功之中;
别人的失误,
你却要分担惩罚。
掌声和鲜花,
只属于作者;
你只在无声无息的后台,
完成自己的价值。①

这是对编辑工作特点的艺术概括,也是对编辑奉献精神的热情歌颂。

① 转引自彭建炎.出版学概论.吉林:吉林大学出版社,1992.124~125

第二节 编辑学

一、编辑学的涵义、对象和任务

编辑学是研究编辑基础理论、编辑工作的规律和方法的学科。该学科以编辑工作实践为基础，以研究编辑理论为导向，探讨编辑工作的一般规律和特殊规律。它是编辑实践的总结、概括和理论的升华，属于人文社会科学范畴，但又与自然科学、思维科学、管理科学等多种学科密切相关，是多种学科相互交叉的边缘学科，所涉及的学科知识十分广泛。

编辑学作为学科建构，既是意识形态，又是精神产品，是精神文明和科学文化知识的一个组成部分。如同其他精神产品一样，编辑学在人类精神文明建设和科学文化知识的进步与繁荣的历程中占有十分重要的地位，能够在许多方面发挥巨大作用。编辑学的理论框架建立起来后，不仅能够指导编辑工作实践，推动编辑出版事业向前发展，而且能够促进其他各门学科的发展，促进整个国家的物质文明和精神文明建设。

有关编辑学的研究对象问题，自20世纪80年代以来，学术界提出了许多观点和主张。其中，比较有代表性的观点和主张有以下几种：

其一，编辑学的研究对象是各类出版物从稿件的规划、征求、选择、鉴定、校核、加工整理，直至投入印制生产之前的一系列工序中附加于作品本身的精神活动。

其二，编辑学的研究对象是指由他人创作的（不是编辑自己的）、以原稿形式出现的精神产品。

其三，编辑学的研究对象是编辑活动与文化的关系，即整个社会文化知识产品的结构设计、组织生产、审定加工并传播给读者等活动的一系列编辑

现象。

其四,编辑学的研究对象是制约编辑活动的各种内部和外部关系,特别是编者与读者、编者与作者的关系。①

上述观点和主张不尽一致,甚至有重大的差异和一定的对立:有的侧重于研究编辑活动的性质、作用和发展规律,有的则侧重于研究编辑活动与社会的联系,还有的侧重于研究编辑活动的原理和方法。但是,这些观点和主张又不是绝对对立的,可以互相阐发和补充。并且,至少有一点是共同的,即这些观点和主张都把编辑活动作为编辑学的研究对象。我们既要从微观的角度研究编辑活动自身,又要从宏观的角度研究编辑活动的外部环境及其相互联系。如果把编辑活动局限于选题、组稿、审稿、加工等编辑过程,对编辑学的理解就会显得过于狭窄;但如果把编辑学等同于文化、写作、传播等学科,脱离编辑活动的特点,去一般地研究文化的创造和传播,则又显得过于宽泛而缺乏特性。

我们认为,编辑学的主要研究对象是编辑工作。应当明确的是,“编辑工作的对象”和“编辑学的研究对象”不是等同的概念。编辑工作的对象(客体)是初始文稿及其作者、出版物及其读者,而编辑学把编辑工作的主体(编辑者)也纳入研究对象,而且是重要的研究对象。也就是说,编辑学不仅研究编辑客体,也研究编辑主体以及主客体间的相互关系。

编辑学的任务,是逐步把握编辑工作的规律,指导编辑工作者按规律性的要求合理地组织各项编辑活动,不断提高思想素质和业务素质,繁荣新闻出版事业,为精神文明建设服务。同时,还要加强编辑学的自身建设,不断完善编辑学的理论体系。

因此,我们要在理论与实践的结合上对编辑学的研究对象及其相关问题进行理论阐发和深入的探讨、总结,从而使编辑学能够真正地对编辑工作发挥理论先导作用。具体地说,编辑学的任务可以概括为以下几个主要方面:

第一,研究编辑工作产生、演变和发展的一般规律。任何一门学科的出现,都是人们的实践不断发展的需要,编辑学的产生也不例外。从广义上说,人们社会的、经济的、政治的和科学文化的实践活动决定着编辑学的发展方向,对编辑学的产生起着深刻的影响。同时,从微观上看,编辑工作的

① 参见阙道隆等.书籍编辑学概论.沈阳:辽宁教育出版社,1995.15

实践活动及其发展又是产生编辑学的内在因素，呼唤着编辑学的创立和构建。因此，编辑学要探讨编辑工作同社会、经济、政治以及科学文化诸因素的相互关系，探讨编辑工作与创建编辑学的关系及对创建编辑学的作用，解决编辑工作在产生、演变过程中，特别是现实的实践活动中提出的各种问题，研究这些问题对建设编辑学的作用。

第二，研究党和政府的有关文化工作，特别是有关编辑出版工作的方针、政策，论析编辑工作的指导思想和指导方针，阐明编辑工作的目的和服务对象。在我国，编辑工作是社会主义出版事业的中心环节，是整个社会主义文化事业的重要组成部分。编辑工作者组编和审阅的文稿、书稿必须是健康有益的精神食粮，能够促进社会主义精神文明和物质文明建设，提高整个民族的文化素质。深入探讨和论析这些问题，才能使编辑工作沿着社会主义的正确方向向前发展，从而更有效地为社会主义的物质文明和精神文明建设提供服务，贡献力量。

第三，研究编辑工作流程的规律和特点，探讨编辑工作的性质和特征，分析编辑劳动和劳动产品的特点与价值。编辑工作的每个环节是有差异的，每个环节的地位和作用也各不相同，各个门类、各个专业的编辑工作既有共同规律，又有自己的特殊规律。研究这些规律和特点，甚而将不同地区、不同国家的编辑工作进行理性的分析和比较，能拓宽编辑学的研究领域，深化编辑学的研究层面，丰富编辑学的研究内容。编辑工作是一种特殊的社会文化活动，编辑学研究并真正解决这些问题，将有助于我们在编辑工作中认识、掌握和运用这些规律，取得编辑工作的主动权。

第四，研究编辑人员的素养以及对编辑人员素养进行培育和提高的途径。编辑工作必须具有前瞻性和开拓性，编辑人员必须有新思维和新意识，勇于创新，善于求索，无论其政治素质和业务素质，都应该适应新形势和新要求。编辑工作的活动来源于社会实践，也来源于作者和读者以及其他社会力量，编者同读者以及其他社会力量的关系和影响都在不断地发展和变化，那种只会伏案审稿、等稿上门的编辑意识已经无法同今天的社会现实相吻合。因此，编辑学要始终站在时代的前列，对不断变化的新情况、新观念进行深入的研究，并不断地予以新的概括，给年轻的编辑学以扎扎实实的理论支撑。

二、编辑学的研究内容

编辑学研究的内容，有理论研究、应用研究和历史研究三个方面。

理论研究，包括编辑与编辑学的基本概念的界定，编辑学的学科性质的论证，编辑学的研究对象、内容和任务的论述，编辑学基本原理的概括，编辑人才的思想素质和知识结构的分析等。

应用研究，即研究选题、组稿、审稿、加工、发稿、读样等工作环节的工作原则和操作方法，研究编辑管理的规范化和现代化等。

历史研究，即中外编辑史的研究，包括历代编辑工作与编辑理论发展的研究，历代编辑学家、编辑成果的研究等。

上述三个部分的研究虽各有不同的侧重面，但又是相互联系、相互促进的。实践是理论概括的基础，脱离丰富多样的编辑工作实践而奢谈理论，必然是空论，对编辑工作没有实际指导意义。应用研究又要以科学的理论为指导，否则就会变成零碎的办事细则，缺乏普遍指导意义。历史研究既可以为应用研究提供历史经验，又有助于理论研究者对编辑行为进行历时性的考察，探索其发展规律。

对编辑学研究者来说，研究的内容往往有不同的侧重面，从而形成不同的研究方向，他们的成果也就体现出不同的研究类型。如方集理主编的《编辑学基础》(杭州大学出版社1992年版)，侧重于基础理论的研究，所论以期刊为主。阙道隆主编的《实用编辑学》(中国书籍出版社1986年版)和张子让的《标题制作与版面设计》(复旦大学出版社1991年版)，都以应用研究为主，前者论图书编辑，后者论报纸编辑的基本功。姚福申的《中国编辑史》(复旦大学出版社1990年版)，是书刊编辑的历史研究。

当然，以上只是大体的区分。侧重于某一方面，不等于排斥其他方面。相反，研究者总是以理论、应用、历史的结合为追求目标。我们要提倡的治学风气是：洞视八极，有师承而无门户之见；博采众长，有胆识而无浮华之风。目前出版的编辑学著作已有数十种，各种著作都有自身的特点。我们学习编辑学课程，应根据自己的实际情况，选择一些书籍来阅读，博采众长，扩大知识面，并加深对某些问题的理解。

三、编辑学的研究方法

在掌握了编辑学的涵义，理解了编辑学的研究对象，明确了编辑学的任务和编辑学研究的内容后，我们还必须了解和掌握编辑学的研究方法，以便利用这些方法去开展编辑学的研究，正确地指导编辑工作的实践。科学方法是达到科学研究目的必备的手段，学习和研究编辑学，也只有采取科学的、正确的方法，才能达到既定的目标。没有科学的、正确的方法，学习和研究编辑学就会多走弯路，难以达到预期的目的。

第一，要坚持理论和实践相结合的方法。理论和实践相统一是马克思主义一贯倡导的一个基本原则，也是学习和研究编辑学的基本方法。在我国，编辑学作为一门独立的学科来研究还刚刚开始，又由于编辑工作具有实践性强的特点，要使编辑学的研究始终沿着正确的方向来开展，达到政治性、理论性、科学性、系统性和实用性的统一，就必须坚持理论联系实际的原则，坚持理论和实践相统一的原则。在学习、研究理论和开展编辑工作的实践时，我们应该运用马克思主义的基本原理和基本观点分析和研究编辑工作中的实际问题，以此来指导并正确地开展编辑工作。我们组发的文稿和论著，要符合党的四项基本原则，认真贯彻“三个代表”的思想，不能违背宪法所规定的要求，绝不能因片面追求经济效益或学术上的标新立异而降低政治条件。对编辑工作提出的新问题，要以马克思主义理论为指导，作出科学的回答，以揭示编辑工作的规律性，促进编辑学的建设。

第二，要运用归纳分析的方法。归纳法是由个别事实推出一般结论的间接推理形式，从特殊到一般就是运用归纳分析方法进行思维。编辑学具有综合性强的边缘学科的特点，而编辑工作门类繁多，实践丰富，没有合理的归纳和深入的分析，就不可能对大量的工作实践中的问题和所涉及的材料进行去粗取精、去伪存真的整理。归纳法是一切科学研究都普遍采用的基本的科学方法，利用这一科学方法开展编辑学的研究，是一条行之有效的途径。在学习和研究编辑学的过程中，只有掌握了归纳分析的方法，并应用于编辑工作的实践，才能揭示编辑工作发展的规律，真正建立起科学的编辑学体系。

第三，采用分类比较的方法。要建立科学的具有中国特色的编辑学，必须对反映实际情况的历史文献和现实文献资料，对来自工作实践的经验总

结材料，对国外编辑工作理论和实践的翻译资料，进行分类比较研究，剔除糟粕，取其精华，扬长避短，为我所用。只有在掌握了大量有用的历史和现实的实际材料的基础上，我们才能进行理论概括，实现从感性向理性的飞跃，揭示事物的本质特征，揭示事物发展的客观规律性，使编辑学真正建立在马克思主义理论的基础之上。

第四，采取继承与创新相结合的方法。在我国保存的大量历史文献、典籍中，历代先贤积累了丰富的编辑工作的优秀成果，这是前人留给我们的一笔宝贵财富，我们应很好地珍惜并加以继承。对祖国编辑工作的优秀文化遗产采取虚无主义的态度是错误的；但是，食古不化、牵强附会也是要不得的。对这份遗产，我们既要继承，又要创新，要根据新情况、新问题，总结新经验、新成就，提出新观点、新见解，探索新理论、新规律，使编辑学真正建立在科学的基础之上。

第五，要坚持反复实践的方法。理论的形成，必须建立在反复实践的基础之上。实践出真知。只有不断地坚持编辑工作的实践，不断总结实践经验，才能建立科学的编辑学体系，也才能学好和掌握编辑学。根据历史材料，借鉴他人的实践经验，也可以把编辑学深入地研究下去。但是，由于编辑学是一门实践性非常强的学科，这一特点决定了只有坚持参加实践，从实践中来，到实践中去，才能更深刻地理解编辑学的各个基本问题，并熟练地掌握它的基本点，用于指导行动，发挥理论的先导作用，推动编辑工作的开展。①

有关编辑学的研究方法还有很多，不可能用几种方法将其全部概括。随着时代的进步和科学的发展，将会有更多更新的研究方法应用于编辑学的研究，并逐步拓宽编辑学研究的领域。凡是有利于编辑学研究的各类方法，我们都可以加以吸收、借鉴和改造，并应用于我们的编辑实践工作之中。

四、我国高校的编辑学专业

我国高校设置编辑学专业，始于20世纪80年代中期，北京大学、复旦大学、南开大学、武汉大学、四川大学等高校招收了编辑学专业四年制本科生。

---

① 参见肖汉森等. 编辑学概论. 武汉：华中师范大学出版社，1989. 14～16

原国家教育委员会高等学校学生管理司1988年编的《高等学校毕业生使用方向》(高等教育出版社1989年版),对编辑学专业作了如下介绍:

> 编辑学专业培养能从事新闻、文化、出版、教育、科研等部门的编辑工作和编辑学教学与研究工作的德智体全面发展的高级专门人才。
>
> 本专业要求学生掌握马克思主义的基本原理和编辑学基本理论;具有编辑出版史和某一基础学科的基础知识;能熟练地使用工具书;熟悉我国关于出版、文化、宣传的方针、政策和法规;具有编辑出版的业务能力、较强的文字表达能力和初步的科研能力;在掌握外语工具方面,应具有较强的阅读本专业书刊的能力、一定的听的能力、初步的写和说的能力。
>
> 主要课程:编辑学概论、中国编辑出版史、编辑写作、编辑业务实践、工具书使用法、文献学、当代国外出版业务概况、现代化手段与编辑、出版发行管理、出版法、现代汉语、古代汉语、中国文化史、编辑实习等。
>
> 毕业生适宜从事新闻、出版单位的编辑、文化等宣传工作;党政机关、企事业单位的教育宣传及文字工作。

除本科教育外,南京大学、河南大学等还招收了编辑学方向的硕士研究生。

第三节 编辑与文献生产

编辑学与文献学是交叉渗透的。以文献学的观点来审视编辑出版这门

学问，就是研究文献的生产、加工与传播的学问①；编辑在文献生产中的地位可以表述为：编辑是文献生产、加工、交流这一动态系统中的枢纽。

为了更具体地阐述这个问题，首先要解释什么是文献。

一、文　献

《中华人民共和国国家标准·文献著录总则》给"文献"下了简明的定义：文献是"记录知识的一切载体"。我们可以从三个方面去理解它：(1)提供知识是文献的本质属性。这里既包括古书上记载的知识，也包括不断涌现的各学科的新知识，内容丰富多样，如医学文献提供医学知识，科技文献提供科技知识等。(2)记录知识的物质载体是多种多样的，古代的知识载体有金石、竹帛，后来发明了纸张，现代又有感光材料（如胶片）、磁性材料（如磁带、磁盘）等。(3)记录的手段也是多种多样的，如书写、印刷、录音、录像等。

文献是人类智慧的结晶。人类不断生产文献，又不断利用文献。文献的生产和利用相互促进，生生不息，推动着人类精神文明和物质文明的进步。没有文献，就没有人类的文明和进步。那么，文献生产的过程又是怎样的呢？

二、原生文献的生产

文献的生产，大体可分为两个过程：原生文献的生产和再生文献的生产。②

作者把自己的知识、经验、学术观点或艺术创作固化在一定的载体上，形成初始文稿，这就是原生文献。这个过程，就是原生文献的生产过程。

一个学者如果不把自己头脑中的知识、观点讲出来，旁人就无从知晓，也就谈不上知识的传播；如果仅限于口头讲授，传播范围也是极有限的。只有当他把自己的知识、观点用文字写在纸上（或采用其他的记录方式和载体），形成文献，才为知识在更大范围的传播提供了必要的物质条件。何

① 潘树广．让大学生学点编辑出版知识．上海出版工作，1987(4)．26～28

② 倪波．文献学概论．南京：江苏教育出版社，1990．194～238

况,知识的口头讲授难免带有一定的即兴色彩,不可能把每个细节都考虑得很周到。而当作者把自己的知识、观点固化在载体上时,必然要经过推敲,以求表达得更精确和全面。好比一个学者作了学术报告,听众要求将记录稿公开发表时,报告人一般要对记录稿进行润色、修改,才肯付印。所以,从某种意义上说,原生文献的生成过程,也是使头脑中的知识、观点优化和序化的过程。这就是原生文献生产的意义所在。

三、再生文献的生产

对原生文献进行编辑加工,用印刷方式或其他方式投入批量生产,使原生文献大量再生,这便是再生文献的生产。

原生文献的生成,使知识的传播在一定程度上摆脱了时间和空间的限制。例如,一个名医将自己数十年治病的经验整理成验方后,才有可能使之流传后世。但如果验方仅作为祖传秘方在家族内部流传,受益面毕竟是很有限的,而且有失传的危险。只有投入再生文献的生产——验方经编辑加工正式出版,广泛发行,才能在更广阔的时空范围内造福于人类,并使之免于失传。因而,再生文献的生产,是扩大原生文献的社会效益和经济效益的有效途径,也是对原生文献的保护(称为再生性保护)。

四、编辑在文献生产中的地位

再生文献是原生文献的再生产,但不是简单、机械的复制。从原生文献到再生文献,有一系列的工作程序,编辑工作是其中的中心环节。

编辑在文献生产中的作用,主要体现在对原生文献的征集、筛选和优化上。

分散在广大作者群当中的原生文献,有赖于编辑以敏锐的眼力去发现,促成其再生产。编辑又要针对一定时期政治、经济、学术文化发展的状况,主动制订选题计划,广泛开展组稿工作,引导文献的生产。面对大量来稿,又要根据其质量和社会需求,进行慎重甄别,决定哪些先出版,哪些后出版,哪些不宜出版。可以说,编辑是原生文献的第一个读者,并对其能否投入再生产起着举足轻重的作用。同时,对确定采用的稿件,须进行审读、加工、设计,使之优化,达到出版水平。排版后,尚须读样、改样,把好各道质量关口。

出版前后，还要通过各种途径进行宣传，力求使之达到最佳传播效果。

可见，编辑是一种创造性劳动，是原生文献和再生文献的中介。没有编辑人员的辛勤劳动，原生文献便难以进入全社会文献交流系统。因此说，编辑是文献生产、加工、交流这一动态系统中的枢纽。

第四节 编辑活动的历史进程与编辑学的建立

编辑学作为一门相对独立的学科，是20世纪80年代才建立并得到学术界承认的。但编辑作为人类的一项文化活动，却已有悠久的历史。回顾编辑活动的历史和编辑学建立的过程，有助于加深对这门学科的理解。

下面把中华人民共和国建立前的编辑活动，分作三个时期进行简略的介绍：春秋至唐代，宋元至清中叶，晚清至民国末年。每个时期，仅列举几个代表人物或突出的事件，只是一个轮廓。然后，讲述新中国新闻出版事业的发展和编辑学的建立。

一、春秋至唐代的编辑活动

春秋至唐代，著作物主要靠手写方式写在竹片、木片、缣帛、纸张上而得以流传。书籍的装帧形式，以简册和卷轴为主。这一时期习惯上被称为“写本书”时期。虽然根据有关学者的研究，唐代贞观年间已有雕版印刷术，五代时期又有进一步发展，但毕竟不像宋代那样普及。可以说，唐、五代是从“写本书”到“印本书”的过渡阶段。

人类编辑活动的发展水平，与著作物的形态、生产方式密切相关。在写本书时期，书籍的生产方式靠手抄，增长速度较缓慢，装帧较简朴，编辑活动尚处于初级阶段。

孔子是我国第一个大量编辑古代文化典籍的编辑家。范文澜先生在

《中国通史》中说：

> 孔子非常博学，收集鲁、周、宋、杞等故国的文献，整理出《易》、《书》、《诗》、《礼》、《乐》、《春秋》六种教本来，讲授给弟子们。这些教本写在二尺四寸长的竹简上被尊称为经，孔子和其他诸儒解释经义的文字写在较短的竹简或木版上称为传(zhuàn)。

这六种教本，就是"六经"。孔子说他整理"六经"有一个重要原则，即"述而不作"①，只记述，而不创作新义。这是他对自己学术活动特点的概括，也是他的编辑原则，透露了我国编辑思想的早期理论形态。直到今天，"述而不作"仍是编辑工作的一条原则。编辑不同于著作，著作是原创性的，可以自由发挥自己的见解；而编辑则是对他人著作的选择和加工，应忠实于原貌，即使作注释也要忠实于原意。当然，孔子对古代文献的选择、删削和注释，不可避免地反映了他的政治倾向和思想倾向，但这与另著新书毕竟是两回事。

编辑工作的盛衰，是同历代藏书的规模与稿源的丰富程度息息相关的。秦始皇焚书坑儒，使我国的书籍和文化事业遭受空前的浩劫。西汉时期，"武帝广开献书之路，百年之间，书积如丘山"②。汉成帝时，又派陈农求遗书于天下。一时间，书籍激增，写本各异。于是汉成帝命刘向等人开展大规模的图书整理、校订工作。

刘向等人所做的工作，有两件最值得注意：一是校雠（或称雠校），即把同一种书的多种本子进行校勘，编辑整理出一个标准的本子；二是撰写叙录（又称书录），即列出篇目，介绍书名、作者，讲述校勘整理经过，揭示全书要旨、学术源流和价值，然后呈皇上审阅。例如刘向写的《战国策叙录》，先说明此书本子很多，篇卷杂乱；经整理编次，去其重复，得33篇；发现不少错字，如"趙"误为"肖"，"齊"误为"立"；书名亦有不同，宜定名为《战国策》。接着，刘向对《战国策》产生的背景和内容、价值展开论述。全文千余字，"是很有学术价值的编辑报告"③。刘向等人所写的叙录，原分别附于各书

---

① 论语·述而

② 太平御览(卷619)·七略

③ 中国大百科全书·新闻出版．北京：中国大百科全书出版社，1990.43

中，后又将各书的叙录汇辑成《别录》，即叙录的汇编。刘向去世后，其子刘歆继承父业，完成《七略》的编撰工作。《七略》是我国第一部综合群籍的、有严格分类体系的图书目录，系统记录了西汉时期图书的收藏情况和各类图书的学术源流。

这是历史上第一次全国规模的征集图书和编校图书的工作，刘向等人为中国文化典籍的序化、优化、保存和流传作出了杰出的贡献。

东汉时期，由于造纸术的发明和改进，图书的载体由竹简、木牍、缣帛逐渐过渡到纸张。用植物纤维造的纸，比简牍轻便，比缣帛便宜，这就为图书的大规模生产提供了重要的物质条件。加上学术空气的活跃，图书增长迅速。据统计，从春秋战国至西汉末年的747年间，我国产生的著作总数是1 033种，平均每年1.38种；而在造纸术发明后的魏晋南北朝时期，398年间共产生著作10 654种，平均每年26.77种。[①] 汉魏时期，还出现了开展图书贸易的"书肆"和以抄书为业的人——"佣书"。

魏晋南北朝时期，"别集"和"总集"的编辑蔚然成风。

别集，是个人作品的综合集。有自己编辑整理的（如曹植的诗文集），也有他人编辑整理的。后者如《诸葛亮集》，最先由晋初陈寿编辑；《陶渊明集》，由梁朝昭明太子萧统所编。萧统在《陶渊明集序》中说："余爱嗜其文，不能释手，尚想其德，恨不同时。故更加搜求，粗为区目。""并粗点定其传，编之于录。"也就是说，萧统不但对陶渊明集进行编辑加工，还撰写了陶渊明传。

总集，是多人作品的综合集。萧统主持编纂的《文选》是我国现存最早、影响最大的诗文总集，选录了周代至梁代一百三十多个知名作者和少数佚名作者的作品七百余篇（但不收当时在世作家的作品）。萧统在《文选序》中，对编辑宗旨、取舍标准、编排体例都有具体说明：收"事出于沉思，义归乎翰藻"的文学性强的作品，经史诸子一般不收；作品分类编排，"类分之中，各以时代相次"。《文选》的诞生，是南北朝文学观念的强化在编辑思想上的体现；它的编辑体例，对后代文学选本产生了深远的影响。

唐代是我国历史上诗歌创作的鼎盛时期。大量诗歌总集和别集的问世，是这一时期编辑工作的一大特色。编辑当代的诗集，也是突出的特色。据有关文献记载，唐人编选的唐诗总集，有六十余种（不包括诗文合集或唐

---

① 王余光.中国文献史（第一卷）.武汉：武汉大学出版社，1993.49

诗与前代诗歌的合集);流传到现在的,有十余种。体例也丰富多样,或纯粹录诗;或系以诗人小传,如姚合编《极玄集》;或附以诗歌评论,如殷璠编《河岳英灵集》。至于诗文别集,数量更多。或自行编辑,如刘禹锡自编其集40卷,李贺自编其集4卷;或他人编辑,如王维之弟王缙编王维集,李阳冰编李白集,韩愈的门人李汉编《昌黎先生集》,刘禹锡编柳宗元集,杜牧之甥裴延翰编《樊川文集》,等等。

唐代又是报纸的萌芽时期。唐开元年间(713~741)的官报,就是原始形态的手写报纸。这种手写报纸有状报、进奏院状、杂报等名称,内容以报道朝廷政事为主,由朝廷陆续发布,各地派驻长安的官员传抄。晚唐古文家孙樵在襄樊一带得到开元年间的官报数十幅,写了篇《读开元杂报》,详细记述其内容,是重要的报纸编辑史文献。

二、宋元至清中叶的编辑活动

宋元至清中叶,著作物以雕版印刷为主,是我国古代印刷业的全面发展时期,编辑活动也出现了新的面貌。

宋代雕版印刷兴盛,有官刻,也有私刻。开封、杭州、建宁、成都等地商业性的书坊林立,家塾和寺庙也刻了不少书。两宋刻书约有数万部。据文献记载,明代仅从权奸严嵩家中抄出宋版书籍就达6 853部。今天,国内所存宋版书还有千部左右(含残本)。① 足见宋代刻书之盛,流传之广。

宋代又是活字印刷术的发源时期。世界上第一个发明活字印刷术的,是北宋的毕昇,发明时间比欧洲早400年。

雕版印刷与活字印刷,使图书的生产方式发生了革命性的变化。过去靠手抄,图书生产呈单个式;现在是批量生产,一部书稿转眼之间就变成数十、数百乃至上千部书。人们从学术影响和商业利益两方面考虑,不得不在书稿雕版前反复推敲,对书稿进行细致的加工,对版面编排进行认真的设计。这就有力地促进了编辑工作的开展。

北宋朝廷主持编纂了许多大型类书和文学总集,如《太平御览》、《太平广记》、《册府元龟》、《文苑英华》等,大批文人参加了编辑工作。参与编辑的人多了,积累的经验丰富了,又推动了编辑理论著述的撰写。

---

① 张秀民. 中国印刷史. 上海:上海人民出版社,1989. 58

南宋周必大撰的《纂修文苑英华事始》和彭叔夏撰的《文苑英华辨证》就是编辑工作的经验总结和理论阐述。大型总集《文苑英华》1 000 卷，编于北宋初，收梁代至唐五代近 2 200 人的作品，资料丰富，但编得比较粗糙。南宋周必大和彭叔夏对这部大型总集重新编校，并总结了一整套经验。他们将编校成果归纳为用字、人名、题目、脱文等 20 个门类，详细加以阐释，对什么地方该改、如何改，什么地方不该改等问题提出一系列处理原则，对编校工作具有普遍的指导意义。

宋代有些书商，又是出色的编辑，陈起就是其中的代表。陈起是南宋人，又是个出版商，在杭州开了家书籍铺。他与浪迹江湖的诗人有密切联系，为他们逐个编刊诗集，总称为《江湖集》。他热情接待诗人们，诗人们也乐于把诗稿交他编印，所以稿源充足。他注意选稿的标准，反对粗制滥造；印出的书定价又低，且允许赊欠或出借，所以声誉甚佳。① 在中国编辑出版史上，他是个很值得注意的人物。

图书装帧形式，在宋元时期也产生了巨大变化，对编辑设计提出了更高的要求。宋以前，帛书和纸本书的装帧形式主要采用卷轴装，版面的编辑设计比较简单。宋以后，我国的书籍逐步演变为册叶式——蝴蝶装、包背装、线装。册叶式书籍是由一叶叶印纸合订而成的，翻阅起来比卷轴装方便得多，但版式设计必须十分周到，如每叶排多少行，每行印多少字，用什么字体，栏线如何安排，插图如何处理等，都要作仔细推敲。现代编辑学要研究的技术设计和美术设计，在宋元时期已见端倪。例如，元代至治年间(1321 ~ 1323)，建安虞氏辑刊《新刊全相平话武王伐纣书》等多种通俗小说，其中五种流传至今。这五种小说版式一致，每叶上方均有插图(全相，即绣像全图)，图文结合巧妙，体现了元代编辑设计和雕版印刷的水平。

明清时期，编辑出版事业迅速发展，图书品种丰富，类书、丛书、地方志、诗文集、小说集、戏曲集等各类型图书的规模都超越了前代，涌现了一批编辑家。如明人冯梦龙，搜集整理通俗小说成绩卓著，并明确宣告他的编辑思想是“导愚”、“适俗”和“传之而可久”②。又如明代常熟汲古阁主人毛晋是藏书家兼编辑家，家藏图书 8.4 万册，有印书作坊，雇印匠 20 人；又聘请一批学者协助他编辑校勘。他有明确的选题计划，内容兼顾经、史、子、集，版

---

① 张秀民. 中国印刷史. 上海：上海人民出版社，1989. 70 ~ 72

② 冯梦龙. 醒世恒言 · 序

式设计讲究整齐划一，印书达600余种，远播海内外。再如清代乾隆年间著名学者纪昀，是大型丛书《四库全书》的总纂官，又是《四库全书总目提要》的实际主编。各人所写的提要，大都经过纪昀的编辑加工。《四库全书总目提要》付印前的稿本，有一部分流传至今。稿本各页都有纪昀的批语或修改的笔迹，可见其编辑加工的细致。①

这一时期，报纸的编印也有了很大的发展。宋代除了官方的"邸报"外，还出现了非官方的"小报"。这种抄写或印刷的小报有"新闻"之称②，是朝廷禁止的，但屡禁不绝。明代的邸报，已采用活字印刷。

明清时期还出现了民营的"报房"，有一定的合法地位。报房大多设在北京，发行的报纸统称"京报"，印有报头。其内容，多据官报摘编朝廷动态，也有一些自行采写的社会新闻。报房集编辑、印刷、发行于一身，已具近代报社的雏形。但京报自己采写的消息毕竟很少，没有评论和广告，和近代报纸有明显的差别。真正意义上的报纸，到近代才出现。

三、晚清至民国末年的编辑活动

晚清至民国末年编辑出版事业的发展，又可分为两个阶段：从鸦片战争到五四运动前夕，为第一阶段；从五四运动到中华人民共和国成立前夕，为第二阶段。

在第一阶段，西方列强为了进行文化渗透，来华建立出版机构，也带来了当时先进的铅活字印刷技术，机器印刷逐步代替了手工印刷。他们雇佣中国人编译书籍，发行报刊，促进了中国近代编辑队伍的形成和发展。王韬是这支队伍中的代表人物。1849年，他被英国教会在上海办的墨海书馆聘为编辑，从事书籍的编译工作；后又协助编辑出版《六合丛谈》，这是上海最早的中文期刊。1874年，王韬在香港创办《循环日报》，担任主编。这是中国人自己办的报纸，也是中国历史上第一份以政论著称的日报，发表了大量宣传变法自强的政论。此后，中国人自办报刊日渐增多。

戊戌变法前后，维新派报刊编辑的代表人物是梁启超。他在1895年办《中外纪闻》，1896年办《时务报》，后又办《清议报》、《新民丛报》、《新小

① 黄燕生等. 版本古籍鉴赏与收藏. 长春：吉林科学技术出版社，1996. 125～127
② （宋）赵升. 朝野类要

说》等。他在《创办时务报原委》一文中,对自己的编辑活动作了如下描述:

> 每期报中论说四千余言,归其撰述;东西文各报二万余言,归其润色;一切奏牍告白等项,归其编排;全本报章,归其复校。十日一册,每册三万字,经启超自撰及删改者几万字,其余亦字字经目经心。

他一生投身于报刊编辑的时间达25年之久,编过的报刊达十余种,有"近代报界的巨匠"之称。①

辛亥革命前夜,资产阶级革命派的报刊有《中国日报》、《民报》、《神州日报》、《民立报》等,著名的编辑有陈少白、章太炎、于右任等。

除了维新派、革命派办的报刊外,还有大量科技报刊、商业报刊、文艺报刊等。据统计,到1912年,全国报刊已达495种,为1901年的4倍②。其中历史最长的是《申报》。它由英国商人创办于1872年,聘请中国人担任编辑。后由史量才等人接办,1949年停刊。前后77年,影响广泛,家喻户晓,乃至于"申报纸"成了报纸的代名词。

除了报刊编辑出版形成热潮外,书籍的编印也进入了新的阶段。拥有近代设备并具有科学管理方式的出版机构相继建立,商务印书馆和中华书局是其中的代表。商务印书馆由夏瑞芳等人创办于1897年,起初以印刷商业簿册表格为主。1902年张元济进馆,任编译所所长,出版各类图书和杂志。中华书局由陆费逵创办于1912年,聘请范源濂负责编辑工作。初期以编辑出版教科书为主,后来出书门类不断扩大,并出版多种杂志,成为当时我国仅次于商务印书馆的第二大出版社。

商务印书馆和中华书局同旧式书坊的一个明显区别,就是专设编辑机构,有一套完整的编辑制度。如商务印书馆的编译所,设立国文、英文、理化等部,井然有序地开展制订选题计划、约稿、审改等业务。这两家出版社又十分注意聘请学有专长的知识分子任编辑,这就有效地保障了书刊的质量。

第二阶段,以新文化运动为开端。1915年,陈独秀创办《青年杂志》(后

---

① 蔡尚思.近代报界的巨匠梁启超.见王知伊等.编辑记者一百人.上海:学林出版社,1985.164~173

② 中国大百科全书·新闻出版.北京:中国大百科全书出版社,1990.卷首专文

改名《新青年》),参加编辑工作的有钱玄同、胡适、李大钊、鲁迅等。《新青年》高举民主与科学的旗帜,掀起波澜壮阔的五四新文化运动。

《新青年》的创刊,标志着中国现代报刊的诞生,也标志着中国编辑史进入了现代阶段。

1918 年,我国第一个新闻学研究团体"北京大学新闻学研究会"成立,北大校长蔡元培兼任学会会长,徐宝璜任副会长,并与邵飘萍一起任导师。徐宝璜的《新闻学》于 1919 年正式出版,这是我国第一部新闻学著作,其中有关于编辑业务的研究。可以说,徐宝璜是我国现代编辑学研究的启蒙者。

1921 年中国共产党成立后,《新青年》一度成为党的机关刊物。此外,《向导》、《中国青年》等期刊的编辑出版,为宣传马克思主义和中国共产党的主张作出了重大贡献。

20 年代后期至 1933 年,邹韬奋主编的《生活》周刊,贴近百姓生活,抨击腐败政治,号召抗日救亡,宣传社会主义,深受民众欢迎,发行量高达 15 万多份,创下了当时期刊发行的最高纪录。

30 年代,以鲁迅为代表的中国左翼作家联盟创办了《萌芽》、《拓荒者》、《前哨》等一批进步文艺刊物,抵制国民党的文化围剿,坚定地宣传无产阶级文艺思想,有力地推进了革命文学运动。

抗日战争初期,上海的编辑工作者组织了"编辑人协会",创办了《文化战线》旬刊,宣传抗日救亡。艾思奇、谢六逸等曾任该刊编委,为该刊写稿的有胡愈之、邹韬奋、郭沫若、钱俊瑞等。①

在抗日战争和解放战争期间,《解放日报》、《新华日报》、《人民日报》、《抗战文艺》等报刊的编辑工作者,在极其艰苦的环境中坚持战斗,终于迎来了抗日战争的胜利和新中国的诞生。

四、编辑学的建立

新中国成立后,新闻出版事业进入了新的历史时期,发展迅速。1950 年,全国通过邮局发行的报纸有 140 种(台湾省未统计在内,下同),到 1960 年,增加到 1 274 种。图书方面,1956 年出书 2.8 万余种,是 1949 年的 3.6 倍。但到了 60 年代,由于国家发生严重的经济困难,尤其是"文革"十年动

① 姚福申. 中国编辑史. 上海:复旦大学出版社,1990. 391 ~ 393

乱,新闻出版事业遭受了严重的破坏。

中国共产党十一届三中全会以后,新闻出版事业重又现出勃勃生机。1978年,全国共有出版社150家,到1987年发展到471家。1987年出版各类图书6万余种,是1978年的3.5倍。期刊在1976年为542种,1987年猛增至5 687种。自1980年1月1日至1985年3月1日,平均每一天半就有一种新的报纸问世。1985年,全国邮发报纸和非邮发报纸共计达2 191种。到1989年初,我国从事各类图书与报刊编辑出版的人员已达十余万人。

新闻出版事业的蓬勃发展和编辑队伍的壮大,呼唤着编辑学的建立。

早在50年代至60年代,新闻出版界已对编辑学的建立做了一些基础性的工作。但对编辑学的建立问题,在理论上尚未展开充分的讨论。到了80年代,编辑学初步建立。编辑学建立的标志,主要有以下四个方面:

第一,出版了一批编辑学的专著(可参考本书后所附"参考文献"),初步形成了编辑学的理论体系和研究方法;

第二,出现了编辑学的专家群体,他们活跃在出版界、新闻界和高等教育战线,并建立了研究机构——编辑学会或编辑学研究室;

第三,出版了编辑学专业期刊,其中较有代表性的有上海市编辑学会主办的《编辑学刊》和山西人民出版社主办的《编辑之友》等;

第四,高等学校设置了编辑学专业,初步形成了有中国特色的专业课程体系(上文已介绍)。

编辑学在我国的建立,引起了国外学者的关注。美国《克利夫兰旗帜日报》1990年8月26日登载的一篇报道说:

> 我想向西方读者介绍中国新近发展起来的一门科学——编辑学。在全世界一直对编辑出版工作进行研究,但把编辑工作作为一门严整的学问加以深入研究是很少见的。最近几年中中国编辑界开始研究编辑学,因而创造了"redactology"这个术语。自这门新科学在1983年开始兴起到现在,已有一些编辑学刊和十几种编辑学书籍问世。①

---

① 林穗芳,翁永庆.关于"编辑学"国际用语定名问题的通信.编辑之友,1996(2)

该报还介绍了王振铎教授等著的《编辑学通论》，书名译为 General Redactology。

目前，“编辑学”的国际用语有两种不同的定名，一是 redac-tology，一是 editology。① 中国编辑学会采用前者，英译名定为China Redactological Society，简称 CRS②。

① 林穗芳，翁永庆. 关于“编辑学”国际用语定名问题的通信. 编辑之友，1996.（2）

② 厚勤. 中国编辑学会在京举行成立大会. 编辑之友，1993（1）. 封三

第二章 编辑的思想素质和业务素质

内容提要：

编辑工作者担负着宣传马克思主义，宣传党的路线、方针、政策的重任，编辑是传播科学文化知识的使者。编辑必须具备良好的思想素质和业务素质，才能担负起这一神圣使命。

编辑良好的思想素质，主要体现在正确的政治方向和高尚的职业道德两个方面。业务素质，主要体现在知识结构、信息意识、语文功底、审美能力四个方面。

第一节 正确的政治方向

图书、报纸、期刊、音像和电子出版物是大众传播媒体，对于形成和影响社会舆论，对于科技、教育、文化的发展和社会的全面进步起着十分重要的作用。我国社会主义新闻出版事业，是共产党领导的社会主义事业的一个重要组成部分，必须坚持为人民服务、为社会主义服务的根本方针，坚持正确的舆论导向。出版物都要经过编辑的手才得以面世，编辑能否坚持正确的政治方向，关系着新闻出版工作的全局。

一、充分认识政治理论修养的重要性

坚持正确的政治方向，就必须充分认识政治理论修养的重要性。编辑工作要以马克思主义的科学理论作指导，这是我们开展编辑工作的根本原则之一。编辑人员都是社会主义精神文明的建设者，精神文明建设之所以能够称为社会主义精神文明建设，就因为它是以马克思主义的科学理论作为指导思想和理论基础的。由于编辑工作分工的不同，对主要从事理论宣传或从事社会科学传媒的编辑与主要从事自然科学传媒的编辑，在政治理论的要求上应有所不同。但是，对所有编辑来说，只有具备了一定的马克思主义理论修养，才能提高编辑工作的政治水平和理论水平。当前，我们要努力学习马克思主义、毛泽东思想，特别要加强学习邓小平建设有中国特色社会主义的理论，学习江泽民同志“三个代表”的论述，始终用坚定正确的政治方向来指导和开展编辑工作。

党中央贯彻部署的“三讲”（讲政治，讲学习，讲正气）工作，最重要的一条，就是要坚定不移地在全党、全国人民中深入持久地开展思想政治工作。对从事精神产品生产的编辑工作人员来说，这项工作显得尤为重要。讲政治，这是由我国新闻出版等传媒工作的特点所决定的。树立正确的政治观念，是编辑工作者应有的基本素质之一。只有具备了这一基本素质，编辑工作者才能承担起党和人民赋予的崇高使命。最近几年，党中央根据国际政治斗争和国内出现的新情况、新特点，多次强调讲政治的重要性，并指出，我们所讲的政治，包括政治方向、政治立场、政治态度、政治纪律、政治鉴别力和政治敏锐性。我国的新闻传播事业是社会主义建设事业的一部分，是社会主义精神文明建设事业的一部分。因此，编辑工作应当以邓小平理论为根本指针，坚持党的基本路线，同党中央保持一致，同社会主义事业保持一致，同人民的根本利益保持一致，同社会主义的精神文明建设工作保持一致；坚持为人民服务，为社会主义事业服务，为全党、全社会的工作大局服务。编辑工作者讲政治，就是要有阵地意识，做到守土有责，不辱使命，坚决抵制西方敌对势力“西化”和“分化”图谋的影响和渗透，坚决抵制各种错误思潮对我国新闻出版等传播事业的侵蚀和危害，批判各种错误倾向，始终以科学的理论武装自己，以保持我国的政治、经济、科学文化和社会秩序朝着健康有序的方向发展。只有这样，编辑工作者才能无愧于自己的编辑事业。

当前，坚持正确的政治方向，就是要坚持四项基本原则和改革开放这两个基本点，保证和促进经济建设这个中心任务和社会主义现代化目标的顺利实现。这就要求编辑工作者认真学习马列主义、毛泽东思想和邓小平建设有中国特色社会主义的理论，不断提高理论水平和政治敏锐性，强化政策观念和鉴别能力，分清一些基本界限，如“马克思主义同反马克思主义的界限，社会主义公有制为主体、多种经济成分共同发展同私有化的界限，社会主义民主同西方议会民主的界限，辩证唯物主义同唯心主义形而上学的界限，社会主义思想同封建主义、资本主义腐朽思想的界限，学习西方先进东西同崇洋媚外的界限，文明健康生活方式同消极颓废生活方式的界限”①。

二、树立正确的世界观、人生观、价值观和法制观念

世界观、人生观、价值观是人们对社会存在和社会现象的根本看法。具有不同的世界观、人生观、价值观的人，对同一事物、同一现象、同一观念会有不同的看法。因此，世界观、人生观、价值观是判断一个人的立场、观点、

① 江泽民. 关于讲政治(1996年3月3日). 求是，1996(13)

方法和认识的试金石，也是一个人的立世之本。

马克思主义世界观、人生观、价值观的精髓就是辩证唯物主义和历史唯物主义，是以对人类社会高度负责任的态度，以推动人类历史向前发展为己任的观念来看待一切事物和现象，其根本目标就是为人民服务，其思想的根本体现就是集体主义精神。改革开放以来，我国的社会主义事业(包括新闻出版等传播事业)取得了前所未有的发展和进步。但是，也应该清醒地看到，随着我国改革开放的深化和扩大，随着所有制关系和分配制度的调整，随着市场经济的全面启动和推进，人们的思想观念、思维方式、生活方式以及人与人之间的利益关系都在发生变化。利益主体的多元化和思维方式的多向化，使一些人的世界观、人生观、价值观的取向发生了扭曲。编辑工作者在这种大环境中生活，其世界观、人生观、价值观不可避免地会受到影响。编辑队伍持有什么样的世界观、人生观、价值观，对我国的新闻出版等传播事业的发展关系重大。编辑工作是一项塑造人的灵魂的工作，也可以说，是一项塑造人的世界观、人生观、价值观的工作。而只有编辑自己有了正确的世界观、人生观、价值观，才能担负起这种塑造人，塑造人的世界观、人生观、价值观的工作。这也是编辑工作者坚持正确的政治方向的一个非常重要的方面。

因此，编辑工作者的世界观、人生观、价值观的正确与否，将决定其所编辑的书稿、文稿及其他作品质量的高低，决定其工作态度的好坏，决定其思想方法的正确与否。这就清楚地告诉人们，每一个编辑工作者必须确立马克思主义的世界观、人生观、价值观。只有解决了这个根本问题，并用以指导自己的编辑工作实践，才能对人类社会和我国的改革开放事业起到引导和促进作用。

同时，编辑工作者在树立正确的世界观、人生观、价值观的基础上，还要树立正确的法制观念，努力提高遵法、守法和依法办事的自觉性和实际能力。

法律是人们行为的准则，而新闻、出版、广播、影视等传媒方面的法律、法规则是各个传媒方面编辑工作者的行为规范和行为准则。改革开放以来，我国的新闻出版和影视广播等行业不断加强法制建设，保证了这些行业的发展，丰富了人民的生活，促进了我国的精神文明和物质文明建设，但同时也还出现和存在着诸如“黄色书刊”、“非法出版物”等问题和现象，造成了一定的精神污染。因此，为了使我国传播事业健康顺利地发展，为了编辑队伍的思想政治建设,编辑工作者应当正确地树立法制观念,做到学法、知法、守法,利用法律手段来保护自己的权益,同时也保护作者和广大读者、听众、观众及其他受众的权益。

最近几年,我国先后出台了一系列保护知识产权方面的法律、法规,还参加了有关国际版权方面的条约。这些规章制度和法律、法规的制定以及条约的参加,都有利于我国同国际同行业的接轨,有利于版权的保护和"扫黄打非",有利于改革开放和对外交流。因此,每一个编辑工作者都应当熟悉我国的有关法律、法规和国际上的有关条约、规定,并以法律为依据,积极地保护我国的知识产权,努力发展和繁荣我国的新闻、出版、影视等传播事业,以不断满足人民群众日益增长的文化生活的需要。

三、牢固树立"五种意识"

编辑工作者要牢固树立政治意识、大局意识、繁荣意识、把关意识和群众意识。① 牢固树立这五个方面的意识,才能更有效地坚持正确的政治方向。

树立政治意识,就是要旗帜鲜明地坚持党性原则,坚持以邓小平建设有中国特色社会主义理论和党的基本路线为指导,在思想上、政治上同党中央保持高度的一致,维护中央的权威和政令畅通。

大局意识,就是把促进稳定、维护稳定、推动发展作为自己工作的准则和目标。要心系大局,深刻认识全党全国的工作大局是中国人民根本利益的最高表现,是实现国家现代化的根本保证,事事以大局为重,绝不给大局添乱。江泽民总书记在1996年9月视察人民日报社时指出:"报社的同志要有大局意识、全局观念,坚持政治家办报,正确处理改革、发展、稳定的关系,登什么,不登什么,怎么登,都要从全局出发,从党和人民的整体利益出发。"②这是新闻出版工作的一条重要原则。

繁荣意识,就是以丰富多彩的出版物去引导、鼓舞广大人民群众同心同德,共图伟业。新闻出版工作的主要任务是:以科学的理论武装人,以正确的舆论引导人,以高尚的精神塑造人,以优秀的作品鼓舞人,这也是新闻出

① 于友先. 新闻出版工作者一定要讲政治. 新闻出版报,1996-1-29
② 江泽民同志视察人民日报社时的讲话. 人民日报,1996-10-21

版事业繁荣发展的核心内容。1996 年 10 月，中共十四届六中全会通过的《中共中央关于加强社会主义精神文明建设若干重要问题的决议》强调，要积极发展社会主义文化事业，“一手抓繁荣，一手抓管理，促进文化市场健康发展”。新闻出版业繁荣的主要标志是“总供给与总需求大致平衡，书报刊、音像、电子出版物及多媒体的结构大体合理，出版物的消费额度在人民群众的总消费中占有适当的比例”①。这不只是数量的增长，更重要的是质量的提高。要多出好作品，实施精品战略。

把关意识，就是要有政治家的鉴别力和敏锐性，严格掌握出版物的质量标准。我们的出版物，应当有利于进一步改革开放，发展社会生产力；有利于加强社会主义精神文明建设和民主法制建设；有利于鼓舞人们艰苦创业、开拓创新；有利于人们分清是非，弘扬真善美，抵制假恶丑；有利于国家统一，民族团结，人民心情舒畅，社会繁荣稳定。决不能让错误的东西从编辑工作者的手里传向读者，贻害社会。为此，必须加强管理，严格执行审稿制度。

群众意识，就是把为人民服务作为根本宗旨，时刻牢记自己是人民的公仆。要密切联系群众，倾听群众的心声，努力使出版物真正为人民群众所喜闻乐见，向人民群众提供健康向上的精神食粮，决不见利忘义，唯利是图。

四、加强党的路线、方针、政策的学习，始终保持清醒的头脑

坚持正确的政治方向，就必须加强党的路线、方针、政策的学习。党的十一届三中全会以来，我们党制定了一系列正确的路线、方针和政策；对于新闻传播工作，党和政府也发布了许多政策性规定，国家还专门制定了《著作权法》和其他相关的法律、法规。对广大编辑工作者来说，加强党的政策的学习，提高思想水平和理论修养，非常重要的表现，就是对党的十一届三中全会以来的路线、方针、政策的理解和执行水平。可以这样说，编辑人员学习理论，提高政治理论水平，其直接的和主要的目的，就是为了加深对党的现行路线、方针、政策的理解和贯彻执行的自觉性。

坚持正确的政治方向，说到底，就是始终保持清醒的头脑，在大是大非

① 新闻出版报评论员．一手抓繁荣，一手抓管理——三论学习贯彻党的十四届六中全会精神．新闻出版报，1996－11－1

问题上毫不含糊。老一辈的优秀编辑正是这样做的。例如，原中华书局编辑所长舒新城（1893～1960），在他主编的1936年版《辞海》即将出版之时，有人为谋求该书在日本侵略者的势力范围内畅销无阻，提出将校样中涉及日本侵略中国的政治性条目删去（如"九·一八之役"、"一·二八之役"等），但舒新城反对这样做，才使这些条目得以保存下来。他首先考虑的是国家利益和书的质量，而不是书的销路。1944年长沙沦陷，日本帝国主义者要他返祖籍湖南出任伪职，他坚决拒绝，表现了崇高的爱国精神和民族气节。①

第二节 高尚的职业道德

编辑工作者高尚的职业道德，具体表现为敬业乐群、秉公律己、实事求是、一视同仁。

一、敬业乐群

敬业乐群，就是热爱编辑工作，专心致志搞好编辑工作；乐于与他人相互切磋，从中得到启发和教育。优秀的编辑工作者，能深刻认识到编辑工作的社会价值，无限热爱这一工作，视之为毕生为之奋斗的崇高事业。他们甘当"为人做嫁衣"的无名英雄，勤勤恳恳、任劳任怨，对玩忽职守的行为深恶痛绝。他们又有虚己从善的品格，虚心向同事学习，认真听取作者和读者的意见，不断提高自己的思想水平和业务水平。这正是我国编辑工作者的传统美德。如邹韬奋接办《生活》周刊之初，杂志社一共只有两个半人。他夜

---

① 舒池. 辞书编纂家舒新城. 见王知伊等. 编辑记者一百人. 上海：学林出版社，1985. 232～235

以继日地勤奋工作，通过“读者信箱”专栏，广泛接触社会各阶层的群众，“学到了许多书本上学不到的知识，而这正是他走向进步，走向革命的一个坚实的基础”①。他满腔热情地解答读者提出的各种各样的问题，遇到自己解答不了的问题，就请教专家。他曾说，答复读者来信的热情“不逊于写情书”。有一次他收到一位患肺病的读者来信，信中流露出悲观厌世的情绪。韬奋立即请教医学顾问，写了几千字的回信劝慰他，并详细介绍治病方法。韬奋发信后仍寝食不安，直至收到那位读者的回信，知道他已鼓起战胜疾病的勇气，才放了心。

敬业乐群，就是要有忠诚于自己本职工作的勤勉努力的精神，做好份内之事；同时，还要有团结同志、互相帮助的精神，能够与他人同舟共济，善于合作，善于容纳，并做好份外之事。现代的编辑工作已远远超越于过去那种只要做好案头工作，就能完成任务的时代。每一个编辑除了要与作者、读者、听众、观众等打交道外，还要与传播过程的许多环节、许多人员进行交流。即使在编辑部内部，也还要与同事相互配合，相互支持。尤其是大型图书、大型节目的编辑出台，更必须有敬业乐群的职业道德，齐心协力，方能共襄其事。著名编辑家胡愈之就是一个既敬业又乐群的优秀编辑的代表。

胡愈之的编辑工作绝不仅仅是编发现成的文稿资料，而是在精心选择稿件、用意深刻地编排之中完成编辑工作的。在抗日战争时期，胡愈之主持编辑出版了《团结》、《上海人报》、《集纳》、《译报》等报刊，广泛地发行到群众中去，对难民、市民和工人进行抗日救亡宣传，起到了极大的鼓动作用。尤其难能可贵的是，在极端困难的条件下，胡愈之以极短的时间，组织翻译并出版了埃德加·斯诺的《西行漫记》，还首次编辑出版了《鲁迅全集》。

1937年，胡愈之打算把斯诺的《红星照耀中国》（后定名为《西行漫记》）一书翻译出版，便发起组织了多名翻译大家，出谋划策，集体合作。参加翻译的有王广清、吴景崧、邵宗汉、林淡秋、胡仲持、倪文宙、梅益、张育武、傅东华、冯宾符和胡愈之本人。他们在非常简陋的环境下，仅用一个星期的时间便将《西行漫记》翻译完成，然后立即交付排印。胡愈之自己承担了其中两章的翻译任务。他白天教书，晚上翻译，常常忙到半夜，并负责全书的编辑、校对、出版、征订等工作。经过大家的共同努力，蜚声海内外的《西行

---

① 邹嘉骊.韬奋的新闻道路.见王知伊等.编辑记者一百人.上海：学林出版社，1985.252~257

漫记》只花了一个多月便正式出版发行了。

至于《鲁迅全集》的编辑出版，也充分体现了胡愈之敬业乐群的高尚职业道德。1938 年，上海成为“孤岛”后，胡愈之决定组织编辑出版一部 20 卷本的《鲁迅全集》。他联络了郑振铎、周建人、许广平、王任重等人连夜奋战。在白色恐怖的政治环境和恶劣的生活条件下，他们集思广益，用筹集资金和出版发行同时进行的办法，解决了出版资金困难。至于《鲁迅全集》的编校工作，自然也是集文坛之名流，群策群力，以抵于成。无论从哪方面看，《鲁迅全集》的质量在当时的中国出版物中，当属第一流的珍品。许广平在《鲁迅全集》的编校《后记》中说：“幸胡愈之先生本一向从事文艺工作之热忱，积极筹划全集出版事宜，经几许困难，粗具规模，且拟以其首创之复社，担当斯责……六百万言之全集，竟得于三个月中短期完成，实开中国出版界之奇迹。”

二、秉公律己

秉公律己，就是秉公办事，严格要求自己，遵纪守法。自觉遵守国家有关保密工作的规定，决不为了“抢新闻”和追求“轰动效应”而泄露国家机密。不搞“人情稿”、“关系稿”，不搞“以稿谋私”，不做“卖书号”、“有偿新闻”之类违反国家新闻出版法规的事。1997 年 1 月 23 日，中共中央宣传部、广播电影电视部、新闻出版署、中国记协联合召开电话会议，号召全国新闻界认真贯彻党的十四届六中全会精神，加强职业道德建设，禁止有偿新闻，开展创建文明单位、树立行业新风的活动。中国记协宣读了新修订的《中国新闻工作者职业道德准则》。新闻出版署宣读了中宣部等部门制定的《关于禁止有偿新闻的若干规定》。会议指出，有偿新闻问题虽然出在极少数人身上，但危害严重，它腐蚀新闻队伍，损害新闻事业的声誉，违背新闻职业道德，背离了新闻的党性原则，背离了为人民服务的方向。会议要求各新闻单位认真学习贯彻新颁布的《准则》和《规定》，实行行业自律，树立新闻工作者和新闻单位的良好形象。

秉公律己，就是要具有坚强的革命精神和自觉的职业道德意识。在现阶段，革命精神一般是指在建设有中国特色社会主义的现代化事业中，每个编辑都应有强烈的历史使命感和责任感，最大限度地把个人的聪明才智倾注于事业的发展中。编辑人才的成长需要一个较长的时间，从入门到比较

熟悉，从熟悉到熟练、精通，需要长期的积累和磨炼。因此，编辑工作者应具有献身于自己的事业的精神。只有具备了一支相对稳定的高质量的编辑队伍，报社、期刊社、出版社等传媒单位才能实施中长期发展规划，并逐步形成自己的特色和风格。而强调增强自觉的职业道德意识，就是要针对编辑队伍的现状和可能产生的问题，有的放矢地提出一些要求，制订出一些行之有效的守则和规章制度，要求每一个编辑都能按照这些守则和规章制度规范自己的行为，开展自己的工作。在工作中，编辑还要处理好几种关系，如个人利益与国家利益、集体利益的关系，长线选题和短线选题的关系，书稿的质量标准和私情干扰的关系等。

目前，编辑的社会地位虽然说不上很高，但也还是一种相当受尊敬的职业。尤其对作者而言，在某种程度上，编辑对书稿、文稿具有"生杀大权"。正因为这样，编辑工作者更要谦虚谨慎，诚信待人。我们常说，作者是编辑的知识宝库，读者是编辑的衣食父母。这是千真万确的事实。

秉公律己，就要有严谨科学的思想作风和工作作风。对于编辑工作者来说，尤其不能有片时片刻的疏忽。从原则上说，任何一部书稿、文稿、广播稿以及一篇解说词等，都应该做到从内容到文字绝无差错。当然，从客观上讲，真正做到这一点是不太现实的。但是，这应该成为每一个编辑在从事这一职业时所追求的目标。以图书编辑为例，最起码的，应该达到目前国家所规定的编校质量合格要求，即每万字的差错率低于1.0，并争取达到良好(0.5以下)，甚至优秀(0.25以下)。高斯、洪帆主编的《图书编辑学概论》强调了严谨科学的思想作风和工作作风的三个方面：一是逐段逐字精读，切忌一目十行；二是坚持勤查勤问，切忌放过疑点；三是遇事躬亲处理，不可依赖他人。① 有人把编辑比作作者和原稿的批评家或裁判，说编辑用的是挑剔的眼光去审视原稿。这话本来是不错的，编辑应当成为挑剔的批评家和裁判。但是，要当好这样的批评家和裁判是不容易的。有没有能力、水平、资格去当之无愧地承担这种角色，这实际上也是在检验和考察编辑自身，读者、观众、听众又将成为编辑们的批评家和裁判，虽然读者、观众、听众的评价往往表现为对原作者的褒贬，而实际上却也是在对编辑进行评判。

① 高斯，洪帆. 图书编辑学概论. 南京：江苏教育出版社，1989. 174～176

三、实事求是

实事求是，就是要确保稿件的科学性和真实性，报实情，讲真话。商业战线要打假，新闻出版战线同样要打假。有的假货是通过某种渠道从上面压下来的，有的是本部门炮制的，有的是作者杜撰的。不管来自何方，都要坚决抵制。对于自己工作中出现的差错，一经发现，立即改正，不文过饰非，这也是实事求是的表现。

实事求是，就是要有对作者高度负责的精神，不要信手窜改，草率从事，对一些吃不准、欠把握的内容，一定要有存疑、质疑的习惯，或请教专家，或查阅资料，或翻检词典，或与作者商榷，而与作者商榷这一条更是非常重要，这也是实事求是原则的一种体现。周振甫原是中华书局的编辑。20 世纪 40 年代，他曾是钱钟书《谈艺录》一书的责任编辑，70 年代末又是钱著《管锥编》的责任编辑。钱钟书在《管锥编》的序中说："命笔之时，数请益于周君振甫。"并在书中多次引证了周振甫的观点。原来，钱钟书曾先把《管锥编》原稿"借"给周振甫，请周振甫给这部书稿提提意见。周振甫自谦"没有资格"，但因能"拜读钱先生的著作而喜出望外"，就把书稿"捧回去了"。周振甫说："我是读到一些弄不清的地方，就找出原书来看，有了疑问，就把一些意见记下来。我把稿子还给钱先生时，他看到我提的疑问中有的还有一些道理，便一点也不放过，引进了自己的大著作中。钱先生的《管锥编》很讲究文采，所谓'高文一何绮，小儒安足为'。他把我的一点意见都是用自己富有文采的笔加以改写了。"①

钱钟书如此高度信任周振甫，自然是因为周振甫也是一位学高才大的专家，有水平、有能力担任《管锥编》的责任编辑。更可贵的是，作者对责任编辑的意见能够虚心采纳，没有大学者的架子。周振甫尽管觉得学识不如钱钟书，却仍然非常乐意地担当了责任编辑的重任，而且十分认真地阅读和审改了书稿，提出了自己的疑问和意见。从钱钟书改定的书稿采纳了周振甫的意见这一情况来看，可知周振甫的意见是很有价值的。这个例子非常生动而又清楚地说明，作者的实事求是精神固然令人敬佩，而编辑的实事求是作风也同样是难能可贵的，尤其是对于大学者、大名人的稿件，编辑的实

① 参见钱宁文. 曲高自有知音. 人民日报，1987－1－10

事求是精神更显得十分重要。

四、一视同仁

一视同仁，这主要是指对待作者的态度而言。有的编辑，不是根据稿件的质量和选题计划的需要办事，而是根据作者的名气大小或权力大小办事。对有名、有权者，另眼相看，不问稿件质量如何，大开绿灯，处理迅速；对无名小辈的来稿，则百般挑剔，无端积压，随意否决。这是新闻出版界的一股恶浊风气。任何名家，都不是与生俱来的。作为编辑，有责任在处理稿件的过程中发现和培养人才。叶圣陶在上个世纪20年代任编辑时，就扶持了一批文坛新人。茅盾、丁玲、巴金的处女作，都是经叶圣陶之手发表的。1928年，巴金的《灭亡》发表前，叶圣陶先写了《内容预告》发表在《小说月报》上："《灭亡》，巴金著，这是一位青年作家的处女作；写一个蕴蓄着伟大精神的少年的活动与灭亡。"①1929年，《灭亡》发表，25岁的巴金一举成名。巴金1981年回忆说："倘使叶圣老不曾发现我的作品，我可能不会走上文学的道路，做不了作家；也很有可能我早已在贫困中死亡。作为编辑，他发表了不少新作者的处女作，鼓励新人怀着勇气和信心进入文坛。编辑的成绩不在于发表名人的作品，而在于发现新的作家，推荐新的创作。"②对于名家的稿件，也要严格把关，因为名家不是神，不可能不出一点差错。《纽约时报》的科技编辑安德烈面对著名科学家爱因斯坦的文稿，照样认真审读，提出修改意见，并指出论文中某个公式的错误，使人叹服："科学巨人遇到编辑巨人了！"此事传为美谈。③

一视同仁，还要做到对任何稿件都要严格把关。这不仅应体现在选题方面，从组稿、审稿、发排，到校对、核红，每一个字、每一个标点符号都要一丝不苟，精益求精。对名人的稿件要如此，对一般人的稿件也要如此。

从某种意义上说，编辑对作者的稿件都有处理的权力，但这并不是说，编辑对作者的稿件有随心所欲地处理的权力。有些编辑，对刚出道和未出道的作者的稿件或横挑鼻子竖挑眼，甚至非要作者的写作风格和行文特点

---

① 商金林.叶圣陶年谱.南京：江苏教育出版社，1986.125

② 巴金.致《十月》.十月，1981(6).61~63

③ 任火.编辑人格论.编辑之友，1996(1).20~21

都合自己的胃口;或敷衍塞责,草草处理,应付了事。而对名人或有较大经济效益的稿件,则往往又谨小慎微,不敢改动,生怕触犯了作者,又怕出笔有误,留下笑柄。这实际上是编辑缺乏应有的职业道德和缺乏内功的表现。

要做到一视同仁,编辑就应该对所有的来稿均以公正无私的态度对待之。这方面,前辈编辑家邹韬奋为我们作出了良好的榜样。邹韬奋对所有来稿都能做到"重质不重名",从不"以情面敷衍之"。黄炎培是著名的大学者和教育家,也是邹韬奋踏上编辑生涯的引路人,他的稿子一般是不大愿意让人改动的。但是,邹韬奋对黄炎培这位老前辈的文章也决不马虎,凡认为不合要求的稿件,他也坚持要认真修改。而对于初出茅庐的无名小辈的文章,他既抱有奖掖提携之心,也怀着高度负责的态度,毫不含糊地加以修改、润色。正如邹韬奋自己所说的:"我对于选择文稿,不管是老前辈来的,或是幼后辈来的,不管是名人来的,或是'无名英雄'来的,只须是好的我都竭诚欢迎,不好的我也不顾一切地不用。在这方面,我只知道周刊的内容应该怎样有精彩,不知道什么叫情面,不知道什么叫恩怨,不知道其他的一切!"①他还说:"我对取稿向来严格,虽对我敬佩的朋友亦然;取稿凭质不凭名,虽有大名的文稿赐下,倘拜读之觉得太专门、太枯燥,或太冗长,不适于本刊之用者,也不客气的婉谢,或说明未拟刊布理由以求曲恕……"邹韬奋的这些话虽然是就期刊编辑而说的,但对其他编辑工作而言,也是适用并有教育意义的。

第三节 良好的业务素质

编辑人员的业务素质,主要体现在知识结构、信息意识、语文功底和审美能力四个方面。

① 邹韬奋.聚精会神的工作.见韬奋文集(第三卷).北京:三联出版社,1980.73~74

一、知识结构

编辑工作者良好的知识结构，应当是既有编辑业务知识，又有较为广博的各学科的知识。江泽民在视察人民日报社时说："要打好知识根底。知识就是力量。首先要努力掌握与自己的业务工作直接有关的知识，同时，还要博览群书，哲学、政治、经济、法律、历史、文学等方面的书籍都应读一些，科技知识也应尽可能多学一些。希望在我们的新闻队伍中多出一些既懂政治、学识又渊博的编辑、记者、评论员。"①对于图书、期刊的编辑来说，知识结构也要兼顾编辑业务知识和其他学科知识这两个方面。

不管是从事书报刊工作的，还是从事广电影视的，大凡从事新闻传播工作的编辑，都有一个人员构成及其合理搭配的问题。不同的年龄、经历、学历、专业的编辑分别在不同的传播渠道上工作，反映了他们的工作性质、工作领域、工作要求和工作职责诸方面都存在着差异，但这些差异又不是绝对的。因为在编辑人员的构成中，类别、层次形成的差异都只是在共同进行编辑工作中出现的差异，是大同中的小异。编辑人员中技术职务、工作职务和工作性质、所从事专业的不同，也就给编辑人员提出了在学识修养、知识结构等方面的不同要求。例如，现行的《出版专业人员职务试行条例》在关于任职条件中规定：可聘任编辑职务的学识要求是"具有本专业扎实的理论知识"，"有较高的文字水平，掌握一门外语"。可聘任副编审职务的学识要求是"有较广博的科学文化知识，对某学科有较深的研究，有一定水平的著译（或编辑了一批好书），熟练掌握一门外语"。可聘任编审职务的学识条件是"科学文化知识广博，对某学科有系统的研究和较深的造诣，有较高水平的著译；有较高的政策理论水平"②。

因此，对不同层次和类型的编辑人员，知识结构的要求是有所不同的；对不同学科的编辑人员，知识结构的具体内容和其他素质要求也是有差异的；而对各个不同领域的编辑人员，这些内容和要求更不能一概而论。编辑人员在素质要求和必备条件方面的异同，是各个新闻传播单位的领导们需要研究和认真对待的，他们必须对所在单位编辑人员的整体构成情况进行

① 江泽民同志视察人民日报社时的讲话. 人民日报，1996－10－21

② 中央职称改革工作领导小组职改字（1986）第41号文件公布

不断的分析，做到心中有数，合理安排，充分调动和发挥每个编辑的积极性，并据此制定和调整编辑培养计划，使整个编辑队伍的构成情况逐步趋于科学、合理、最优。而编辑人员更要尽快、尽好地适应自己所担任的角色，从单位的大局出发，摆正自己的位置，在单位编辑人员的总体构成中发挥自己应有的作用，并能根据不断变化的新情况，校正自己的坐标，不断学习，不断补充和完善自我。

目前，出版社、杂志社编辑队伍的构成主要有两类人员。第一类是学编辑出版专业出身的，或者虽未在大学受过正规教育，但长期从事编辑出版工作，有丰富的实践经验。第二类是学其他专业（文、理、工、农、医等）出身，分配到出版社、杂志社从事某一专业的出版物的编辑。如医学院毕业生从事医学杂志编辑，经济学院毕业生从事经济类书刊的编辑等。

就知识结构而言，上述两类人员各有所长，亦各有所短。第一类人员熟悉编辑业务，但对文、理、工、农、医等学科的知识掌握得不够系统。第二类人员较系统地掌握某一学科、专业的知识，但对编辑业务不熟悉，要从头学起。

为了尽快培养出既懂编辑知识，又掌握某一学科、专业知识的编辑人才，我国有些大学试行通过双学位的途径培养编辑人才。如武汉大学编辑专业1989年开始招收两类本科生入学，一是在编辑出版岗位上的本科生，二是应届本科毕业生进行第二学士学位教育，学制两年，开设必修课10门，选修课10组42门。他们认为，编辑人才的特殊性是“通才和专才的统一，杂家和专家的统一”。本科毕业生第一专业的知识比较系统完整，进入第二专业（编辑学）学习，有利于形成广博与专深相结合的优化的知识结构。实践证明，效果较好。①

但是，不管受过哪种正规教育，在编辑岗位上都需要不断学习。当代学科越分越细，又互相交叉渗透，所编辑的书稿或论文未必与原先学的专业完全对口；即使对口，也面临新知识、新技术的挑战，需要不断更新知识，调整知识结构。

因此，编辑工作者良好的知识结构，首先应体现在牢固扎实的基本功上面。牢固扎实的基本功，有人称之为“根基知识”，一般被认为包括文学、历

① 向新阳. 中国出版教育管窥——编辑学专业的现状及其展望. 编辑之友，1993(6). 12～15

史、哲学、外语、计算机等,它们是编辑必须掌握的最基本的知识。① 江泽民曾就新闻工作者的基本功问题强调指出:“新闻工作,无论编辑、采访,都需要有业务能力,特别是要有很好的文学修养。现在,报纸上刊登的许多报道,主题好,内容好,语言也很精彩,使人在受教育的同时,也得到美的享受。但也有一部分新闻作品,不讲究辞章文采,文字干巴巴的,翻来覆去老是那么几句套话,也有的哗众取宠,乱造概念,词句离奇,使人看不懂,这种不良文风应加以纠正。要大力提倡新闻工作者苦练基本功。”②江泽民的这段话是针对新闻工作者,尤其是报纸工作人员说的,但它对所有从事传播工作的同志,对于编辑工作者来说,同样具有重要的指导意义。苦练基本功,当然并不是要求所有的编辑都要成为文学、历史、哲学、外语、计算机等方面的专家,但要求他们在这方面应有相当深的功底,因为这部分知识是知识结构中基础性的东西。有了这些基础性知识,要进一步生成其他一些知识层面,就有了比较扎实的根基。就目前编辑的实践来看,外语、计算机,尤其是网络方面的知识,是编辑工作者特别需要掌握的基本知识。

编辑工作者良好的知识结构,还体现在深厚的政治理论功底、较高的专业理论修养、较扎实的专业基本知识和有相关专业理论的支持上。深厚的政治理论功底,主要指要有马克思主义、毛泽东思想和邓小平理论的基本功,熟悉国内国外的政治形势和社会思想动态,正确理解和贯彻党和国家的路线、方针、政策,坚持“两为”方向。较高的专业理论修养,主要是指编辑应具有较强的专业性、技术性,掌握这方面的必备知识,如选题策划、审稿、版式设计、美工制作等,并力求在实践中不断探索,不断总结,将感性的东西逐步上升到理性的认识。相关专业理论的支持,主要是指编辑应力求在某一个领域有较深的功底,了解该学科领域的研究动态。今天的编辑,要成为各个学科领域的专家是不可能的,专业理论的深化和学科研究细化,也无法让编辑对各领域了如指掌,但要求站在某一领域的前沿,成为某一学科的专家,也许并不是太苛刻的。

---

① 吴飞.编辑学理论研究.杭州:浙江大学出版社,2001.117

② 江泽民同志视察人民日报社时的讲话.人民日报,1996-10-21

二、信息意识

信息时代要求编辑人员有较强的信息意识，善于获取、分析和利用信息。对编辑本人而言，信息是知识更新的需要；对编辑工作而言，信息关系着每一工作环节的优劣成败。信息不灵，则处处被动。如制订选题时，无法确保选题的先进性，或有了好的选题，却找不到合适的作者；审稿时，难以对稿件内容的新与旧、正确与错误作出准确判断；等等。因此，编辑人员要多看、多听，与作者群、读者群建立广泛的联系，并要善于利用各种检索书刊和计算机互联网络迅速、准确地获取信息。

对于出版社的编辑而言，需要及时掌握的信息有：(1) 图书市场变化的信息。有的出版社在各地书店聘请信息员，让其定期提供信息，取得良好效果。(2) 各类、各层次读者群的信息。各级各类图书馆，是提供这类信息的重要场所。(3) 各学科、专业、行业的信息。经常走访各行业的主管部门，参加各学会、协会、研究会的活动，或浏览他们印发的动态、简报，是获取这方面信息的重要途径。(4) 作者队伍的信息。到知识分子集中的地方(如高校系统、科研系统)走访，召开座谈会，可以了解到他们正在写什么，准备写什么。(5) 其他出版社出书的信息。了解这方面的信息，可以得到启示，或避免选题"撞车"。(6) 国内外形势发展变化的信息和重大活动、纪念日的信息。

有些出版社的编辑由于信息意识强，及时获取了有价值的信息，从而取得了良好的社会效益和经济效益，这方面的事例很多。如 1985 年，浙江人民美术出版社的编辑在一次作者座谈会中了解到，被"文革"耽误的一代人正通过各种途径边工作边读书，但很不容易买到或借到世界文学名著，甚至连名著的连环画也不易借到。而当时，全国连环画书出版正处于低谷。这对编辑启发很大。出版社经过反复调查论证，决定投入 100 万元，策划出版一套大 32 开本的《世界文学名著连环画》丛书。该丛书 1987 年 4 月出版后，竟重印 12 次，发行 35 万套，获首届中国美术图书奖特别金奖，被称为"世界连环画史上的一大奇迹"。[①] 又如 1986 年，湖南少儿出版社从国家教委了解到，将在昆明召开法制教育座谈会。他们就派编辑参加会议，主动提

① 奚天鹰. 策划——编辑的新课题. 新闻出版报，1996－10－12

出组稿方案，及时出版了《中学法制教育读本》和《小学法制教育读本》，结果两年中发行近 1 300 万册，是成功的“双效书”。①

掌握信息不仅要及时，还要深入分析，才能作出正确决策，否则将造成损失。例如 1983 年，上海辞书出版社出版《唐诗鉴赏辞典》，一炮打响，销量直线上升。其他一些出版社获知这一信息后，立即组织作者编写各种鉴赏辞典，以为出版鉴赏辞典销路也一定好。殊不知《唐诗鉴赏辞典》之所以销路好，不完全在于“鉴赏辞典”这种编纂形式（何况当时学术界对《唐诗鉴赏辞典》算不算辞典还有争论），还有作者阵容强、老百姓喜欢唐诗等因素；不懂得信息是有时效性的，当一条信息被他人利用后，其价值即逐渐下降，甚至出现负效应。有的出版社得到信息已迟，又不仔细分析，盲目上马。到 1989 年底，全国出版的各类鉴赏辞典已达五十余种之多，销量骤降，造成大量积压。这就是一个教训。

三、语文功底

编辑要有较扎实的语言文字功底（包括外语基础）。此中道理，容易理解，似不必多说。但偏偏在这个最基本的问题上，新闻出版队伍中存在的问题相当突出。正如祝国华所说：

> 令人担忧的是，相当一部分青年编辑编书多，读书少，要么热衷于在社交圈子里颠颠跑跑，要么带有很大个人随意性地在凝聚了作者心血的原稿上涂涂抹抹，以至于有出版专家惊呼：“不读书，何以为编辑！”人民教育出版社一位年逾八旬仍被特聘的老编审大发感慨：现在只有百分之一的人能做到文通字顺！老编审要去做被认为是“低级”的疏通文字的工作，这对那些愤愤不平、羞于做案头编辑（类似国外的技术编辑），只想做策划编辑、组稿编辑（类似国外的高级编辑）乃至编辑家的年轻编辑来说，应该是一支很好的清醒剂：一个连文字关都过不了的编辑，如何编得出高质量的图书？②

---

① 向志中．信息在编辑出版工作中的地位和作用．编辑之友，1989（6）．22～25

② 祝国华．质量与素质——并不简单的话题．编辑之友，1995（6）．4～5

那位老编审说现在只有百分之一的人能做到文通字顺，也许说得过于严重。但语文修养偏低，确是编辑队伍中较普遍的一个问题。不花大力气解决这个问题，提高业务素质就只能是一句空话。

要想成为一名合格的文字编辑，就必须勤学多问，广泛阅读。对一些吃不准和把握不大的词语，要多查资料，勤翻词典，切忌自以为是，浮躁草率。即使对一些自以为放心的字词，也要多打上几个问号。真可谓"宁可多查千遍，不可放过一个"。例如，有人引用了《封神演义》中的一句话："棋逢敌手，将遇作家。"这句引用的话是对是错呢？有的编辑凭记忆、凭经验，未加思考便武断地认为是错的，改！并且还真的把"作家"改成了"良才"。然而，古代"将遇作家"中的"作家"并非今天的"作家"，而是"行家"、"高手"的意思。本来是对的，经编辑那么想当然的一改，反而成了错的了。这错，就错在想当然、武断、凭经验、过于自信，错在懒于查阅《辞源》之类的工具书。

还有一个在传媒界引为笑谈的编校错误的例子。有位作者将一篇文章寄给某刊物。文章写得不错，其标题还引用了南宋著名词人辛弃疾《摸鱼儿》中的一个句子，但却写成了"默默此情谁诉"。按理，稍有一点古诗词常识的人都知道，这里的"默默"二字乃"脉脉"二字之误："默默"是无言不语，"脉脉"表示眉目传情，两者意思全然不同。既然默默无语，又何来"此情谁诉"之叹；而"脉脉"则是含情欲诉之意。"脉脉此情谁诉"是饱含深情而苦于无人可诉，与辛词相符；"默默此情谁诉"不仅不符原词，在语言上也欠通顺。然而，就是这样一个问题，从责任编辑到二审、终审再到校对，竟无一人提出质疑，最后被发表出来了。

这些都说明，编辑不但要有认真细致的作风，具备扎实的语文功底和一定的古汉语、古诗词等知识也是非常重要的。

四、审美能力

出版物不仅要求内容美，形式也要美。编辑人员应具有较强的审美意识，善于进行美的建构。就拿版面设计来说，要善于处理造型艺术的形态要素（点、线、面、空白），善于把握形态美的辩证法，如对称与均衡、统一与变化、对比与协调、疏与密、整与散等。不要以为提高美学修养只是美术编辑的事，文字编辑也要了解美的规律，提高审美能力。老一辈编辑对此十分重

视，鲁迅先生就是其中的代表。

鲁迅先生不但是伟大的作家，也是杰出的编辑。他有很高的艺术修养，不论是编印书籍还是杂志，都十分注意封面、版式的设计。他有时自己动手，有时提出设计方案请他人设计。装帧艺术家钱君匋说："鲁迅先生对书籍艺术一向非常重视，而且自己又是行家，所以他的著作，以及他为人所编印的著作，其版式都非常优美，别具一格。"①又说："在鲁迅的影响和指导下，当时从事封面设计的人就有陶元庆、孙福熙、司徒乔、陈之佛和我，稍后又有池宁、沈振璜、郑川谷等人。"②从鲁迅的书信和杂文中，我们可以看到他对装帧设计倾注的心血和独到的见解，如：

> 我于书的形式上有一种偏见，就是在书的开头和每个题目前后，总喜欢留些空白，所以付印的时候，一定明白地注明……
>
> 较好的中国书和西洋书，每本前后总有一两张空白的副页，上下的天地头也很宽。而近来中国排印的新书则大抵没有副页，天地头又都很短，想要写上一点意见或别的什么，也无地可容，翻开书来，满本是密密层层的黑字；加以油臭扑鼻，使人发生一种压迫和窘促之感，不特很少"读书之乐"，且觉得仿佛人生已没有"余裕"，"不留余地"了。③
>
> 《杂感选集》的格式，本已用红笔批了大半，后来一想……不如改为横行，格式全照《两地书》，则不到三百页可了事，也好看。④
>
> 《表》除如来信所说，边上太窄外，封面上的字还可以靠边一点，即推进约半寸，"表"字也太小……
>
> 插画本丛书的版心，我看每行还可以添两个字，那么，略成长方，比较的好看(《两地书》如此)，照《奔流》式，过于狭长，和插画不能调和，因为插画是长方的居多。⑤

---

① 钱君匋. 忆念鲁迅先生. 见书衣集. 太原：山西人民出版社，1986. 73

② 钱君匋.《鲁迅与书籍装帧》序. 见上海鲁迅纪念馆，中国美术家协会上海分会编. 鲁迅与书籍装帧. 上海：上海人民美术出版社，1981

③ 鲁迅. 华盖集·忽然想到(二)

④ 鲁迅书信集·致李小峰

⑤ 鲁迅书信集·致黄源

老一辈编辑扎实的文字功底和艺术素养,是我们的楷模。现在一些大的出版社分工很细:稿件的修改加工,归文字编辑管;版式设计,归技术编辑管;封面设计,归美术编辑管。分工是必要的,但分家则不利于出版物整体质量的提高。文字编辑是书稿的第一个读者,熟悉其内容和风格,应提倡文字编辑对装帧设计提出建议。人民出版社一位资深的美术编辑说得好:"(文字编辑)应认真地向美编提供必要的情况和资料,具体地介绍意图。仅仅写上'朴素大方'四个字的设计要求,要美编设计出有特点、有个性的封面来是困难的。"①美术编辑要求文字编辑通力合作,"具体地介绍意图",这就要求文字编辑提高美术修养和审美能力,否则,是"具体"不起来的。

第四节 自觉的编辑意识

长期以来,人们(甚至编辑人员自己)都没有认识到编辑和编辑工作的真正价值,观念比较模糊,认识比较肤浅,编辑工作似乎是一种只要具有一定的文化知识的人都能从事的工作。因此,既缺乏编辑学理论和编辑学著作,高等学校也没有开设编辑专业。

编辑成为一种与作者不同的职业,是19世纪末、20世纪初才开始的。随着现代新闻出版业的出现,编辑的职责被明确地界定为开发选题,组织稿件,审读文稿、书稿,加工修改等。这样,编辑和作者就被分离为两种不同的身份,编辑才真正成为独立的专业,一项独立的专门职业。

编辑的专业化和职业化,要求编辑人员应具有自己的职业意识。缺乏编辑的职业意识,只是进行机械式的操作,就无法提高编辑水平和编辑能力,也就无法担当起新世纪赋予我们的历史使命。具体地说,编辑人员的职业意识主要应包括以下几个方面:

---

① 马少展.编辑与书籍装帧.见曾彦修等.编辑工作二十讲.北京:人民出版社,1986.204

一、责任意识

编辑的责任意识指的是编辑对职业的社会责任感。编辑对社会的进步是起促进作用,还是起促退作用,关键之一在于编辑的社会责任感如何,责任意识如何。书籍、报刊、影视等传媒对读者和其他受众的影响是毋庸置疑的。就以书籍而言,它不但是一代代人创造的文化的结晶,而且也是引导一代代人奋斗的明灯,既代表着一定时代的文化,也照亮着那个时代文化发展的道路。其中,作者的作用和重要性固不待言,编辑的把关作用也是不容忽视的。反过来说,如果是一本坏书、黄书、毒书,作者固然罪责难逃,这本书的编辑也难辞其咎。在努力传播先进的文化知识、崇扬优良的精神产品的今天,编辑工作更是意义重大,影响深远,真可谓任重而道远。编辑参与的是文化的创造、文化的积累、文化的传播、文化的制定等工作。这种工作,也是一种参与塑造人的灵魂的工作。有了这种意识,我们就会认识到自己所担负的社会责任是何等的重大。

二、服务意识

新闻出版事业的根本方针,就是为人民服务,为社会主义服务。因此,编辑的服务意识,也就是为人民服务、为社会主义服务的意识。编辑介乎作者和受众之间,将作者的初始文稿经过编辑加工后传播给受众,起着文化传播中介的作用。编辑的中介活动是一种创造性工作。没有编辑的这种创造性工作,作者的文稿、书稿等就不能准确地、优化地、有序地传递给听众、观众、读者等受众群体。然而,不管是中介作用还是中介意识,实际上,这也还是一个服务和服务意识的问题。因此,编辑应该正确地树立服务意识,服务于作者,服务于听众、观众、读者,服务于一切需要服务的受众。

服务意识是编辑做好本职工作所必须具备的思想意识,是编辑做好本职工作应有的态度。缺乏这种意识,缺乏这种态度,是难以做好编辑工作的。从根本上来说,编辑职业意识中的这种服务意识,就是要求编辑更多地编辑高质量、高品位,既为广大人民群众喜闻乐见,又能引导人们奋发向上的精神产品,以此来服务人民,服务于社会主义的宏伟事业。

三、市场意识和策划意识

改革开放以来，新闻、出版、影视等行业发生了翻天覆地的变化。其中，由传统的行政指令式的计划经济模式向市场经济模式转变是这些行业发生的最大变化。一般认为，新闻传播业作为意识形态，在管理体制上尚未真正放开，还有许多计划经济的成分，这也是我国的国情所决定的。但是，在具体的操作运行的方式上，新闻传播业则已基本放开，被推向了市场，电视、广播要靠广告来维持活力，电影要靠卖座率来维持生存，书、报、刊要靠发行量来做大做强。因此，市场经济不仅引发了商业大战，对有关新闻传播行业的编辑们也产生了强烈的冲击。优胜劣汰的竞争法则是客观的，也是残酷的。编辑要在市场经济的竞争中立于不败之地，就要时时关注本行业的动态和发展趋势，不断探索编辑工作的新方式、新方法，使自己永远站在时代的潮头浪尖。

由此，编辑的策划意识便显得相当重要。编辑要站在一定的高度，在文化积累中挖掘出新的内容，并对这些新内容进行新的组合，更广泛地了解市场需求，捕捉信息，揣度受众心理。因此，编辑一定要有强烈的敏感性，既要有政治头脑，也要有市场观念，牢固树立市场经济条件下的策划意识。以图书编辑为例，过去由作者送稿、送选题上门的状况已不能适应图书市场的发展。图书的出版应按编辑的思路去运作，而图书市场的激烈竞争，又迫使编辑不得不根据市场需求来考虑出版物的走势，预测和判断市场将出现的需要。这就是策划意识，这种策划意识已成为现代编辑必备的素质之一。

四、创新意识和现代意识

固步自封、墨守成规是无法适应新世纪的编辑工作的。编辑的创新意识具有建构和推动整个社会文化生产力健康发展的战略意义。因此，编辑不仅要有埋头苦干、为人作嫁的“老黄牛”式的奉献精神，更要有开拓进取、敢为人先的“拓荒者”式的创新思想。这种创新思想，要求编辑在分析市场信息、酝酿和策划选题时，力求使人耳目一新，以独特、新颖的特色去引导市场，占领市场，用战略家的眼光和事业家的气魄去勇敢地探索编辑工作的新路径、新方法和新领域。每一位有志于编辑工作的人都应该根据自身的实

际和所从事的专业特点，除了全面地掌握编辑的基本原理和技巧外，还要着重在一些新的能力的提高上多下功夫，如选题策划能力、公关组稿能力、综合分析能力、宣传推广能力等。

现代意识是和创新意识联结在一起的。所谓现代意识，就是要求编辑能够跟上时代发展的步伐，尤其在科技、信息等方面更要有超前意识，敢做时代的弄潮儿，而不能成为时代的落伍者。在今天的信息时代，信息化的水平、信息化的程度将成为国力竞争的重要标志之一，编辑在文化传播、经济发展中的地位将越来越突出。如今，计算机与互联网络的应用已遍及现代社会的各个领域，并使这些领域发生了深刻的革命，提高了工作效率，减轻了劳动强度，改善了劳动环境。编辑应该努力适应时代的发展，掌握各类先进的理论和先进的技术手段，走在时代的前列。也只有这样，编辑的创新意识才能得到真正的体现。

除了上面提到的这些外，编辑的职业意识还包括全球意识、开放意识和协作意识等，在此不一一详述了。

第三章 编辑的几项基本技能

内容提要：

本章讲述书、报、刊编辑人员都必须掌握的四项基本技能：把握原稿的技术规范，善于查找文献资料，熟悉字体与字号，掌握校对技术。计算机操作也是编辑人员应当掌握的，将在第十二章谈及，本章从略。

本章应用性强，学习时应注意动手操作。

第一节 把握原稿的技术规范

读者对有些出版物层出不穷的排印错误十分气恼,纷纷责备出版社的排字、校对人员和责任编辑,这是理所当然的。但我们认为,差错的发生,在很大程度上与作者的原稿不规范有关。而且,原稿格式不规范,字迹潦草,增加了编辑加工的难度,延误了发排时间,对作者和编辑都不利,因此,编辑要重视向作者宣传稿件的规范化要求。有的新闻出版部门编印了《著作者手册》、《写稿要求》、《著译者参考资料》之类,发给作者,这是很有必要的。当然,编辑首先要以身作则,写稿、改稿都要注意技术规范。

本节先讲述原稿要注意的几个最基本的问题,包括稿纸与字迹,书写规格与标注,名词术语与计量单位的规范化,标题的逻辑层次,文后参考文献的著录等。

一、通用稿纸与专用稿纸

稿件要用方格稿纸单面誊清。原因主要有三:(1)汉字结构分独体和合体。当竖写时,上下两字如写得太靠近,很易讹为上下结构的合体字。如《战国策·赵策》中"左师触龙言愿见太后"句,在传写过程中"龍言"两字讹为"讋"字,人名"觸龍"变成"觸讋",就是一个典型例子。如果上下结构的合体字写得太松,又可能误一字为两字。当横写时,两个字若写得太靠近,很易讹为左右结构的合体字,如讹"金玉"为"鈺";左右结构的合体字写得太松,又可能误一字为两字,如"璟"字讹为"王景"。如果用方格稿纸誊写,一格一字,就不会产生此类差错。(2)用方格稿纸誊写,便于表明顶格、缩格、居中、空字、空行等格式要求。(3)便于编辑计算字数,安排版面。

一篇稿子或一部书稿,必须用同一种规格的稿纸——幅面大小和每页格数都相同。

市面上出售的稿纸，有 250 格、300 格、400 格、500 格等，幅面有 8 开、16 开等，宜选购白边宽一些的稿纸，便于修改、稿纸的栏格宜淡，写上字后笔迹突现，较理想的是淡蓝色格、淡绿色格或淡灰色格。红格稿纸最好不用，因编辑改稿用红笔，写在红格稿纸上不醒目。目前出版社印发的稿纸或科研单位自印的稿纸，多数为 16 开 300 格，纸张和格子大小比较适中。稿纸四周多数不加粗框，疏朗悦目；若四周围以粗框，则较沉闷呆板。

以上说的是通用稿纸。还有为特定需要专门设计、印制的专用稿纸。现举两例。

［例一］词典专用稿纸（见图 3-1 左），比一般稿纸幅面小。栏框下“资料来源”由词条编写人填写，系供审稿人审阅、核实之用，不印入正文。“编写、初审、复审、决审”逐级签字，以明责任，亦不印入正文。

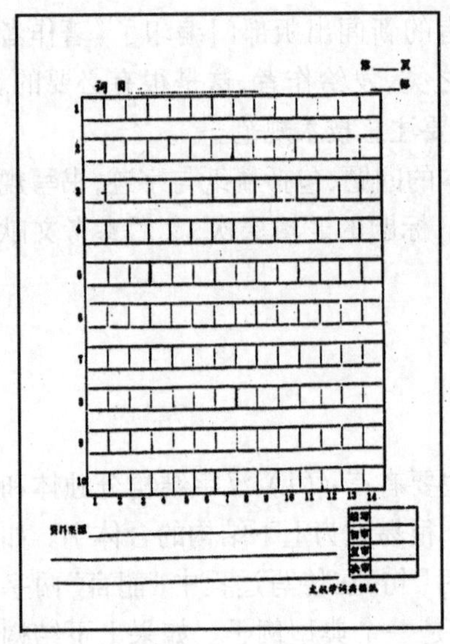

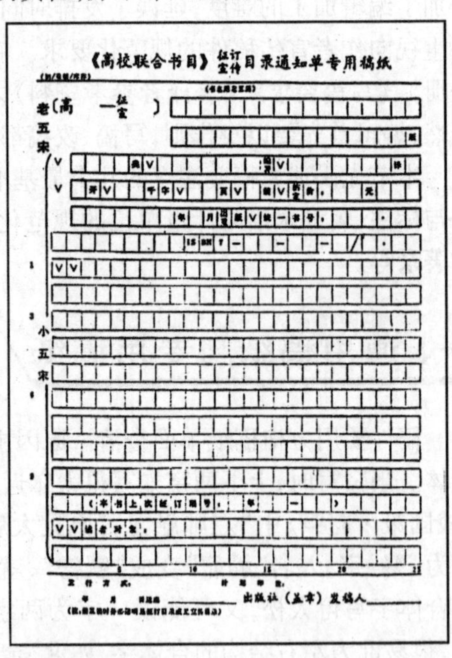

图 3-1　专用稿纸举例

［例二］《高校联合书目》专用稿纸（图 3-1 右），稿纸上明确指定应填写的项目，并对排印的字体、字号、格式作了详细批注。各高校出版社按要求填写书目提要寄交《联合书目》编辑部，编辑部汇总后略加润色便可编

排、付印。不难想象,假若不印制统一的专用稿纸,各高校出版社投寄的书目提要稿格式不一,《联合书目》编辑部必然耗费大量时间和精力进行编辑加工,有些还得重誊。

可见,凡编辑辞典、联合书目、企事业单位名录、人名录之类书籍,均宜印制专用稿纸,供撰稿人使用,以利于统一格式,提高效率,加强工作的条理性和科学性。

如果不印制专用稿纸,则必须对稿件格式作出非常具体的规定,并附样稿。例如,《中国出版年鉴》向全国各出版社约写《新书简介》专栏稿时,有明确的“撰稿要求”,今摘录几条:

1. 一律用16开带格稿纸抄写。字迹务必清楚,切勿潦草。

2. 为便于分类编排,每种书均另页起写。

3. 每页前空两格,写书名,前后加【　】黑体方括号。书名后空一格,接写著(编、译)者、出版社名(写全称)、定价。如同时出版精、平装者,分别在定价前冠以(精)××.00元,(平)××.00元。只出平装者不写。

内容简介另起一行写,前空两格……

4.《新书简介》共分23类。在每篇简介稿第一页的右上方注明分类代号。分类代号如下……

5.《新书简介》的统一格式举例如下:

> 【中国工具书大辞典】　徐祖友、沈益编,福建人民出版社出版,(精)17.50元。
>
> 本辞典共收录中国工具书1万多种。范围包括:字典、词典、百科全书(类书)、年鉴、年表、手册(指南、大全)、名录、书目、索引等。所收工具书上起古代、下迄1986年底……

规定得越具体细致,来稿的格式就越统一。

现在已有很多作者用电脑写稿。打印时,有两种处理方式:(1)指令电脑“按稿纸方式打印”;(2)不按稿纸方式打印。如果采用后者,应当在打印件上注明每行字数、每页行数、每页字数,以便于编辑计算字数。

二、书写

稿件要字字清晰，笔画到位，倒并不要求字漂亮。常听到打字员这样说：宁愿看小学生的字，不愿看"书法家"的字。小学生写字一笔一画清楚明确，不易引起误解；"书法家"的字有时龙飞凤舞，不易辨认。

汉字一律用国家规定的简化字（古籍和特定需要者例外）。语文出版社1986年12月出版《简化字总表（1986年新版）》，系国家语言文字工作委员会对原中国文字改革委员会1964年编印的《简化字总表》作了个别调整后重新发表的，要注意查阅。外文用印刷体写（或打字），要分清大小写。

有些汉字在书写时很易混淆。如"设"与"没"，"设有专门办公室"和"没有专门办公室"，一字之差，意思相反。有人写字，"英美不分"，"德法相混"，"哭笑莫辨"。有个作者将"汉江流域"写得很潦草，结果印刷厂排成"1212流域"，真令人哭笑不得。

以下列举一些形体相似、写得不工整极易混淆的字：

王——五　都——如　千——干　温——湿　元——之
拨——拔　如——为　处——外　阴——阳　杨——扬
优——伏　折——析　刺——剌　旋——施　铝——铅
远——运　士——土　板——扳　旧——归　厚——原

这类字，书写时要特别注意。

稿件正文的缮写，每段首行应空两字（格），回行顶格。回行时，下列各项不能分拆：(1) 用阿拉伯数字书写的多位数、年份；(2) 连点（省略号）；(3) 数码前后有附加符号，如80%、-20℃。

数字的缮写，一般在每个格子内写两位数；有时为避免数字分拆，可挤紧写，不受此限制。

每行之首，不能见句号、分号、逗号、顿号、感叹号，也不能见书名号、引号或括号的后半个。每行之末，不能见引号或括号的前半个。

标点符号要写得标准、清晰，最常见的毛病是句号、逗号、顿号三者混淆不清，引号写得不标准，表示范围的连接号和表示解释说明的破折号两者长短不加区分，等等。现着重谈谈连接号和破折号。

表示范围的连接号要用"一字线"（又称"全身划"），在稿纸上占一格，排版时占一字位置。如用于表示生卒年："鲁迅（1881—1936）"；表示数量

范围:“路面宽31—41米”;表示百分比范围:“60%—70%”。表示范围的连接号还有另一种形式,称为“浪纹”(~),现已使用得相当广泛。如《中国大百科全书》、《中国百科年鉴》,均以浪纹表示数字的范围。

破折号要用“两字线”(又称“双连划”),在稿纸上占两格,排版时占两字位置。如:“封建社会的最高统治者——皇帝”。

稿件中数字的写法要统一。在稿件或出版物中,数字的书写、排版形式不一致的现象十分普遍。有时用汉字(如:三百五十万),有时用阿伯数字(如:3 500 000),有时两者结合(如:350万)。1995年12月31日,国家技术监督局发布了《出版物上数字用法的规定》和《标点符号用法》两个文件,并规定从1996年6月1日起实施,从实施之日起,原《关于出版物上数字用法的试行规定》及原《标点符号用法》即行废止。《规定》总的精神是:“凡是可以使用阿拉伯数字而且又很得体的地方,特别是当所表示的数目比较精确时,均应使用阿拉伯数字。遇特殊情形,或者为避免歧解,可以灵活变通,但全篇体例应相对统一。”应细阅上述两个文件,使数字和标点符号的书写规范化。

三、标注

对排印的特殊要求,应在原稿上用铅笔作必要的标注。主要有两种情形。

(1)在使用简化字的出版物中,若某字必须排繁体字,应标注予以强调。否则,排字工人或打字员可能将它简化,使句子不知所云。如1991年10月,上海某报发表一篇文章,说“海外出版社由于不熟悉简体字”,“在排版、改版上闹了不少笑话”。该文举例说:

> 又如姓氏的“范”和“模范”的“范”本也是两个字,简化字简成一个“范”,海外出版社则一律把“范”改作“范”,于是“范石湖”“范成大”也成了“范成大”。诸如此类的笑话,真可以举出不少。

文章批评海外出版社闹笑话,本地报社恰恰也在这个问题上闹了笑话。所不同者,海外一律改为繁体,这里则一律改为简体。不难领会,该文原稿本应是这样的:

> 又如姓氏的"范"和"模範"的"範"本也是两个字,简化字简成了一个"范",海外出版社则一律把"范"改作"範",于是"范石湖""范成大"也成了"範成大"。诸如此类的笑话,真可以举出不少。

结果排字工人把"範"一律排成"范"。如果作者在原稿上标注,强调"範"字照原样排,便可避免出错。

如果某字必须排异体字,也要标注。

(2) 对外文的标注。英文的缮写,要用印刷体,并明确区分大小写。在一般情况下,可不必标注。但有些英文字母在单独出现时,大小写极易相混(如C与c,P与p),应标注大小写。要求排斜体者,亦应标注。

英文以外的其他文种,除注意用印刷体分清大小写外,尚须标注"法文"、"俄文"、"德文"、"希腊文"等,予以强调,否则很易排错。如原苏联版《马克思主义伦理学》,主编是A.и.季塔连科。若不注明"俄文字母",很可能用英文字母排成"A.N.季塔连科"。

日语汉字中的某些字,形体易混淆者,亦应标注,如:

日本学者 辻 村明参加了《苏联社会学》一章的撰写。(标注:辻 日语汉字)

若不标注,很可能将"辻"误植为"迁"或"过"。

需要说明的是,本节所讲的标注,是指在原稿上作局部必要的批注,而不是对全稿所作的版式批注,版式的批注,到第六章再讲。

四、名词术语、计量单位与公式

1. 名词术语的书写

稿件使用专业名词术语应当规范化,并且要前后一致,要根据国家标准(GB),或经中国科学院和各学科有关部门审定的名称书写。如,写稿时用到印刷、排版方面的专业词汇,应依据GB9851.1—90《印刷技术术语·基本术语》、GB9851.2—90《印刷技术术语·文字排版术语》等标准文献书写。

未经正式审定的专业名词术语,可参考权威性工具书(如《中国大百科全书》、《辞海》等)书写,或选用约定俗成的写法。

作者首用的名词术语,在书稿中首次出现时,应酌加注释。例如,《中国文学史料学》一书在论述史料的价值评判时,首次用"层位"一词,便在注释中说明:"层位,原是地质学术语,这里借以指称来自不同时间与空间的史料。"

引进的新名词在文中首次出现时,应注明外文。

外国人名、地名、学校、企业、科研机构、学术团体的名称,应译成中文,必要时括注外文(只须在首次出现时括注)。同一名称的译法,全稿必须统一。

外国人名,除知名者沿用习惯译法外(如"达·芬奇"),一般只将姓译成中文,名用外文缩写(正体大写)写在前面,用脚点(下圆点)隔开。如:H. T. 狄金森、E. M. 茹科夫。

用拉丁字母拼写的外国人名的通用译法,可参考商务印书馆出版的《英语姓名译名手册》和德、法、西班牙、意大利等语种的姓名译名手册。用斯拉夫字母拼写的外国人名的译法,可参考《俄语姓名译名手册》。

外国地名的译法,应参考《外国地名译名手册》、《世界地名译名手册》等工具书。稿件中的地图和国家、地区名称,必须按照我国的有关规定一一核对。

2. 计量单位的书写

计量单位,应按照我国有关计算单位标准化的命令、规定书写。例如:

1984年2月27日,国务院发布的《关于在我国统一实行法定计量单位的命令》(附《中华人民共和国法定计量单位》);

1984年6月9日,国家计量局发布的《中华人民共和国法定计量单位使用方法》;

1986年,国家标准局发布有关量和单位的十多项标准,其中有:GB3100—86《国际单位制及其应用》,GB3101—86《有关量、单位和符号的一般原则》,GB3102.1—86《空间和时间的量和单位》,GB3102.2—86《周期及其有关现象的量和单位》,GB3102.3—86《力学的量和单位》,以及GB3102.4—86《热学的量和单位》和GB3102.5—86《电学和磁学的量和单位》,等等。

其余不一一列举。读者需要时可查阅中国标准出版社1993年6月出版的《作者编辑出版常用国家标准》。它汇编了与编辑出版有关的国家标准69项,专业标准1项,附录11项,是一部很重要的书籍,编辑工作者不可不知。

3. 公式的书写

公式必须用印刷体缮写清楚。公式中的符号,如大小写、上下角、正斜体、拉丁字母、希腊字母等,都要写得非常明晰,必要时用铅笔注明要求。公式中的线段,孰长孰短,排版时最易被混淆,作者书写时尤其要注意。例如,公式中的繁分数,务必写清楚横分数线的长短,并将主分数线和等号对齐,切忌写得模棱两可。

五、书稿标题的逻辑层次

书稿标题的排列,必须注意逐级展开,井然有序。同级标题在书稿中的定位及题序的表示方式,应当前后一致。这样,才能确切地反映全书的逻辑结构和作者清晰的思路。

我国目前对图书标题层次顺序的编排,主要有两种方式,一是传统式,二是编号式。

1. 传统式编排法

题序以汉字表示,细目可用阿拉伯数字分列。示意如下:

第一级		第二级		第三级		第四级		
第一章		┌第一节	——	┌一、	——	┌1.		
第二章	——	│第二节		│二、		│2.		┌(1)
第三章		└第三节		└三、		└3.	——	│(2)
								└(3)

在稿纸上的缮写格式是:第一、二级标题(包括题序和题名)居中书写,第三、四级标题的题序前空两格(见图3-2A)。

如果书稿篇幅较大(大体在30万字以上),可根据内容的需要,在“章”之上再冠以“篇”(或称“编”)。

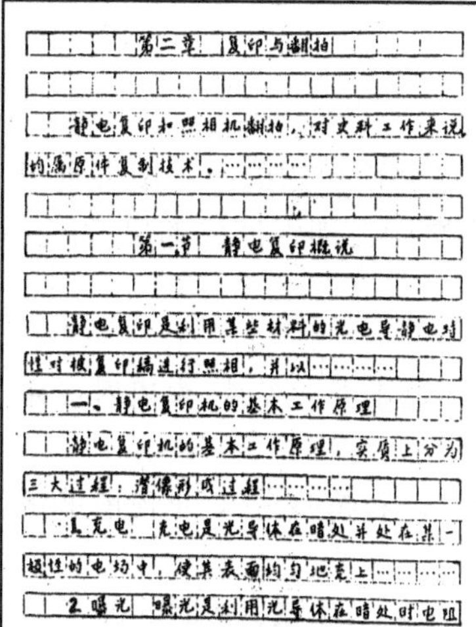
第二章 复印与翻拍
静电复印和照相机翻拍，对史料工作来说的属序件复制技术。……
第一节 静电复印概说
静电复印是利用某些材料的光电导静电特性对模复印稿进行照相，并以……
一、静电复印机的基本工作原理
静电复印机的基本工作原理，实质上分为三大过程：潜像形成过程……
1.充电 充电是光导体在暗处并处在某一极性的电场中，使其表面均匀地充上……
2.曝光 曝光是利用光导体在暗处时电阻

A. 传统式编排

2 复印与翻拍
静电复印和照相机翻拍，对史料工作来说的属序件复制技术。……
2.1 静电复印概说
静电复印是利用某些材料的光电导静电特性对模复印稿进行照相，并以……
2.1.1 静电复印机的基本工作原理
静电复印机的基本工作原理，实质上分为三大过程：潜像形成过程……
2.1.1.1 充电 充电是光导体在暗处并处在某一极性的电场中，使其表面均匀地充上……
2.1.1.2 曝光 曝光是利用光导体在暗处时电阻高成绝缘体、明处电阻小成导体的特性。

B. 编码式编排

图 3-2 书稿标题编排方式举例

2. 编号式编排法

题序以阿拉伯数字表示，细目可用拉丁字母分列。示意如下：

第一级	第二级	第三级	第四级	
1	2. 1	2. 1. 1	2. 1. 1. 1	
2	2. 2	2. 1. 2	2. 1. 1. 2	A
3	2. 3	2. 1. 3	2. 1. 1. 3	B
				C

在稿纸上的书写格式，有两种处理意见。(1) 要求第一级题序和题名居中书写；第二级题序顶格书写，空一格接写题名；第三、四级题序空两格书写，空一格接写题名（见图 3-2B）。冶金工业出版社编辑出版的《著译者须知》，即提倡这种书写格式。(2) 要求一、二、三、四级题序一律顶格书写，题序后空一格接写题名。

比较“传统式”和“编号式”两种编排方法可见，“传统式”符合我国目前多数读者的阅读习惯；“编号式”则级别分明，尤其便于引用和查找。例如，引用“传统式”的书的第四级标题，要写“参阅第二章、第一节、第三款、第五项”，表述较繁；引用“编号式”的书，只要写“参阅 2. 1. 3. 5”便可以了。

六、文后参考文献

文后参考文献，就是"为撰写或编辑论著而引用的有关图书资料"①。例如，发表在《编辑之友》上的《关于出版物中方向性问题的思考》一文之后，列出如下参考文献：

1 于友先．多出精品促进出版事业健康繁荣发展．中国图书评论，1996，(4)：9

2 杨牧之．出版工作者要有政治意识和精品意识．中国图书评论，1996，(4)：11～13

3 吴平．强化书评社会监督功能．新闻出版报，1996-06-08(3)

表明作者郭爱民在写作过程中，参考过上述三篇文章。

在学术论文或专著后列出参考文献，有重要的学术意义。

(1) 作者将写作过程中参考过的文献列出，既是表明自己立论的依据，也是对他人研究成果的尊重。不掠人之美，是科研工作者职业道德的体现。

(2) 读者既可以通过文后参考文献目录追踪到自己所需要的文献，又可以通过对文后参考文献的深度、广度和时效的分析，看出论文作者研究起点的高低。

(3) 文献信息机构通过大量的文后参考文献的分析，可以统计出某篇论文被引用的次数，分析出该论文及其作者的水平和影响；也可以统计出某种期刊被引用的次数，分析出该期刊的地位。各学科领域核心期刊的遴选，主要就是用的引文分析方法。

二次大战后研制成功一种新型索引——引文索引(citation index)。它的体例特点是：以某一文献为标目，在其下列出引用、参考过这一文献的全部文献及其出处。这种索引，梳理出一张张"引文网"。人们通过它分析文献之间相互征引的关系，检索相关的文献，研究学科间的交叉渗透。美国的三大引文索引刊物——《科学引文索引》(SCI)、《社会科学引文索引》(SSCI)、《艺术与人文科学引文索引》(A&HCI)——就是这类索引的代表。

① 中华人民共和国国家标准·文后参考文献著录规则

我国的引文索引起步较晚。1995年,中国科学院文献情报中心编辑的《中国科学引文索引》创刊,结束了中国没有自己的科学引文索引的历史。

显而易见,如果科学家们撰写论文时,没有列举参考文献的习惯,引文索引这种有广阔发展前景的索引便无从编写。从这一角度,也可看出文后参考文献的重要性。

我国出版的论文或专著,过去很少附参考文献(人文、社会科学领域尤其如此)。上个世纪80年代以来,附参考文献者日益增多,但著录格式不统一。1987年,我国颁布了《文后参考文献著录规则》(GB7714—87)。但目前,不著录文后参考文献,或著录格式不统一的现象仍较普遍。

现根据《文后参考文献著录规则》等标准和有关论著,对常见文献类型的著录格式作一简要介绍。

1. 专著(图书)的著录格式

序号 作者. 书名. 版次[第1版可略]. 出版地:出版者,出版年

如:

2 蔡雯. 现代新闻编辑学. 成都:四川人民出版社,1995

3 周毅,谭琤培. 信息学导论. 苏州:苏州大学出版社,1995 期刊论文的著录格式

2. 期刊论文的著录格式

序号 作者. 篇名. 刊名,出版年,卷(期):起止页码

如:

5 林穗芳. 互联网络与出版业的新发展. 编辑之友,1996,(2):15~17

7 邓广铭. 为王安石的《明妃曲》辨诬. 文学遗产,1996,(3):57~60

3. 论文集析出单篇论文的著录格式

序号 作者. 题名. 见:主编. 论文集名. 出版地:出版社,出版年. 起止页码

如:

4 张秀民.我国最早的金属活字.见:阳海清主编.版本学研究论文选集.北京:书目文献出版社,1995.37~40

9 王运熙.文献学是一门重要的必修学科——兼介《古典文学文献及其检索》.见:陕西人民出版社编.图书评论和出版研究文集.西安:陕西人民出版社,1985.240~243

4. 报纸文章的著录格式

序号　作者.题名.报名.出版日期(版序)

如:

8 周邵.为作者叫屈.文汇读书周报,1996-06-01(4)

随着大规模集成化的学术期刊全文检索系统的出现,文后参考文献著录规范化的重要性就显得更为突出了(参阅第十二章)。

第二节 善于查找文献资料

我们在第二章第三节讲过,编辑需要有较广博的知识。然而,知识再广博,记忆力再强,也不可能无所不知。编辑在写稿或审改稿件的过程中,常会遇到一些问题需要查找、核对文献资料。

为了提高查找资料的效率,要善于利用工具书、"检索期刊"和"工具书的工具书"。

一、利用工具书

工具书是根据特定的需要,汇集某一范围的知识或资料,按一定方式编

排，以备查考的图书。工具书具有信息密集、编排有序等特点，便于我们迅速、准确地查到所需知识与资料。编辑人员应当知道有哪些常用的工具书，以便有效地利用。

工具书的种类很多，这里仅介绍与编辑人员关系最为密切的五类工具书，并举例说明。

1. 百科全书

百科全书是概述人类一切门类或某一门类知识的完备的工具书，有“工具书之王”之称。美国《图书馆学与情报学百科全书》说：“百科全书是人类最有用的知识的系统概述。”也就是说，我们通过百科全书可以大致了解最重要的知识。

百科全书可分为两大类：一是综合性的，如《中国大百科全书》、《不列颠百科全书》（旧称“大英百科全书”）等；一是专科性的，如《中国企业管理百科全书》、《中国经济百科全书》等。现介绍两种综合性的百科全书。

《中国大百科全书》 我国第一套大型综合性现代百科全书，姜椿芳总编辑，中国大百科全书出版社 1980 ~ 1993 年版，共 74 卷（册），收条目 77 859个，计 12 568 万字。74 卷的目录如下（凡不注明卷数者，为单卷本）：《哲学》（2 卷）、《经济学》（3 卷）、《财政·税收·金融·价格》、《社会学》、《政治学》、《法学》、《军事》（2 卷）、《宗教》、《民族》、《语言文字》、《新闻出版》、《图书馆学·情报学·档案学》、《文物·博物馆》、《考古学》、《教育》、《心理学》、《体育》、《外国文学》（2 卷）、《中国文学》（2 卷）、《美术》（2 卷）、《音乐·舞蹈》、《戏剧》、《戏曲·曲艺》、《电影》、《外国历史》（2 卷）、《中国历史》（3 卷）、《世界地理》、《中国地理》、《数学》、《力学》、《物理学》（2 卷）、《化学》（2 卷）、《天文学》、《大气科学·海洋科学·水文科学》、《固体地球物理学·测绘学·空间科学》、《地理学》、《地质学》、《环境科学》、《生物学》（3 卷）、《现代医学》（2 卷）、《中国传统医学》、《农业》（2 卷）、《矿冶》、《机械工程》（2 卷）、《电工》、《电子学与计算机》（2 卷）、《自动控制与系统工程》、《化工》、《轻工》、《纺织》、《建筑·园林·城市规划》、《土木工程》、《水利》、《交通》、《航空·航天》、《总索引》。每一分卷一般包括三大部分：（1）卷首，有前言、凡例、专文等。专文由该学科的权威专家撰写，是对该学科的扼要综述。（2）正文，是主体部分，由长短不一的条目组成，按汉语拼音字母顺序排列，部分条目附参考书目。（3）附录，有本学科大事年表、内容索引等。内容索引是全卷条目标题和条目中的知识单元的细密的索引,很重要,查阅时要注意利用,以提高效率。

《简明不列颠百科全书》(中文版) 中国大百科全书出版社、美国不列颠百科全书公司合作编译,1985~1986 年版,共 10 卷(第 10 卷为索引)。此书主要根据《不列颠百科全书》第 15 版中的《百科简编》编译,吸收了部分《百科详编》中的内容,并增加了有关中国的条目。1991 年出版第 11 卷,增补了近年的新资料。

2. 年鉴

年鉴是逐年编辑出版的概述一年中事物的发展并汇集重要文献和统计资料的工具书。按惯例,年鉴封面和书脊上标明的年份,是指出版年,记载的是上一年的内容(少数年鉴例外),使用时应注意。

年鉴大体可分为综合性和专业性两大类。前者如《中国百科年鉴》,后者如《中国新闻年鉴》、《中国出版年鉴》、《中国广播电视年鉴》等。

《中国百科年鉴》由中国大百科全书出版社 1980 年起出版,它逐年反映国内外重大事件和各学科的新动态、新成果、新知识、新资料。书前有分类目录,书后有内容分析索引。此年鉴的内容以国内为主,也概述世界各国的基本情况和要事。不要误以为《中国百科年鉴》只记载中国的事。

3. 词典

词典是汇集字词,按一定方式编排,并逐一予以解释的工具书。编辑人员常用的词典,大体有语文词典、专科词典和综合性词典三大类。

(1) 语文词典,是以一般词语(又称普通词语)为主要收录对象,着重对词义本身进行解释的工具书。常用的有:

《现代汉语词典》 中国社会科学院语言研究所编,商务印书馆 1978 年正式出版。这是一部以记录普通话词汇为主,为推广普通话、促进汉语规范化服务的中型词典,有较高的权威性。1989 年出版《现代汉语词典补编》。1996 年,出版了修订第 3 版,收词约 6 万余条(旧版收词 5.6 万余条)。最近,又出版“2002 年增补本”,收入新词新义 1 200 余条,如“宽带”、“纳米科学”等,并依照国家新近规定修订字形、词形。

《汉语大字典》 徐中舒主编,四川辞书出版社、湖北辞书出版社 1986~1990 年出版,8 卷。1993 年出版缩印合订本,使用最便。收单字 54 678个,是迄今为止收录汉字最多的权威字典。

《汉语大词典》 罗竹风主编,上海辞书出版社 1986 年出版第 1 卷,汉语大词典出版社 1988 年起出版第 2 卷及以后各卷。全书 12 卷,另有检字

表及附录1卷。这是一部“古今兼收,源流并重”的大型语文词典,收词目37万条。

(2)专科词典,是以一个或若干个学科中的专业词汇为收录对象,着重解释事物概念、专业知识的工具书,如《新闻学简明词典》(余家宏等编,浙江人民出版社1984年版)、《中国现代编辑学辞典》(孙树松等主编,黑龙江人民出版社1991年版)等。

人名辞典是专科词典中的一类,而且使用率较高。现列举以下几种。

《中国人名大辞典》 商务印书馆1921年初版,上海书店1980年影印。收上古至清代4万人。查古代人物,大多可从中了解其简历。

《中国历代人名大辞典》 张㧑之等主编,上海古籍出版社1999年版。所收人名,上起原始社会,下讫辛亥革命,共约5.45万人。释文之末括注所据主要文献资料来源。

《中国近现代人名大辞典》 中国国际广播出版社1989年版。收1840年至1988年9月30日期间去世的人物1万余人。

《民国人物大辞典》 河北人民出版社1991年版。收1921年至1949年间的人物1.2万余人。

《中国人名大词典》 上海辞书出版社1989~1992年版,分3卷:历史人物卷,当代人物卷,现任党政军领导人物卷。共计收3万余人。

《当代中国社会科学学者大辞典》 浙江大学出版社1990年版。收中国大陆和港、台、澳学者5 000余人。

《外国人名辞典》 上海辞书出版社1988年版。收1万余人,不收在世人物。

《当代国际人物辞典》 上海辞书出版社1989年版。收7 000人,大多为在世人物,与《外国人名辞典》配套。

(3)综合性词典,是兼收一般词语和各种专业词汇的词典,可视为语文词典与专科词典的有机结合。《辞源》和《辞海》是这类词典的典型代表。

《辞源》(修订本) 商务印书馆1979~1983年版,4卷。1988年出版缩印合订本1卷。旧《辞源》1915年由商务印书馆初版,这里介绍的是修订本。收词一般止于鸦片战争(1840),主要供阅读古籍用。共收单字12 890个,复词84 134条。侧重于一般词语,但也收入大量人名、地名、书名、典章制度等方面的词汇。

《辞海》(1999年版) 上海辞书出版社出版,3卷。有三种版本:彩图五卷本,普及三卷本,缩印一卷本。旧《辞海》1936 年由中华书局出版,几经修订,这里介绍的是 1999 年修订本。收单字 19 485 个(以 2 号宋体列为词头的有 17 678 个),词目 12 万余条,包括一般词语和人物、著作、历史事件、古今地名、团体组织以及各学科的名词术语等(但在世人物不立词条)。它与《辞源》的主要区别是,《辞源》只收 1840 年前的词语,而《辞海》兼顾古今。

4. 书目

书目即图书目录,是记录图书的书名、著者、出版等项目,或叙及图书内容、学术源流、收藏情况,按一定方式编排的工具书。

古人编的书目,以《四库全书总目提要》为代表。清代乾隆年间在编修《四库全书》的过程中,把抄录入库的图书 3 461 种和抄存卷目的图书(即"存目书")6 793 种全部写出提要,共计 10 254 篇(据中华书局影印本《出版说明》的统计)。提要分经、史、子、集四大类编排,每一大类又分为若干小类。各大类和小类都有序,说明这类书的源流。读者通过这部书目,可以了解上古至清中叶 1 万余种书籍的作者、卷数、主要内容等,是阅读和研究古籍的入门之书。

今人编的书目,数量众多,学科覆盖面广。这里略举几种。

如果要了解民国期间出版的图书,可以查《民国时期总书目(1911 ~ 1949)》。这是一套大型的回溯性书目,北京图书馆编,书目文献出版社 1986 年起陆续分册出版(按学科分册)。

了解新中国成立以来出版的图书,可以查《全国总书目》。该书目逐年出版,反映我国每年图书出版的总貌。

湖北人民出版社 1998 年出版的《中国图书大辞典》(宋木文、刘杲主编),实为书目提要。著录我国 1949 ~ 1992 年出版的图书 10 万种,系从这一时期出版的 80 余万种图书中选出)。精装 16 开本,19 册。

以上介绍的都是综合性书目。还有大量的专科性书目,如《八十年来史学书目(1900 ~ 1980)》(中国社会科学出版社 1984 年版)、《中国法律图书总目》(中国政法大学出版社 1991 年版)、《经济学著作要目(1949 ~ 1983)》(经济科学出版社 1987 年版)等。要想钻研某一学科,应当先查阅该学科的书目,了解该学科已出版了哪些书,以便有目的地阅读。

5. 索引

索引是把一定范围文献资料中的有关项目(篇目、专名、词句、事项等)

摘录出来,注明出处,按一定的方法编排,指引读者查找文献的工具书,又叫"引得"(index)。

索引种类繁多,这里只举出两类:论文索引和传记资料索引。

论文索引是篇目索引中的一种。它可以让你了解:某一问题已发表过哪些论文,这些论文发表在什么报刊或收在什么书籍中。如《中国古典文学研究论文索引》、《中国现代当代文学研究论文索引》、《世界通史论文资料索引》等。

传记资料索引,是把分散在各种文献中的传记资料进行集中的、条理化的揭示,让读者迅速知道某人的传记资料可以在哪些书中找到。现在先举个例子说明这类索引的功用。

1996年,电视连续剧《宰相刘罗锅》播映后,有位记者问:史书上记载的刘墉究竟是怎样的人?从什么地方可以查到刘墉的生平资料?其实,只要从《三十三种清代传记综合引得》这部索引中就可查到:

刘墉,1/308/8a;2/26/26a;3/30/1a;7/16/13b;20/3/××;23/32/25a;26/2/4a;29/5/6a.

以上共8组数字,说明有8种书籍记载着刘墉的事迹(当然只限于33种书的范围内)。每组数字分三层,第一层是书名的代号,第二层是卷次,第三层是页码。通过书前的《三十三种清代传记表》,知道这8种书是:《清史稿》、《清史列传》、《国朝耆献类征》、《国朝先正事略》、《清代学者像传》、《国朝诗人征略》、《国朝书画家笔录》、《国朝书人辑略》。

以上例子说明,这种索引可以让你迅速掌握分散在各处的传记资料的线索。现将这类索引列举如下:

(1)《唐五代人物传记资料综合索引》,傅璇琮等编,中华书局1982年版;

(2)《四十七种宋代传记综合引得》,哈佛燕京学社引得编纂处编,1939年版;

(3)《辽金元传记三十种综合引得》,哈佛燕京学社引得编纂处编,1940年版;

(4)《八十九种明代传记综合引得》,哈佛燕京学社引得编纂处编,1935年版;

(5)《三十三种清代传记综合引得》，哈佛燕京学社引得编纂处编，1932 年版；

(6)《辛亥以来人物传记资料索引》，复旦大学历史系编，上海辞书出版社 1990 年版。

以上(2)(3)(4)(5)几种索引，解放后中华书局、上海古籍出版社都有影印本，不难找到。我国的台湾、香港地区也编印了这类索引，在此不一一列举。

二、利用“检索期刊”

查找文献资料，还可以利用“检索期刊”。通俗地说，检索期刊，就是以期刊形式出版的书目、索引或文摘。它与上面介绍的工具书的主要区别，是连续出版(多数为定期)，报道及时。现介绍 3 种。

《全国新书目》(月刊)　中国版本图书馆等单位编辑出版。这是逐月报道全国新书出版情况的检索期刊。20 世纪 90 年代中期一度停刊，1997 年复刊。由新闻出版署信息中心主办。每月发布最新图书书目近千条，选摘新书 15 ~ 20 部。

《全国报刊索引》(月刊)　上海图书馆编辑出版。分“哲社版”和“科技版”。该索引逐月报道全国主要报刊发表的论文资料。其中“哲社版”已有机读版——《中文社科报刊篇名数据库》，平均每月录入 1 万余条。

《新华文摘》(月刊)　新华文摘社编缉，人民出版社出版。该刊每月选载全国重要报刊上的文章，或全文转载，或摘录。内容有政法、哲学、经济、历史、文学、文化教育、科技等。该刊不是严格意义上的文摘，而是“文选”加“文摘”。有些文章是全文转载的，属文选；每期都有“论点摘编”专栏，属文摘；“报刊文章篇目辑览”专栏，属篇目索引。还有文学作品、美术作品、“台港澳学术”、“读书与出版”、“国内外大事记”等专栏，形式活泼，信息量较大。经常查阅该刊，可大致了解全国的动态。

三、利用“工具书的工具书”

上文仅仅介绍了百科全书、年鉴、词典、书目、索引共 5 类常用工具书。工具书的类型还有类书、政书、手册、名录、表谱、图录等，本书未涉及。即使

是已经涉及的类型，所列举的工具书也极其有限。那么，怎样才能较全面地了解工具书的类型呢？怎样才能知道解决某种问题有哪些工具书可用呢？这就要利用“工具书的工具书”。

“工具书的工具书”，又叫“工具书指南”，是工具书的书目。它能帮助我们了解，已经出版了哪些工具书，解决某类问题，是否有相应的工具书可利用，在同类工具书中选用哪本为宜。

目前已出版的工具书指南有很多种，这里仅介绍一种，以见一斑。

《中国工具书大辞典》（正续编） 徐祖友、沈益编，福建人民出版社1990、1996年版。本书介绍了古代至1994年我国出版的工具书2万余种。按学科内容分类编排；学科内容相同者，再按工具书的类型编排；内容和类型都相同的工具书，按出版时间先后编排。附录有工具书名词术语简释、辞书学论文要目、工具书书名笔画索引。

如要较系统地学习工具书的知识，可以找几本工具书教材来看。如朱天俊、李国新的《中文工具书教程》（北京大学出版社1991年版），詹德优的《中文工具书导论》（湖北教育出版社1994年版），邵献图等著《西文工具书概论（增订版）》（北京大学出版社1990年版）等。

第三节 熟悉字体与字号

无论是进行版面设计还是校对，都要熟悉印刷字体和字号。

如今许多出版社、报社、杂志社和印刷厂，已纷纷告别“铅与火”，用电脑打字、编辑、排版，出版物的字体与字号比铅字丰富得多。但许多字体字号来源于铅字，有些道理还得从铅字说起。所以，本节的内容兼顾铅字的字体字号和电脑字库的字体字号。

一、印刷用字的字体

目前使用的印刷字体虽多,但最基本的仍然是四大类:

宋体字　楷体字　仿宋体字　**黑体字**

1. 宋体

又称老宋体、书报标准体。系明人取法宋刻,并加以严格的规律化而成,后来成为我国最早的铅字字体。这种字体的笔画特点是横平竖直,横轻竖重(横细竖粗),点如爪,撇如刀,字形方整,结构谨严。它给读者的感觉是庄重、大方、稳定。用于正文、标题都适宜。

2. 楷体

又称活体,间架结构和用笔方法近似手写楷书,柔和悦目。这种字体的铅字创制于 1909 年。因近似手写,初学文化者易于辨认,故常用来排印小学低年级的课本和一般通俗读物。亦常用于副题、分级标题、编者按语和短文的正文。楷体给人以轻松感,但又有一种涣散感,所以报纸上很少用它排印长篇文章。

3. 仿宋体

模仿宋代精刻本字加工而成。仿宋体铅字创制于 1915 年,笔画粗细匀称,横笔略向右上角倾斜。这种字体清新秀丽,有书卷气,适宜排印图书的序、跋、图注和报刊上的诗歌、短文、小标题等。报刊发表古体诗词时,有时用仿宋体竖排,并配以“文武边”和栏线装饰,古朴典雅。文件的排版,也常用仿宋体。

4. 黑体

又称文体字、方头字。笔画粗壮,横竖一致,起笔和落笔处不作装饰。结构紧密,突出醒目,看上去好像比同号的其他字体大得多。常用于标题和重点文句。不宜于排书籍正文和报刊长文,以免黑压压一片,给人以沉重之感。

余也鲁对上述四种基本字体曾作过生动的比喻:宋体“朴朴实实,若平民百姓”;楷体“柔中带刚,美丽中一派端庄,是女性的”;仿宋体“眉清目秀,好像书生”；而黑体是“十足男性化的字体，横直一样粗壮，像勇士，屹立如山”①。

上述四种基本字体，又可派生出各种变体。例如仿宋体派生出长仿宋体：

仿宋体：编辑学教材　　长仿宋体：编辑学教材

长仿宋体清秀挺拔。进行版面设计时，在文字密集的地方，安排几行长仿宋体，版面会顿时为之开朗。

又如宋体、黑体，可派生出长宋、扁宋、长黑、扁黑：

宋体：编辑学　　长宋：编辑学　　扁宋：编辑学
黑体：编辑学　　长黑：编辑学　　扁黑：编辑学

铅字除了宋、楷、仿宋、黑四种基本字体外，还有隶体、魏体等。

电脑字库中的字体更为丰富（见附录），还可以进行各种修饰，如倾斜、镂空、阴影、加底纹、反白等：

编辑学（倾斜）　编辑学（镂空）　编辑学（阴影）
编辑学（加底纹）　编辑学（反白）

二、印刷用字的大小

印刷用字的大小是怎样指称或计量的呢？主要有号数制、点数制和级数制。

1. 号数制

号数制是将铅活字大小不同的规格用号数来称谓。基本字号是从一至七，一号又称大号，七号字最小。这种指称方法在我国最为通行。

后来人们觉得，每一号之间相差较大，便增添了“小×号”（又称“新×号”）。如“小四号”略小于四号，略大于五号；“小五号”略小于五号，略大于六号。大报的正文，一般用小五号字排。

人们嫌一号字还不够大，便又在一号之上增加了初号和小初号；嫌初号

---

① 余也鲁.杂志编辑学.香港：海天书楼，1980.213

不够大,又增加了以"行"为计算单位的字,它的大小,是小五号字的倍数。如"四行宋"一边的长度,相当于小五号一边的四倍。

现将一号至七号的宋体字举例如下:

一 号 中国编辑史

小一号 中国编辑史

二 号 中国编辑史

小二号 中国编辑史

三 号 中国编辑史

四 号 中国编辑史

小四号 中国编辑史

五 号 中国编辑史

小五号 中国编辑史

六 号 中国编辑史

小六号 中国编辑史

七 号 中国编辑史

小七号 中国编辑史

现在电脑中的汉字库,也多数用号数制来标识。

铅字每增加一种字号,都必须重新制造一套字模来铸字。而电脑编辑排版系统可以根据需要临时设定各种特大字,这是铅字无法比拟的。

2. 点数制

以"点"为计量活字尺寸的制式,叫点数制,又叫点制。

"点"是英文 point 的意译,缩写为 pt 或 p。在我国又音译为"磅"、"博"等。

18 世纪时,法国人以 1 法寸的 1/72 为一点。后来英国人用 1 英寸的 1/72 为 1 点。所以要用 1/72,是因为 72 这个数可以被很多数除尽。米制普及后,许多国家又将"点"折合成毫米来计量。但各国的"点"实际长度有出入,每点在 0.35 毫米至 0.376 毫米之间,国与国之间,国内各厂之间,都

存在点的长度不一致的问题。我国在 1958 年规定 1 点为 0.35 毫米。

长期以来，我国对铅字大小的计量，是以号数为主、点数为辅的混合制。各字号的点数，有大体的规定，如五号字为 10.5 点，小五号字为 9 点。现在要说明的是，这几点几点，究竟是指哪一段距离？

铅活字点数的多少，是指从字腹到字背的距离（见图 3-3）。从图中还可以看出，字肩的作用是在字面的外围保留一定的余地，在拼版时形成字与字间的自然空隙。

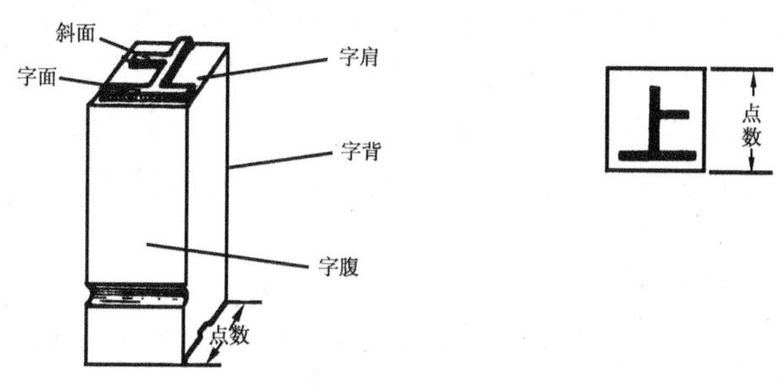

图 3-3　铅字与"点数"示意图

正方形的铅字（即所谓标准型），习惯上只标出一个数字，如三号铅字的点数，只标出"15.75"。但长形或扁形的字体，情况就不同了。例如，长仿宋体三号铅字的点数，要标明"15.75×12"；扁黑体三号铅字的点数，要标明"15.75×21"。现举例如下：

字　体	字　号	点　数	字　例
宋　体	二　号	21	团结奋斗
黑　体	三　号	15.75	团结奋斗
扁黑体	三　号	15.75×21	团结奋斗
仿宋体	三　号	15.75	团结奋斗
长仿宋	三　号	15.75×12	团结奋斗

续表

字 体	字 号	点 数	字 例
楷 体	四 号	14	团结奋斗
楷 体	五 号	10.5	团结奋斗
楷 体	小五号	9	团结奋斗

细看上表,我们可以体会到,同号字的标准型、长型、扁型,看上去大小差别很大,实际上是同号。这一点,在辨别字号时要注意。同样道理,电脑打字时,同号同体的标准型、长型、扁型,看上去不是同号,实际上是同号。如下列三个字,依次为三号黑体、三号长黑体、三号扁黑体:

团 团 团

由此可知:同号同体的标准型、长型、扁型,“个子高矮”是一样的,只不过长型“瘦”,扁型“胖”。

3. 级数制

“级数制”源于照相排字采用的计量单位,一级为0.25毫米。由于人们长期习惯于铅活字的字号,所以在照相排字时往往选用几种近似于铅活字大小的级数。例如,铅活字的五号字为10.5点折合3.68毫米;照排的15级为3.75毫米,近似于五号字的大小。同样道理,11级近似于六号字,20级近似于四号字。

第四节 掌握校对技术

校对是保证出版物质量的重要一环。出版社、报社、杂志社常把新参加编辑工作的同志安排到校对科进行锻炼,这是个传统做法,很有道理。因

为，通过校对，可以学到许多有关编辑、排版、印刷的业务知识，并有助于培养耐心、细致、踏实和认真负责的作风。

本节介绍的是图书的校对工作，至于报纸、期刊的校对，基本原则和方法与图书相同，只是在具体工作环节上略有不同，这里就不另作介绍了。

一、校对的意义

校对是根据原稿和定本，核对并订正抄件或排版校样的工作过程，是保证出版物文字质量的环节之一。除了专职校对人员和兼职校对人员外，编辑（尤其是责任编辑）也要与校对工作打交道，要熟悉和掌握校对工作的规范和技巧。

校对是一件细致、严肃、认真的工作，不但要具有一定的专业知识，更需要有一丝不苟、踏踏实实的工作作风。大量的文字错误、知识性错误和版式错误等，往往就出在校对这一环节上。因此，把好校对质量关，是保证出版物质量的关键之一。

校对工作细致认真的要求是不言而喻的。在这方面，鲁迅先生也为我们做出了表率。鲁迅非常重视校对，曾亲自动手参与了大量的校对工作。在他的日记中，经常有通宵校稿的记载。他说过，即使校对别人的译著，也是一个字一个字地看下去，决不随便放过，敷衍作者和读者，并且毫不怀着有所利用的意思。一张校样要照顾到好多方面，不仅仅是改正错漏而已。校样到了鲁迅手里，他不但要正面校，还要倒过来看字行是否整齐，疏密是否一致。如有差失，就做上记号要求改正。鲁迅在校对瞿秋白的文集《上海述林》时，怀着对这部书稿的特殊感情，支撑着病体，从1935年冬到1936年春，不断地校着，几十万字的校样共校对了三遍。这部书稿是在鲁迅逝世前三天校完的。鲁迅自己的著译和编辑的书籍、杂志，再加上他为别人选定、校订、校勘的作品共有120种，而经过他一校、二校、三校的书刊，总计约3 000万字。一个伟大人物的伟大品格就是从这些平凡的工作中显现出来的。

二、校对的职责

校对的主要职责，是消灭校样上与原稿不符的文字、标点符号、图表以及格式等方面的错误,核对校样页码顺序、注文和注码等等。

校对应忠实于原稿,不能擅自改动。但是,我们又提倡校对人员要有质疑的态度。如果发现原稿上有疑问(这是经常会遇到的),可以用铅笔在校样上写下具体的处理意见,由编辑最后决定(有时还要和作者商量)。有的出版社专门印有《校对疑问单》,式样如下:

校对疑问单　　编号______

书名:　样次:　页码:　编者:　年　月　日

原稿页码	校样页/行	原　文	拟改为	校对者	编辑处理意见

一些有经验的校对,常能发现许多被作者和编辑忽略的问题,弥补编辑工作的不足。如解放初期人民出版社出版《资本论》时,校对人员在校对过程中提出了几百处疑义而得到改正,提高了出版质量,使译者叹服。

一本书的校对工作,自始至终应有一位责任校对作为编辑部门和出版部门间的联系人。

进行校对,应使用原国家出版事业管理局 1981 年 12 月 20 日批准发布的校对符号(见附录)。对这些校对符号,必须熟练掌握。

三、校对的程序

一本书的校对次数,根据书稿的复杂程度和质量要求而定。一般是:先毛校,然后"三校一读"。

供校对人员校对用的印件叫校样。校样在出厂前,一般先由印刷厂自行校对一次,称毛校(也叫厂校)。经毛校并改正差错后,打出的校样叫初校样,然后开始"三校一读"。

1. 初校

初校是把打出的校样与原稿相核对的第一个校次，又称一校，它是整个校对工作的基础。初校应填好校样中的全部"倒空"（缺字），基本上消灭字、句、标点的错误，尤其要注意消灭多行（重复）、跳行、另行接排（本应另起一行，却接排）、另面接排（本应另起一面排，却接排）以及其他会影响版面捅动的错误。

排字时常易出现跳行的错误，如果跳行之后文句仍然"读得通"，在校对、读样时很容易被滑过去，这是必须警惕的。例如，下面一段是原稿上的文字。

出版大事年表（1862～1918）
　　见《中国近代出版史料（二编）》（中华书局1957年版）
出版大事年表（1918～1949）
　　见《中国出版史料补编》（中华书局1957年版）
商务印书馆大事纪要（1897～1949）
　　见《中国出版史料补编》

由于前后有相同的文字，排字者不够细心，视觉错乱，导致跳行，排成：

出版大事年表（1862～1918）
　　见《中国出版史料补编》（中华书局1957年版）
商务印书馆大事纪要（1897～1949）
　　见《中国出版史料补编》

初校时还要注意核对图的正倒及图、表、说明文字的安放位置；检查注释的序号是否与正文所注的完全相符；注意版式是否符合原稿所批注的要求，包括标题、字体、字号等等。

总之，初校要努力达到这样的要求：校样校好退厂修改后，不再有改版重排、版面捅动等方面的错误。

2. 二校

二校也必须对照原稿逐字逐句校对。有人为了图省事，仅核对初校时已发现的问题，这是不对的，因为这样一来，初校未曾发现的问题就被掩盖过去了。

二校是初校的补充,除进一步消灭初校应予消灭的各种错误外,重点是解决错别字、倒字,以及行距是否匀称、字距是否合乎规定等方面的问题。同时要注意初校时已批注之处二校样是否已改正过来;有没有因为校对符号写得不清楚、不正确而产生的错误。

3. 三校

三校是通体校对的最后一校,是把关的一个校次。在开始校对前,应当对上次校样作一次认真的"对红"(检查上次用红笔校出的地方是否已改妥),然后再对照原稿逐句把全书通体校对一遍。三校的注意力应遍及全部排样,包括封面、扉页、版权页、目录、附录、索引等。要注意封面与扉页上著译者的姓名和其他内容是否完全相符,目录中各级标题与正文的标题是否完全相符等等。

每次校对以后,校对人均须签字,以示负责。

一般说来,每次校对以后,都要送厂改正版面上的错误,并再次打出校样送校。但为了缩短出书周期,减少改版次数,目前很多出版社对一些书稿基础、排版质量较好的稿件校样采取"连校"的方法。例如,初校完成以后,不经过送厂改样的过程,接着由另一人用不同颜色的笔再校一次,然后送厂改样,这叫一二连校。

三校以后,要对全部原稿和校样整理、清点、检查一遍。

这里还要谈一谈关于誊样的问题。

校样除了供校对人员校对的以外,有时要多打印两三份,送编辑部、作者或领导部门审读、校改,这叫副样,即把副样中必须改动的部分过录到校样上,以便汇齐送厂改版。这种过录的手续叫誊样,又叫过样、并样,是非常慎重、细致的工作。

4. 通读

书稿经过三校以后,再把校样从头至尾审读一遍,称通读。通读之前,先要看设计要求,然后逐句逐段审读。如发现问题,应及时改正。

通读、改正以后打出的清样,还要和通读样核对一遍(即对红),然后才能出片、付印。

四、校对的操作方法

校对的基本操作方法有三种:对校法、折校法和读校法。

1. 对校法

又称点校法。原稿置左侧,校样置右侧。先看原稿,后看校样。左手食指指着原稿要校对的文字,默念文句;右手执笔点着校样,逐字逐句对下去。默念应有一定的间歇,一般以五六个字或两个词汇为宜。遇有应改之处,左手按原稿不动,右手批改;或备一尺,改错时以尺代左手压住原稿,左手解放出来按校样。

这种校对方法又称"摇头校"。校对时,原稿应尽量接近校样,以减小头部摆动的幅度。

2. 折校法

原稿置桌上,校样夹在两手的拇指、食指和中指之间(右手同时执笔),压在原稿上进行校对。校对时,尽量把夹在手指间的校样逐行紧靠在原稿要校的文字上,随着视线从行头到行尾移动,力求做到一眼能同时看清原稿和校样的字句。要全神贯注默念文句,并以默念来控制视线和校样移动的速度。校到校样的一行末尾时,可用拇指和中指向前移动校样(不必离开原稿),并用食指在校样行间轻轻压折。发现错误时,左手持校样并以食指压住校样,右手改错。

3. 读校法

由两人合作,一人朗读原稿文句,另一人核对校样并改错;或相反,一人朗读校样,另一人核对原稿。读稿者应清楚地读出每个字、每个符号和批注的版式,同音字、冷僻字要着重说明;另起一行或换用字体时,亦应提示。

上述三种方法,各有优缺点,可根据书籍的性质、内容和校对人员的习惯来决定采用哪种方法。三个校次可以采用同一方法,亦可采用不同方法。

校对是一门学问。沈浚成编的《校对手册(第二版)》(科学出版社1985年版)内容丰富,可参考。

第四章 图书的基本结构

内容提要:

本章至第六章,讲述图书的编辑。

迄今为止,在整个文献系统中,图书仍处于主导地位。它是重要的信息载体,又是商品和艺术品。从事图书编辑,首先要对图书的基本结构有个基本的了解。本章即介绍这方面的内容。

第一节 书衣部分

我们把书芯以外的部分，统称为书衣，即广义的封面部分，包括封一至封四、书脊、护封、衬页等等。

封一 即书面，又叫前封面。一般印有书名、著（译）者名、出版社名称等。封面在装帧设计上占有重要地位，并有保护书芯的作用。

封二 又叫封里，一般是空白页。有些用“骑马钉”装订的薄本图书，为了凑合印张，常利用它印前言或目录等。期刊、丛刊等常在封二印图片或目录。

封三 又叫封底里，一般也是空白页。薄本图书为了凑合印张，常利用它印正文、后记或版权项。期刊、丛刊常在封三印图片、目录、书讯等。

封四 又叫封底、底封。与封面相连，封面图案往往延续到封底。一般印有条码、书号和定价，有时印内容提要、丛书子目等。期刊、丛刊常在封底印图片、广告等。

书脊 又叫书背或封背，是书的脊背部分，连接封面与封底。如果书脊的厚度达4毫米（相当于一般新闻纸90个页码左右）以上，一般印有书名、册（卷）次、编著者、出版社名称等，便于排架和查找。厚本书的书脊，可以进行装饰设计。

以上封一、封二、封三、封四和书脊，总称封皮。

护封 又叫外包封或护书纸，是套加在封面外的另一张外封面。精装书使用得较多，也有少数平装书使用。护封有保护封面和装饰作用，一般印有书名和图案，与封面的装饰相得益彰。也有用塑料薄膜做护封的。还有一种半护封，高度约占封面的二分之一或不足二分之一，只能裹住封面的腰部，故又称为腰封，它的主要作用是为了封面的装饰或补充封面表现的不足，还有宣传、广告作用。

勒口 又叫折口。平装书的封面和封底（或精装书的护封）靠外切口一边,多留出30毫米以上的纸张向里折转,这叫勒口。勒口上有时印有内容提要、作者介绍或丛书子目等。

飘口 精装书的外壳,比书芯三面切口长出3毫米左右,用以保护书芯,这个长出的部分叫飘口。

衬页 衬在封二与扉页之间的空白页,称前衬页;衬在正文末页与封三之间的空白页,称后衬页。用衬页显得庄重、含蓄,且有保护作用。但也有不少书(尤其普及的薄本书)不用衬页,或只用前衬页。

环衬 又叫连环衬页,是连接书芯和封皮的衬纸。书前的环衬,粘连封二和扉页的一部分,称上环衬;书后的环衬,粘连封三和后衬页的一部分,称下环衬。精装书都要用环衬。重点书常选用材质上乘的纸张作环衬,或在环衬上印一些图案,与封面、扉页相呼应,形成统一的装饰效果。

平装的厚书也常采用上环衬,因为它能起到封面翻开不起皱折的作用,保持封面的平整。如图4-2所示,A是没有环衬的书,封面必须粘住书籍订口部分,反复翻阅后,封面很易折裂。B是有环衬的书,由于环衬的作用,封面可以完整翻开,不易折裂。

上环衬和扉页可以合而为一,也就是在上环衬的右半页,印上扉页的文字(扉页可以省去)。这样的环衬,或称为"假环衬"。

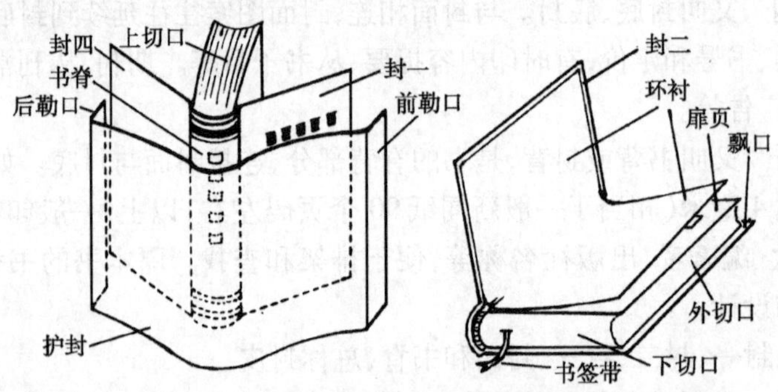

图4-1 图书各部分的名称(以精装书为例)

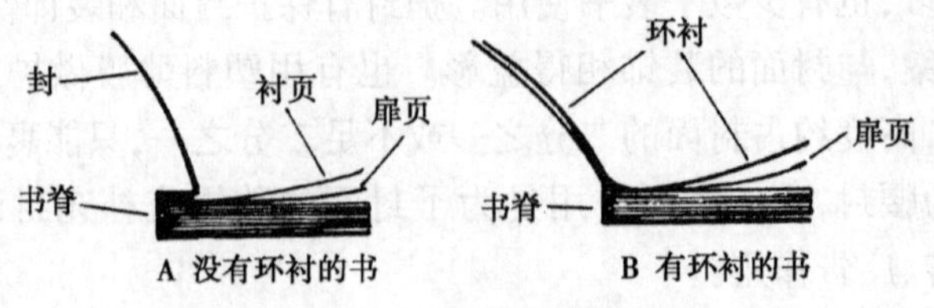

图4-2 环衬示意图

第二节 书芯部分

书芯也叫书身,是封皮以内的部分,在装封皮之前已订在一起。它是负载信息的主体部分。现将书芯的构成及有关名词术语解说如下。

扉页与中扉页 扉,本义是门扉。扉页也叫内封、副封面、书名页,起保护正文和再现封面的作用。扉页在封二或衬页后,所载文字与封一类似,但比封一更详细。有些在封一上未能详列的内容,如丛书名、副书名、全部著译者名、校订者、出版者、出版年月等,可印在扉页上。扉页的纸张可以和正文一致,也可以用好一些的纸张,印成彩色或加以装饰,与整体设计协调。

中扉页又叫篇章页、辑页、隔页。有些书分为若干部分,称为编(篇)、辑或章等,从中用单页或用有颜色的纸张隔开(即排列在各部分的首页位置),这就是中扉页。中扉页印有序数(如第×辑)或篇章名称,可进行装饰性点缀,背面是白页。一般用暗码计算(占页码位置,但不排页码)。例如,任继剑的《中国哲学史》第二篇的标题"中国封建社会确立时期(战国)哲学思想的发展",占整整一面,背面空白,正反两面均用暗码处理。

目录 又叫目次。把书籍中的章节序数与标题名依次排列(或分类排列),注明页码,便于读者翻阅,这就是目录。目录一般排在书前,也有排在书后的。人们常说,目录是书籍的窗口,透过它可以知道该书的主要内容。

有些长篇小说仅有章序而无标题,一般不编排目录。

插页 即夹印在正文中,但与正文文字不相连贯的书页。常用较好的纸张印刷,其内容多为与正文有关的插图、表格等。在正文前,有时有作者的照片、手迹或他人的题字等,亦称为插页。插页一般不算入页码。如《中国大百科全书·新闻出版》的彩图插页,插在正文中,但其页码与正文不相连贯,而是自成起迄。

切口 又叫书口,指书籍三面切光的地方。上端的切口叫上切口(又称书顶),考究的书常在书顶刷上金粉或其他颜色;下端的切口叫下切口(又称书根);另一端的切口叫外切口(又称翻口)(见图 4-3)。

版心与白边 版心指每一面书页上的文字、图版部分,也就是排版的范围。白边指版心离切口和装订处四周的空隙部分。上白边叫天头,下白边叫地脚,装订处到版心之间叫订口(又叫内白边),版心到外切口之间叫外白边(见图 4-3)。要注意的是,现代书籍的"版心"概念与古籍不同,古籍的版心指的是"中缝"(见图 4-4)。

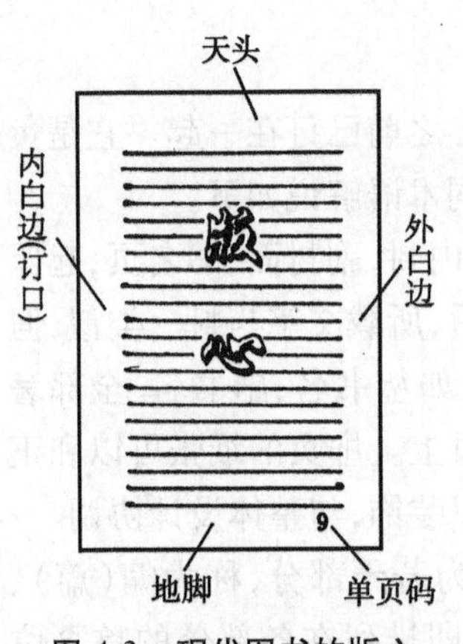

图 4-3 现代图书的版心

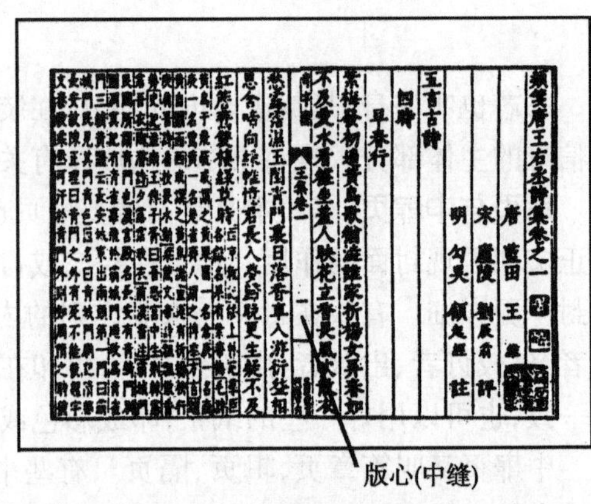

图 4-4 线装古籍的版心

版心的位置应放在视觉的中心,天头略大于地脚,外白边一般应大于内白边,以使图书在打开时两面的版心靠得较近,产生整体紧凑之感。版心的大小应根据图书的性质、厚度和装订方式来确定。平装书或比较厚的图书,版心可略为窄些,内白边要适当留得宽些。学术著作的版心要小些,多留些白边,以供读者批注。而字典、辞(词)典等图书字数一般较多,可适当扩大版心,缩小白边,增大文字容量,以控制厚度,使内容相对集中,便于阅读和查找。

页码 是表示面数的数码,一般排在版心上方或下方靠翻口(外切口)处,以便于翻寻,但也有排在版心下居中的。

书中奇数页码称单页码,偶数页码称双页码;单页码总在书页的正面,双页码总在书页的背面。空白页一般不排出页码(作暗码处理)。

正文前的序言、目录及类似性质的篇幅,页码自成起讫,不与正文页码连续。一般习惯,正文开始为第一码。分册装订或多卷本的书,可以按单本编排页码,自成起讫;也可以连续编排页码。

书眉和中缝 有些横排本的书,在天头处排有书名、篇名或章名、节名,

这叫书眉。将书翻开以后，双数页与单数页成为同一视面，双数页在左，单数页在右。一般的处理方法是：双数页书眉排书名，单数页书眉排章节名；或前者排章名，后者排节名。也就是说，双码面排上位标题，单码面排下位标题（见图 4-5）。

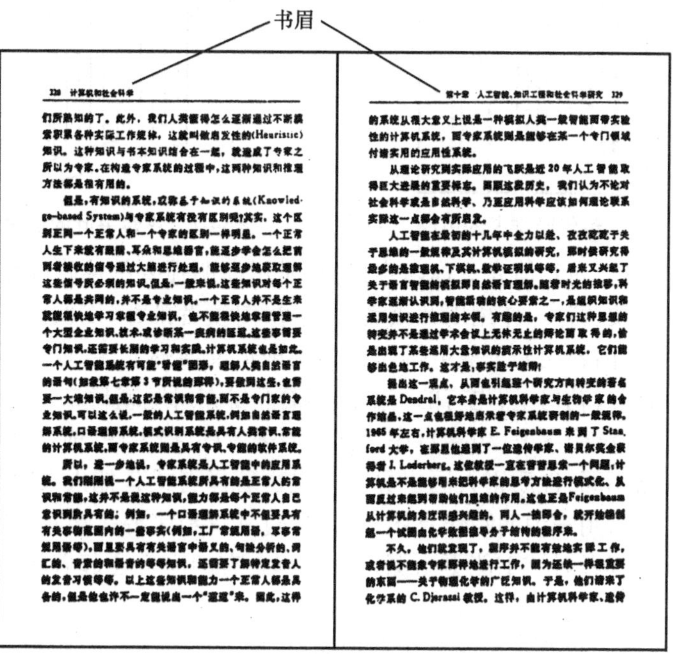

328　计算机和社会科学

们所熟知的了。此外，我们人类懂得怎么逐渐通过不断摸索积累各种实际工作经验，这就叫做启发性的(Heuristic)知识。这种知识与书本知识结合在一起，就造成了专家之所以为专家。在构造专家系统的过程中，这两种知识和推理方法都是很有用的。

但是，有知识的系统，或称基于知识的系统(Knowledge-based System)与专家系统有没有区别呢？其实，这个区别正同一个正常人和一个专家的区别一样明显。一个正常人生下来就有眼睛、耳朵和感觉器官，能逐步学会怎么把有关器官接收的信号通过大脑进行处理，能够逐步地获取理解这些信号所必须的知识。但是，一般来说，这些知识对每个正常人都是共同的，并不是专业知识。一个正常人并不是生来就能很快地学习掌握专业知识，也不能很快地掌握管理一个大型企业知识、技术，或诊断某一疾病的医疗。这些都需要专门知识，还需要长期的学习和实践。计算机系统也是如此。一个人工智能系统有可能"背诵"图形，理解人类自然语言的语句(如象第七章第 3 节所说的那样)，要做到这些，也需要一大堆知识。但是，这都是常识和常能，而不是专门家的专业知识。可以这么说，一般的人工智能系统，例如自然语言理解系统，口语理解系统，模式识别系统是具有人类常识、常能的计算机系统，而专家系统则是具有专识、专能的软件系统。

所以，进一步地说，专家系统是人工智能中的应用系统。我们刚刚说一个人工智能系统所具有的是正常人的常识和常能，这并不是说这种知识，能力都是每个正常人自己意识到所具有的；例如，一个口语理解系统中不但要具有有关事物范围内的一些事实(例如，工厂常用语，军事常规用语等)，而且要具有有关语言中语义的、句法分析的、词汇的、背景的和语音的等等知识，还需要了解特定发音人的发音习惯等等。以上这些知识和能力一个正常人都是具备的，但是他也许不一定能说出一个"道道"来。因此，这样

第十章　人工智能、知识工程和社会科学研究　329

的系统从很大意义上说是一种模拟人类一般智能而带实验性的计算机系统，而专家系统则是能够在某一个专门领域付诸实用的应用性系统。

从理论研究到实际应用的飞跃是近 20 年人工智能取得巨大进展的重要标志。回顾这段历史，我们认为不论对社会科学或是自然科学、乃至应用科学应该如何理论联系实际这一点都会有所启发。

人工智能在最初的十几年中全力以赴、孜孜眈眈于关于思维的一般规律及其计算机模拟的研究，那时候研究得最多的是推理机、下棋机、数学证明机等等，后来又兴起了关于语言智能的模拟即自然语言理解。随着时光的推移，科学家逐渐认识到，智能活动的核心要素之一，是组织知识和运用知识进行推理的本领。有趣的是，专家们这种思想的转变并不是通过学术会议上无休无止的辩论而取得的，恰是出现了某些运用大量知识的演示性计算机系统，它们能够出色地工作。这才是，事实胜于雄辩！

提出这一观点，从而也引起整个研究方向转变的著名系统是 Dendral，它本身是计算机科学家与生物学家的合作结晶，这一点也很好地启示着专家系统研制的一般规律。1965 年左右，计算机科学家 E. Feigenbaum 来到了 Stanford 大学，在那里他遇到了一位遗传学家、诺贝尔奖金获得者 J. Lederberg。这位教授一直在苦苦思索一个问题：计算机是不是能够用来把科学家的思考方法进行模式化、从而反过来起到帮助他们思维的作用。这也正是 Feigenbaum 从计算机的角度深感兴趣的。两人一拍即合，就开始编制一个试图由化学数据推导分子结构的程序来。

不久，他们就发现了，程序并不能有效地实际工作，或者说不能象专家那样地进行工作，因为还缺一样很重要的东西——关于物理化学的广泛知识。于是，他们请来了化学系的 C. Djerassi 教授。这样，由计算机科学家、遗传

图 4-5　现代横排书的书眉

现代直排本的书，在外切口处印书名、篇名或章名、节名，叫中缝（见图 4-6），其名称源于线装古籍。雕版印刷的古籍，一块版子印一张书叶，中缝在正中。装订时将每叶折叠，中缝就在边上了（见图 4-4，图 4-7）。

书眉、中缝的作用，除装饰版面外，主要是为了便于翻检，并让读者随时了解某段文章属某章某节。

通栏与双栏　正文行宽的长度采用等于版口宽度的排版称为通栏，正文行宽按版口的宽度等分为两栏来处理的排版称为双栏。图书一般都用通栏形式。但是，一些短行的诗歌集、16 开本的小字号图书以及各类大开本的字典、辞（词）典等，大多采用双栏形式。这是为了控制行宽，避免字行过长而影响读者阅读。同时，短行诗歌集排双栏，是出于节约版面的考虑。而其他一些图书采用双栏形式，是为了使版面显得不那么呆板而较为活泼。

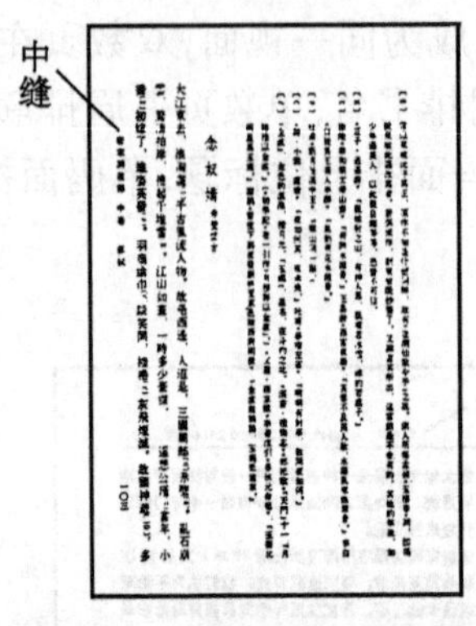

图 4-6 现代竖排书的中缝

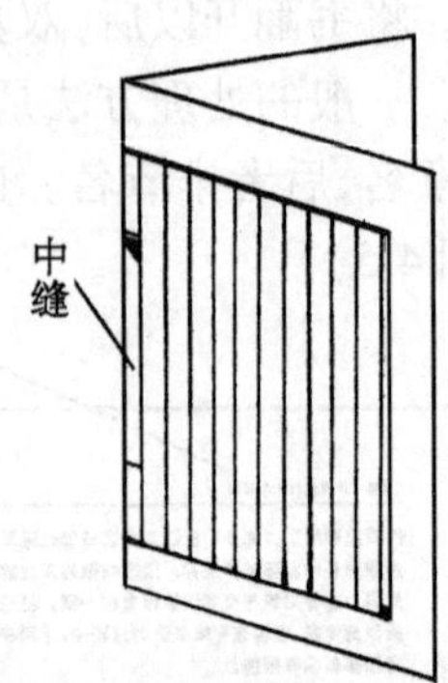

图 4-7 古籍书叶的折叠

内容简介 内容简介又称内容提要，是用简明扼要的语言介绍该书的主要内容、性质、特点、作用以及读者对象等，向读者推荐，以便读者选购的推介性文字。内容简介一般可排印在图书扉页反面的上端，也可排在平装书的前勒口或后勒口上，也有的书将内容简介排在封底或封二、封三上。

序 序或称作序言，包括自序、代序、原著者序、译者序、前言、引言等多种形式，说法不同，性质则大同小异。它是由著译者或其他人书写，附记在正文前的文章，用来说明写作意图、写作经过和资料来源等事项，或对该书进行评介，使读者对该书能更为深入地了解。有的序言还起着指导阅读该书的作用。

出版前言 出版前言又称出版说明、出版者的话等。出版前言一般以出版社的口吻，说明出版该书的经过、意图和要求，或其他介绍性文字，属于图书的附件之一，一般放在正文之前，即全书其他各项之前的首页。

凡例 凡例包括例言、体例说明、使用说明等。它是介绍图书内容和编纂体例的说明文字，便于读者对该书的使用。凡例一般排在正文之前，尤其为各类工具书以及古籍整理类图书所必备。

附录 附录是附加于图书正文后面的非正文主体内容，但又与正文相关的材料，如图版、表格、索引、对照表、勘误表等。索引，占有十分重要的地位，它能帮助读者迅速查找到所需要的资料，提高阅读效率。

参考文献 参考文献是指著译者引用的参考资料。关于参考文献的学术意义与著录格式，本书第三章第一节已作介绍。

后记 后记是排在书末正文之后的文章，包括编后记、附记等。后记一般由著译者书写，用于说明该书的写作和出版经过、资料来源等事项，有时

也由他人撰写对该书的评介和“读后感”。对有关人员和组织以及出版单位的鸣谢之类的文字也往往安排在后记中。

第三节 版权页

版权页又叫版本记录页、版本说明页。它是每一本书的出版历史记录，包括书名、著译者、出版者(附地址)、印刷厂、发行者、开本、印张、插页数、字数、版次、印次、累计印数、书号、定价、出版年月等，有的书还要注明发行范围。它印在扉页背面或正文的最后一页，或印在封底。

现将版权页记载的部分内容简介如下。

开本 以印刷用纸的全张幅面为计算单位，裁切成多少小张，就叫多少开本。例如，全张纸裁切成32小张的，叫32开本；裁切成16小张的，叫16开本；裁切成64小张的，叫64开本。

但是，由于印刷用纸全张幅面大小不一样，虽然同样都裁切成32小张或16小张，它们的开本尺寸是不一样的。所以，在版权页上记录开本一项，必须注明全张纸的幅面尺寸。我国常用的印刷用纸幅面，主要有850mm×1 168mm和787mm×1 092mm两种规格。习惯上把前一种规格纸张裁切出来的开本称为大开本，冠以“大”字，如“大32开”；用后一种规格纸张裁切出来的开本，可以冠以“小”字，如“小32开”，也可以略去“小”字。此外，常见的还有787mm×960mm纸张切成的32开本，称“小长32开”或“窄32开”。

要注意的是，我国在1987年颁布了国家标准《图书杂志开本及其幅面尺寸》(GB788—87)。该标准参照采用国际标准ISO6716—1983的《印刷技术——教科书与期刊——未裁切单张纸与已裁切单页的尺寸》制订，规定：A、B分别表示A系列与B系列纸张。A、B后的数字，表示将全纸张对折长边裁切的次数。如：A3表示将A系列全张纸对折长边裁切3次，即8开；

A4 即 16 开；A5 即 32 开。

A 系列开本幅面举例(未裁切全张纸为 880mm ×1 230mm)：

A4　210mm ×297mm(指已裁切成开本的尺寸,下同)

A5　148mm ×210mm

A6　105mm ×144mm

B 系列开本幅面举例(未裁切全张纸为 1 000mm ×1 400mm)：

B5　169mm ×239mm(指已裁切成开本的尺寸,下同)

B6　119mm ×165mm

B7　82mm ×115mm

以上尺寸我们并不陌生,复印室用的纸张,主要就是 A 系列和 B 系列。其中 A4 略大于我国传统的 16 开,A5 略大于传统的 32 开。

图书、报刊的用纸,大多数是用 2 的几何级数来裁切的,这样便于折叠装订。有时为了特殊的需要,也采用非几何级数的畸形开本,如 11 开、25 开等,由于费工费料,一般书刊不采用。

印张　计算出版物篇幅的单位。全张印刷用纸两面印刷,就是 2 个印张。一本 32 开本的书,如果 128 页(面),就是 4 印张;一本 16 开的书,如果 176 页(面),就是 11 印张。在计算印张时,要注意将扉页、前言、目录、正文的篇幅累加(它们的页码往往是不连贯的)。如一本 32 开的书,扉页 1 张(两页),前言 1 ~4 页,目录 1 ~12 页,正文 1 ~366 页,共计 384 页,除以 32,为 12 印张。

字数　版权页上记录的字数,是以出版物每面的版面字数乘以总面数计算的,即:每行字数 × 每面行数 × 总面数 = 全书总字数。文中有插图、表格、空行都以满版计算。

版次　第一次出版的叫“第 1 版”或“初版”。第一次出版后,内容经过重大变更后重排的,叫“第 2 版”,余类推。甲出版社的图书转给乙出版社出版,乙出版社第一次印行,虽然内容未经改动,也叫“新 1 版”,版次、印次都要重新算起。

印次　即图书印刷的次数。从第 1 版第 1 次印刷算起,每印一次都要累计并标注明确。即使版次变更,仍应累计。例如,第 1 版已印 3 次,第 2 版第 1 次印刷就叫第 4 次印刷。

要注意,版次和印次的概念不同,但计算印次又必须把各版次累计。现举一例:商务印书馆的《现代汉语词典》,1978 年 12 月第 1 版,1983 年 1 月

第2版,1996年7月修订第3版,1996年9月北京第186次印刷。这“186次”,是包括第1版至第3版的印次。但“第186次印刷”决不是“第186版”。此书公开出版以来,内容只经过两次大的变更。版权页上注明“第3版”,说明此书有3种版本。

印数 一种图书出版所印刷的册数。从第一版第一次印刷起累计计算。如果一种书有几种不同的开本、装帧形式,应分别累计印数。

统一书号 是根据“全国图书统一编号方案”编定的书号,排印在版权页下端及封四(封底)的右下端。书号由图书分类号、出版社代号和出版社同类书籍的序号三部分组成,前两者与后者用中圆点隔开。中圆点前面部分的第一位或两位的数码是图书分类号,末三位数码是出版社代号,中圆点之后的数码是出版社同类书籍出版的顺序号。例如,书目文献出版社1985年出版的《古籍索引概论》一书,统一书号是:7201·62,中圆点前面的第一位数码“7”表示是“文化、教育”类书籍,末三位数码201是书目文献出版社的代号,中圆点后的数码“62”是该出版社同类书籍的序号,即同类书籍中的第62种。

我国自1956年4月起在出版系统实行“全国图书统一编号方案”,是世界上实行国家标准书号系统较早的国家。1972年国务院出版口对这一方案进行修订,同年12月7日通知全国出版单位执行。实行统一编号,有利于提高图书出版、发行统计工作的质量,便于书店分类陈列图书及读者选购。但它的编号方法与国际上通行的编号不一致,1988年被“中国标准书号”所取代。

中国标准书号 中国标准书号(China Standard Book Number)是1986年1月由国家标准局批准颁布的关于出版物统一编号的国家标准(详见附录),1987年1月1日起实施。在1987年内,统一书号和中国标准书号并存,从1988年1月1日起废除统一书号。

中国标准书号是在国际标准书号的基础上制订的。因此,这里先简单介绍一下国际标准书号。

国际标准书号(International Standard Book Number,缩写为ISBN)是国际标准化组织(ISO)于1972年公布的一项国际通用的出版物统一编号方法。国际ISBN中心是它的实施管理机构,设在德国柏林。

20世纪60年代以来,全世界图书出版量迅猛增加,国际间图书贸易迅速发展,加上计算机在这一领域的推广应用,一些国家感到需要有一个能在国际上通用的图书编号系统,使每一种出版物都有一个惟一的、简单的识别号码,以利于计算机在图书出版与贸易中更有效地发挥作用。为适应这种需要,国际标准化组织 1972 年正式颁布了 ISO2108《文献工作——国际标准书号(ISBN)》。1982 年,中国 ISBN 中心成立,并加入国际 ISBN 系统。

中国标准书号是由国际标准书号(ISBN)和"图书分类一种次号"两部分组成。如《语言文学文献检索与利用》一书的书号:

$$\frac{\text{ISBN 7-307-00322-8}}{\text{G} \cdot 72}$$

水平线以上的部分是国际标准书号,由分为 4 段的 10 位数字组成。"7"是组号(中国的代号),"307"是出版社号(武汉大学出版社的社号),"00322"是书序号(一般按该社出版图书的先后顺序编号),"8"是校验码。水平线以下是"图书分类一种次号"。"G"是图书分类号(文化、科学、教育、体育的分类号),"72"是种次号(该出版社出版同一类号的不同图书的流水编号)。

关于中国标准书号的结构的详细解释,见本书附录。这里着重要讲的是校验码的问题。

校验码的作用,是检查 ISBN 编号转录过程中有无差错。它的值和前 9 位数字之间存在着一定的关系,十分严密。这样,就可以用计算机迅速进行 ISBN 编号数字合法性或正确性的检查。

校验码的数值是怎样计算出来的呢?现仍以上面列举的书号为例:

第一步,依次列出 ISBN 的前 9 位数字　7　3　0　7　0　0　3　2　2

第二步,取 10 ~ 2 为各位数的加权因子　10　9　8　7　6　5　4　3　2

第三步,对应各位相乘　70　27　0　49　0　0　12　6　4

第四步,将乘得的 9 个积数相加　70 + 27 + 0 + 49 + 0 + 0 + 12 + 6 + 4 = 168

第五步,以模数 11 除和数　168 ÷ 11 = 15 余 3

第六步,以模数 11 减去余数,得出差数即校验码　11 - 3 = 8

如果第五步除尽(余数为 0),校验码以"0"表示。

如果校验码为 10,以"X"表示。

由此可见,校验码只能是 0、1、2、3、4、5、6、7、8、9、X 中的任何一个整数。

怎样用校验码进行校验呢?方法是:

将9个积数的和,加上校验码,若能被模数11除尽,证明为正确的ISBN编码;若不能除尽,则为错误编码。仍以上面列举的书号为例:

(168 + 8) ÷ 11 = 16

能除尽,证明ISBN 7-307-00322-8为正确的编码。

校验码有很高的查错功能。如果10位数字中某一位有误,查错率为100%;即使10位数中两位有误(这种情况发生的几率很小),仍有90.9%的查错率。

第四节 图书在版编目(CIP)数据

近年来,在我国出版的图书的版权页上,新增了一项重要内容,这就是图书在版编目(CIP)数据。

图书在版编目的英文名称为 Cataloguing in Publication,简称CIP。图书在版编目数据是指经图书在版编目产生的并印刷在图书主书名页背面的书目数据。这一书目数据由著录数据和检索数据两部分组成。著录数据包括书名与著作责任者项、版本项、出版项、丛书项、附注项、标准书号项;检索数据包括书名与著(译)者、丛书名与丛书主编者等可以识别图书特征的检索点,也包括分类号、主题词在内的用以揭示图书内容与主题的检索点。而图书在版编目的工作内容,则是指出版社出版每一种图书之前,按国家标准的要求,将填好的CIP工作单交给国家指定的CIP管理机构审核、修改、生成,再由出版社将正式的CIP标准数据印在图书主书名页背面这一全部过程。

一、图书在版编目产生的背景和我国实行图书在版编目的过程

最早提出实施CIP的,是图书馆界的人士。不过,那时不叫在版编目。世界著名的图书馆学家、印度人阮冈纳赞称之为"出版前编目"。

图书馆界之所以要求这么做,是因为图书馆买到新书后,要根据图书的主题内容和外部特征进行著录和主题与分类标引(统称编目)。图书馆按照编目标准将图书的各项数据制成可以提供检索的目录卡片后,新书才能开始出借。这个过程比较长,新书往往因此而变成了旧书,而且还要花费大量的人力物力。因此,无论是图书馆还是读者,都迫切希望改变这一状况,提出最好在图书出版之前,由出版者将编目数据直接印在书上。这样,图书馆买到新书后,即可将书上的编目数据复印成卡片或目录,使新书及时上架,较快地提供读者借阅。

但是,出版社和图书馆毕竟是两个不同的行业,都有各自的生产流程和工作程序。在当时的条件下,这种想法是无法做到一步到位的。不过,在图书馆界的积极推动下,出版社和图书馆共同进行研究和探讨,逐步形成了共识。在国外,自愿地、主动地提出实施 CIP 的,反而是出版商。出版商通过实施 CIP,提前规范地报导新书的出版信息,可使图书馆和广大读者及时准确地得到这些信息,简化订购手续,因而很受他们的欢迎。同时,出版商通过实施 CIP 后,增强了实现出版计划的可靠性,可获取更好的经济效益,所以,CIP 也受到出版商的欢迎。

改革开放以后,我国图书馆界的有关人士开始在一些刊物和会议上宣传 CIP,介绍国外实行 CIP 的情况和做法。1985 年 4 月,有关部门召开有出版界和图书馆界资深人士参加的座谈会,研究和探讨我国实施 CIP 的可能性和现实意义。会后,北京图书馆与书目文献出版社、北京大学图书馆和北京大学出版社、青海省图书馆和青海人民出版社分别结对,自告奋勇地表示愿意带头进行 CIP 试验,并希望从中总结经验,以利于在全国推广。

1986 年 11 月,原国家出版局和国家标准局联合召开会议,就如何实施 CIP 作了几项决定,会后即着手进行各项准备工作。1987 年 7 月,新闻出版署等五家单位联合举行 CIP 领导小组成立会议,确定领导小组的主要任务是负责协调工作和提出 CIP 标准,并确定 CIP 标准起草小组参加单位的名单,要求他们在 1987 年年底提出《图书在版编目数据》和《图书书名页》两个标准的初稿。1987 年年底初稿完成后,经过反复征求意见和多次修改并最后定稿,经国家技术监督局于 1990 年 7 月 31 日批准,领导小组决定从 1991 年 3 月 1 日起正式实行 CIP 标准。

但是,实施 CIP 标准不是一件容易的事。在经过大量调查研究后,新闻出版署最后决定由新闻出版署信息中心负责组织实施,具体业务工作由中

国版本图书馆协助，并同意由中国版本图书馆提出的实施 CIP 首先要搞试点的意见，决定从 1993 年 2 月 1 日起，在北京的 41 家中央级出版社及北京出版社先行试点。1993 年 3 月，为了在外地取得试点经验，新闻出版署决定选择部分地方出版社以扩大试点范围。于是，辽宁省的十几家出版社从 9 月份起进入了试点行列。

1993 年 10 月底，新闻出版署更进一步决定，从 1994 年 1 月起，在北京的所有出版社全面实施 CIP，然后逐步向全国推广。1995 年以后，全国所有 500 多家出版社已全面实施 CIP，图书在版编目工作终于走上了正轨。实践证明，实施 CIP，全面开展图书在版编目工作，已取得了显著的效果。

二、图书在版编目的意义

和经济建设事业一样，改革开放以来，包括图书出版工作在内的我国出版事业呈现出一派繁荣景象，出版品种、出版数量逐年增加，从内容到形式，也都显得丰富多彩。但是，在图书出版事业兴旺发达的同时，我们的出版管理工作还没有很好地跟上，与国外、海外的图书贸易、图书交流也相对滞后，图书出版工作方面的信息交流也缺乏应有的力度。因此，实施国家标准，开展 CIP 工作，解决上面谈到的问题，将会产生积极的现实意义和久远的历史意义。具体说来，主要表现在以下几个方面：

1. CIP 是图书出版现代化的重要标志之一

新中国建立以来，在全国出版界的共同努力下，国家已就出版、印刷、发行等行业制定并颁布了一系列标准，“图书在版编目数据”是其中的重要组成部分。有关部门在制定这些标准时，都参照了国际标准和国际惯例。在制定“图书在版编目数据”这一国家标准时，我国就曾经参照了国际 CIP 记录标准起草小组提出的标准格式，各主要著录大项也基本上与国际标准相同。这就有利于我国的图书出版工作与国际标准和国际惯例接轨。所以，中文图书实施 CIP 国家标准，向出版行业国际标准靠拢，对中文图书出版的现代化、标准化将产生积极的影响。它是我国图书出版现代化的重要标志之一。

2. CIP 能为加强出版管理服务

一个时期以来，社会上买卖书号的现象十分严重，少数不法之徒趁机浑水摸鱼，炮制了不少黄、毒、黑书，盗版、侵权行为屡禁不止。根据“两手抓，

两手都要硬”的方针，新闻出版管理部门不断加大打击力度，开展了多次“扫黄打非”活动。实施国家标准，开展 CIP 工作，为加强出版管理工作找到了又一种新的管理方法。CIP 工作是在图书将要出版而还未出版的过程中进行的，并且有特殊的编号，如果某书被发现有问题，就可以及时制止它的出版；如果有冒称正式出版社的非法出版物出现，发现和查处起来也是比较容易的。另外，图书出版管理部门在掌握了大量 CIP 数据之后，还能从中分析出将要出版问世的是些什么书，有什么倾向或什么苗头。所以，实施 CIP 非常有利于图书出版管理部门及时采取对策，对图书出版事业进行宏观调控和微观处理。

3. CIP 有利于图书宣传，有利于促进中外文化交流

改革开放以来，“世界要了解中国，中国要走向世界”已成为一句时髦用语，很多外国人都非常注意了解和研究中国的政治、经济和文化。尤其是我国加入 WTO 以后，海外各地人士将更迫切地需要阅读有关介绍中国的各类书籍。如果我们没有一个统一的能够及时甚至超前报道我国新书出版信息的资料为他们所用，那么，他们看到的新书信息不是滞后的，就是很不完全的。因此，搞好 CIP 工作，使 CIP 数据提前进入市场信息渠道，就能够加强中文图书的对外竞争力，扩大中文图书的影响。中文图书大量进入世界图书市场，为世界各国人民所利用，将最终促进中外文化交流，是对人类文化事业的重大贡献。

4. CIP 对确定和调整出版选题有重要的参考价值

随着出版事业的繁荣和图书市场竞争的加剧，各家出版社都非常想了解在当前和今后一个时期内其他出版社在做些什么和想些什么。如果没有一个统一的能够及时甚至超前报道新书出版信息的资料，各家出版社所能得到的出版信息就将是不完整或不及时的。因此，在全国推行 CIP，有一个专门机构负责管理 CIP 数据，并将这些数据提供给大家使用，让各家出版社从中得到最新在版新书的信息，以提高书目质量，实现资源共享，然后对本社的选题计划作出适当的调整和补充，这对优化选题，提高社会效益和经济效益，都是非常有益的。

三、图书在版编目工作程序及数据工作单

1. 图书在版编目(CIP)工作程序

出版社在图书发稿付排之前,即应开始 CIP 工作。

首先,责任编辑要按“图书在版编目(CIP)数据工作单”的项目逐项准确填写清楚。如果发稿时主书名页的设计已经完成,可将主书名页的样式复印一份,连同数据工作单一起交给本社负责 CIP 组织协调工作的人员(一般为编务室工作人员)。负责 CIP 组织协调工作的人员可利用联网的计算机将本社的数据工作单报中国版本图书馆图书在版编目部。

中国版本图书馆图书在版编目部在收到出版社报来的数据工作单(及复印件)后,应根据国家标准《普通图书著录规则》(GB3792.2－85)及《中国图书分类法》和《汉语主题词表》进行审核和修改,并加工成可以排印的 CIP 标准数据格式,发给出版社发排。如果出版社已发稿付排的图书因故暂不出版或不再出版,那么,出版社负责 CIP 组织协调工作的人员应及时将信息反馈给中国版本图书馆图书在版编目部。为了简化手续,出版社只要告知 CIP 部某国际标准书号(ISBN)的图书暂停出版或不再出版即可。

最后,中国版本图书馆图书在版编目部在将 CIP 数据返回出版社的同时,应利用计算机进行数据处理,编成书本式书目,定期报送有关上级机关,并将其刊登在《全国新书目》上,以便提供给有关上级机关和国内外读者了解和使用。CIP 数据工作流程见图 4-8。

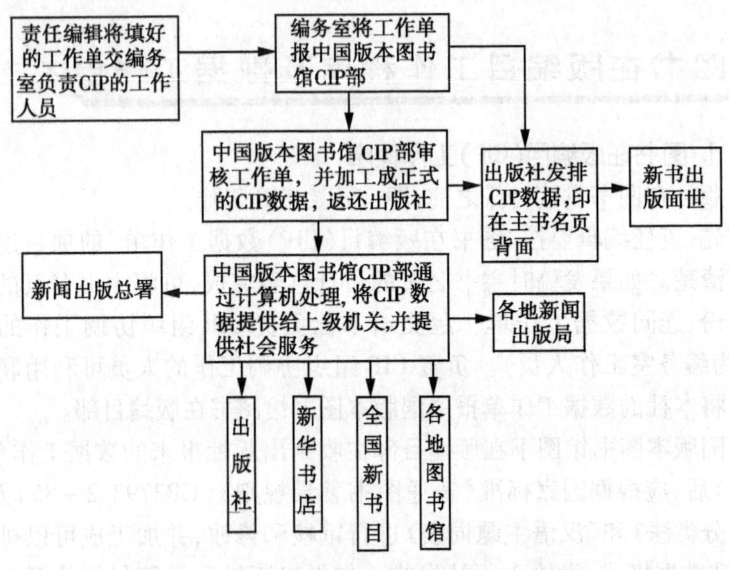

图 4-8　图书在版编目(CIP)数据工作流程图

2. 图书在版编目(CIP)数据工作单

“图书在版编目(CIP)数据工作单”是根据中华人民共和国国家标准《图书在版编目数据》(GB12451－90)规定的内容和实际工作需要编制的，包括“1. 书名与责任者项”，“2. 版本及出版项”，“3. 载体形态项”，“4. 丛书项”，“5. 附注项”，“6. 国际标准书号、装订形式、价格”，“7. 提要项”和“8. 排检项”等八个大项。另外，还要求填写“填表人”、“填制单位”、“填制时间”及“联系电话”等。工作单上并附有新闻出版署信息中心在版编目处的传真专线、CIP 业务联系电话及有关注意事项。

各出版单位应对“图书在版编目(CIP)数据工作单”上的各个栏目认真填写，并遵循准确、完整、清楚、及时的原则，努力做好图书在版编目(CIP)数据工作的填写、报送工作。在实际操作中，并不是所有图书都具有工作单所要填写的全部内容的，可根据具体情况灵活掌握或予以说明。(见图 4-9)

图书在版编目(CIP)数据工作单

<table>
<tr><td rowspan="6">1. 书名与责任者项</td><td rowspan="2">正书名
包括合订书名
交替书名</td><td rowspan="2" colspan="3"></td><td>卷(册)次</td><td></td></tr>
<tr><td>章回数</td><td></td></tr>
<tr><td>并列书名</td><td colspan="5"></td></tr>
<tr><td>副书名及说明文字
(包括分卷册书名)</td><td colspan="3"></td><td>文种
各种文字对照</td><td></td></tr>
<tr><td>第一责任者
及著作方式</td><td colspan="5"></td></tr>
<tr><td>其他责任者及著作方式
(包括分卷册责任者)</td><td colspan="5"></td></tr>
<tr><td rowspan="4">2. 版本及出版项</td><td>版次</td><td></td><td>印次</td><td></td><td>其他版本形式</td><td></td></tr>
<tr><td>与本版有关的责任者</td><td></td><td>责任编辑</td><td></td><td>电话及 BP</td><td></td></tr>
<tr><td rowspan="2">出版地</td><td rowspan="2"></td><td rowspan="2">出版者</td><td rowspan="2"></td><td>出版年、月</td><td></td></tr>
<tr><td>重印年、月</td><td></td></tr>
<tr><td rowspan="2">3. 载体形态项</td><td>页数或卷册数</td><td></td><td>图表</td><td></td><td>开本或尺寸</td><td></td></tr>
<tr><td>附件</td><td></td><td>字数</td><td>千字</td><td>印数</td><td>册</td></tr>
<tr><td rowspan="3">4. 丛书项</td><td>正丛书名</td><td colspan="5"></td></tr>
<tr><td>附属丛书名</td><td colspan="3"></td><td>丛书序号</td><td></td></tr>
<tr><td>丛书责任者</td><td colspan="3"></td><td colspan="2">属国家级、省级、社级重点
(在相应级别上打“√”)</td></tr>
<tr><td>5. 附注项</td><td colspan="6"></td></tr>
<tr><td rowspan="2">6. 国际标准书号、装订形式、价格</td><td>ISBN</td><td colspan="5"></td></tr>
<tr><td>装订形式</td><td colspan="3"></td><td>估价</td><td></td></tr>
<tr><td>7. 提要项</td><td colspan="6">内容提要</td></tr>
<tr><td>8. 排检项</td><td>主题词</td><td colspan="3"></td><td>分类号</td><td></td></tr>
</table>

①信息中心

填表人：_______填制单位：_______填制时间：_______联系电话：_______

新闻出版署信息中心在版编目处　传真专线(010)64266535　CIP 业务联系(010)64223589　64223579

注：(1) 外国责任者(第一责任者或其他责任者)必须填写国别、姓名的汉译名及姓名原文；中国责任者(民国以前)必须填写朝代名称；著作方式包括“著”、“编著”、“编”、“辑”、“编辑”、“主编”、“改编”、“缩写”、“译”、“注”等。

(2) 附注项内容包括：翻译图书书名原文；影印图书的影印依据；新 1 版图书的原出版者；书名前后题有“××学校教学参考书”等字样；书名变更的原书名；图书附录等。

图 4-9　图书在版编目(CIP)数据工作单样式

第五章 图书编辑出版流程

内容提要：

图书的编辑出版，一般经过选题、组稿、审稿、编辑加工、发稿、装帧设计、发排、校对、读改校样、付印、装订、检验、发行等环节，其中有精神生产过程，也有物质生产过程。

在编辑人员职责范围内的事，习称“编辑六艺”，即选题、组稿、审稿、加工、发稿、读样。但编辑对图书生产的整个流程都要有所了解，胸有全局，才能把本职工作做得更好。本章讲述的，就是图书生产流程中的各个主要环节。

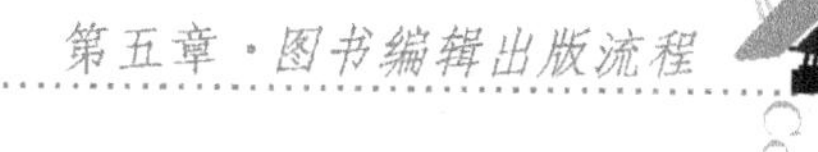

第一节 选题与组稿

一、选 题

选题，就是出版社对于准备出版的图书的一种设想。选题计划是根据党和国家的方针政策、读者的需要和出版社自身的性质特点制订的，是出版工作的重要基础。从一家出版社的选题，可以看出它的水平和出书方向。

选题计划大体可分为短期选题和长期选题两类。

短期选题计划一般为一年，称年度选题计划，规定本年度发稿的具体书名、作者、字数、发稿日期和内容提要，是本年度编辑工作的依据。年度选题计划一般在上一年的七月份拟定，当年第一季度调整，每季度都可上报选题“滚动计划”。

长期选题计划一般为三年、五年甚至更长时间，或称“规划”，是进行组稿活动的依据。

选题计划是由编辑、编辑室、总编辑几方面经过反复研究确定的，要经过逐级审批。

编辑申报选题，应填写选题审批单。各出版社印制选题审批单的格式不完全一致，有的简明，有的详细。例如，书目文献出版社的选题审批单较简明扼要，项目有书名、字数，作者姓名、地址、基本情况，选题内容，编辑室意见，总编意见和处理结果。高等教育出版社的选题审批单则较详细，除上述内容外，还有图书类别、估计印数、计划交稿时间、内容提要与社会效益（包括选题特色、同类书情况）、经济效益论证（包括成本预算、建议定价、市场占有率预测、盈亏分析），以及总编办公室选题查看（检查有无重复）情况等。

衡量选题质量的高下,可以从以下几个方面进行分析评估。

(1)方向性。是否符合为人民服务、为社会主义服务的根本方针,是否切合本出版社的性质、任务。

(2)开拓性。与同类图书相比,有无自身的特点,起点是否高,有无创新意识或预见性。

(3)针对性。是否有明确的读者群,满足读者哪些方面的需求,解决什么问题,达到什么目的。

(4)长效性。也就是图书出版后,能否在较长的时间内发挥它的效益。长效性是先进性和严谨性的统一。内容陈旧的书和"赶浪头"的书,在图书市场上如过眼烟云,大多与长效性无缘。

(5)可行性。选题的实行,是否有可靠的基础,如著译力量、编辑力量、经济力量等。

充分掌握信息,对制订选题计划具有重要意义。所以,有的出版局或出版总社专门成立了出版信息机构,如"出版信息研究中心"、"出版研究室"等,这对于领导决策、制订选题作用甚大。关于信息的重要性,本书第二章第三节已讲过,这里不再重复。

选题计划制订后,需要定期进行检查,一方面检查进展情况,另一方面根据客观情况的变化对选题进行必要的调整。

二、组　稿

组稿,就是根据选题计划物色作者的工作。它对于保证选题计划的实现和保证书稿的质量,起着关键性的作用。

出版社的书稿来源,有约稿,也有投稿(自发来稿),都要经过编辑有计划的组织和选择。

1. 组稿方式

书稿的类型不同,组稿的方式也不一样。一般来说,组稿的方式大致有这样几种:

一是由出版社或编辑部(室)提出选题,约请作者写稿。普及性理论读物、知识性读物和教科书、教辅读物等多采用这种组稿方式。出版社或编辑部(室)提出选题,主动向作者约稿,有利于贯彻出版社的出书意图,发挥编辑的主动性和创造性,创造出本社图书的特色和风格。但是,采用这种方式

时,作者一般没有写作的准备和计划,因此,出版社或编辑部(室)要做好组织工作和动员协调工作。这些工作具体包括:(1)从比较熟悉的作者中物色合适的组稿对象。如果是不太熟悉的作者,则可以请作者先写一份写作提纲和样稿,待审读提纲和样稿后再确定是否约稿。(2)介绍读者和市场的需求情况,说明选题的价值和意义,激发作者的写作热情和责任意识,使之乐意承担写作任务。(3)介绍选题意图和要求,着重说明所约书稿的性质、对象和编写要求。此外,对书稿的体例、规格、篇幅和交稿时间等也应有明确、具体的交待。编辑介绍选题意图和选题构思以后,要认真听取作者的意见,修改和完善自己的选题构思,使作者的合理意见与出版社或编辑部(室)的选题构思有机地统一起来。

二是作者先有写作计划和书稿,出版社、编辑部(室)根据选题的方向和要求选择约稿。文学作品和学术著作多采用这种组稿方式。文学作品有其特殊的创作规律,创作的题材和方法是作者根据自己对生活的认识和感受去选择的,不能由出版社、编辑部(室)出题目,规定写什么和怎样写。文学作品的选题计划只能对作品的题材、体裁、品种等作出一般性的规划,不应事先提出具体的选题,具体选题可根据作者的创作计划确定。文学作品的组稿工作是一种采集和选择的工作。在实行市场经济的今天,组稿编辑要及时掌握信息,敏锐地捕捉信息,了解作者们在准备写什么作品或已经写出了什么作品,经常保持与作者的联系。一旦条件成熟,便可向作者约稿。

学术著作的约稿方式和文学作品的约稿方式大致相同。出版社或编辑部(室)一般不提出选题和主动约作者写稿,而是根据作者的研究计划和研究成果来考虑出书选题。这种组稿方式实际上是把选题、组稿、编辑、审稿等工作结合在一起进行的。它要求编辑人员能及时了解作者的写作情况,同时要对作者水平、选题或书稿的价值有准确的判断,不失时机地把好的书稿约到手。有些专业性较强或有疑难问题的书稿,编辑人员难以判断,可征求社外专家的意见。

三是出版社或编辑部(室)提出选题意向和要求,约请社外专家拟定编撰方案,组织作者写稿。大型的丛书、选集、全集和工具书等多采用这种组稿方式。采用这种方式时,要注意选好主编和具体的撰稿人,由主编拟定编撰方案,并由主编和撰稿人一起协助和参与出版社这类选题的组稿、审稿和编辑加工等工作。出版社或编辑部(室)要参与拟定方案和选择作者等工作。编撰方案须经出版社或编辑部(室)认可后方能付诸实施。

2. 组稿程序

组稿程序一般如下：

(1) 组稿准备

组稿前先要做好有关准备工作，对所组织的书稿做到心中有数。准备工作主要包括两个方面：一是研究和吃透书稿的编辑要求，包括出版意图、书稿性质、读者对象、编写体例、篇幅大小等。设计选题时如果对这些问题了解和掌握得不够深入，在组稿时就要进一步熟悉和领会，务求明确具体。二是根据选题要求，摸清哪些作者适合承担写稿任务，对这些作者的思想品质、学术水平、写作水平和写作风格等都要有一个比较深入的了解。

组稿准备的能力和水平主要要靠平时的积累和修养。要能够正确领会选题意图，平时就要努力学习出版工作的方针、政策，了解读者、市场和出版界的情况。要熟悉和了解作者群，平时就要和他们建立广泛的联系，乐于和善于同作者交往，同他们交朋友，并不断发现线索，扩大作者网络。只有具备了人际交往和组织活动的能力和艺术，再加上平时的学习和锻炼，组稿时才能得心应手，应付自如。

(2) 选择作者

组稿工作的第二步就是根据书稿的要求和作者队伍的情况，选择合适的作者。关键是合适，而不一定是名家。我们首先要争取一流的作者承担写稿任务，因为有了一流的选题，又有了一流的作者，就有望写出一流的书稿。但是，一流的作者不一定都是最合适的作者。学科门类繁多，学术也有专攻。例如，非儿童文学的作者不一定能写出少年儿童读物，因为他们不熟悉少年儿童的心理，他们的行文风格也不一定能符合少年儿童读物的要求。在这种情况下，从非学术名流的作者群中物色懂得少年儿童心理需求，又符合少儿读物写作风格的人去撰写这类书稿，应该是更加合适的。

选择作者一般要从思想、学识、文字水平等方面去全面衡量，要选择有学识、有见解、写作能力强的作者承担撰稿任务。不同性质的书稿对作者有特殊的要求。例如，政治理论读物的作者应该具备较高的马克思主义理论修养；学术著作的作者应该对某一门学科有专深的研究和独创的成果；普及类读物的作者应该知识面广，熟悉一般读者的阅读心理，文字生动活泼；文学读物的作者应该有深厚的生活积累和艺术创作才能；等等。在考虑作者的思想、学识、写作能力等因素的同时，写作态度也是应该考虑的一项条件。要选择对读者认真负责、写作态度严谨的作者，不能选择写作态度马虎、粗

制滥造的作者。此外，还要考虑作者的时间和精力。太忙的作者身不由己，不能潜心写作；年老体衰的作者难以承担繁重的写作任务。如果不注意这些情况，即使作者承担了写作任务，最后也容易落空。

（3）审阅提纲与样稿

在作者同意写作的情况下，可请作者写出编写计划、提纲和样稿，这是确保书稿达到出版要求和选题意图的重要环节。编写计划是对书稿写作的时间安排、编写人员的组成和分工、编写内容、编写体例等方面的通盘打算。提纲是指整部书稿的纲目，一般分为多少章，每章大致分几节，每章、每节写些什么内容。样稿是指就某一章节所写的已基本成形的书稿，也就是一部书稿的样品。

如果一上来就要求作者把全部书稿交给出版社，就难免存在许多不符合选题意图和写作要求的问题，再要全部推翻重来，就势必会带来许多困难。而先写出提纲和样稿，就可据此校正整部书稿的不足和问题；即使要推翻修改，工作量也相对较小，不会影响大局。

编辑审阅提纲和样稿后，如确认作者能胜任该选题，便可报请批准。必要时，可与作者签订约稿合同。

下面是一家教育出版社的约稿合同样式，可供参考。

图书约稿合同

著者（或译者）姓名：

约稿者：

著作稿（或译稿）名称：

（本译作原著名称：）

（原著者姓名及国籍：）

（原出版者及出版地点、年份：）

上列著作稿（或译稿）的著者（或译者）和约稿者于　年　月　日签订本合同，双方达成协议如下：

第一条　全稿字数万字左右，基本稿酬每千字　元。

第二条　对著作稿的要求：

1. 内容符合党的方针政策、政府的法令和现行教育方针；

2. 书稿内容完整，资料翔实，符合编写大纲的要求；

3. 结构层次分明，体例统一，文字简练、流畅；

4. 稿面整洁，书写工整，格式统一正确，图与附件齐全，全稿一次交齐。

对译稿的要求：

1. 内容符合党的方针政策和现行教育方针；

2. 书稿内容完满，对当前教育改革和现代化建设有较大的参考和实用价值；

3. 译文正确、通顺、忠实原著，无错译和漏译；

4. 稿面整洁，字迹端正，全稿一次交齐。

第三条　交稿日期为　年　月。著者（或译者）因故不能按期交稿，应在2个月前向约稿者提出，双方根据书稿情况另议交稿日期。著者（或译者）既不按期交稿，又未征得约稿者同意延期交稿，约稿者可中止本合同。

第四条　著者（或译者）保证不将上述著作稿（或译稿）投寄其他出版单位或期刊。若违反上述保证而给约稿者造成损失，须承担赔偿责任。

第五条　1. 约稿者在收到稿件后20天内通知著者（或译者）已收到稿件，在__个月内审读完毕，通知著者（或译者）是否采用或退改。否则认为稿件已被接受。

2. 约稿者如对稿件提出修改意见，著者（或译者）在双方议定日期内修改退回。约稿者在2个月内审毕。著者（或译者）因拒绝修改或在上述日期内无故不退回修改稿，应适当赔偿约稿者损失，约稿者并可废除本合同。

3. 稿件若经修改仍不符合要求，约稿者可书面通知废除本合同并将著作稿（或译稿）退还著者（或译者），但将根据约稿情况向著者（或译者）支付少量约稿费，作为对其劳动的部分补偿。

第六条　本合同签订后，稿件如达到出版水平：

1. 由于约稿者的原因不能出版，约稿者向著者（或译者）支付基本稿酬的40%～60%，并将稿件归还著者（或译者）；

2. 由于客观形势的变化不能出版，约稿者向著者（或译者）支付基本稿酬的10%～30%，稿件由约稿者保留2年，在此期限内若有第三者（出版社）愿出版上述稿件，著者（或译者）必须通知约稿者并征询是否愿意出版。若约稿者不拟出版，著者（或译者）有权废除本合同，收回稿件交第三者出版。超过上述保留期限，约稿者将稿件退还著者（或译者），本合同失效。

第七条　约稿者收到著作稿（或译稿）后，若将原稿损坏或丢失，应赔偿著者（或译者）经济损失。

第八条　其他事项：

第九条　本合同一式两份，著者（或译者）、约稿者双方各执一份为凭。

订合同人

著者（或译者）：	约稿者：××××出版社
地址：	代表：
电话：	地址：
签字日期：	电话：
	签字日期：

约稿关系确定后，责任编辑要经常与作者联系，了解编译进展情况，及时解决遇到的问题，直至获得比较满意的书稿。

第二节 审稿

审稿，就是根据出版要求和有关规定，对书稿进行通读审查。

我国出版社审稿实行三审制，即责任编辑初审，编辑部(室)主任复审，总编辑或主管副总编辑终审。

一、三审制

三审制是在程序上利用交叉互补、递进制约的原理，为实现评价稿件的客观性，避免由于编辑人员知识不足或工作疏忽而可能造成的失误，保证图书质量而制定的图书审稿制度。

早在 1952 年 10 月，出版总署便在《关于国营出版社编辑机构及工作制度的规定》中提出："一切采用的书籍应实行编辑初审、编辑室主任复审、总编辑终审和社长批准的编审制度。"但是，在实际工作中，书稿的内容和审稿的难度是各不相同的，有的甚至差异很大：一些复杂的书稿即使实行了三审制度，有时也还不足以作出判断；而有些书稿内容比较简单，经过一、二审后就基本没什么问题了。针对这些情况，1980 年，由国家出版局制定、中央宣传部批准发布的《出版社工作暂行条例》作了进一步规定，提出某些书稿的审读方法可根据实际需要灵活掌握，但一般应当实行三级审稿制度。《条例》第十四款是这样表述的："对于书稿的政治内容和学术(艺术)质量作出基本评价，决定是否采用，一般应实行三级审稿制度，即编辑(或助理编辑)初审、编辑室主任和总编辑复审和终审。"不同的书稿，可采用不同的审读方法。某些重要的书稿可以由比较多的人审读、讨论决定。某些书稿则可以按照具体情况省去一些工序。各级审查都应有书面意见。

到底要不要三审制？三审制是不是可以灵活掌握？经过较长时间的争论，1988年4月，中央宣传部和新闻出版署联合发布了《关于当前出版社改革的若干意见》。《意见》重申：“为了保证图书质量，原则上应该坚持三审制。”并提出：“终审发稿，一定要由总编辑、副总编辑或由总编辑、副总编辑委托并经社长同意的编审、副编审负责决定。”

“原则上应该坚持三审制”，并不是一定要实行三审制，这就给一些疏于管理的出版社有了可乘之机。因此，有一个时期，一些质量粗劣的图书纷纷上市，甚至出现了所谓“无错不成书”的怪论。有鉴于此，国家为了保证图书的质量，1994年6月，新闻出版署发出了《关于加强图书审读工作的通知》，斩钉截铁地强调：“提高图书质量的关键是出版社的工作。为此必须加强出版社的‘三审制’。各出版社必须严格坚持并认真执行图书编辑出版的‘三审制’和‘终审终校’制度，同时建立并完善必要的审读和有关管理规定，社长和总编辑对图书的质量要切实负起责任。”至此，三审制以制度的形式被确定下来了。

二、三审制各个审级的任务

所谓“三审制”，即初审、复审、终审，也称一审、二审、三审。三级审稿制度是我国出版社依靠分级负责与集体智慧来保证出版物质量的一项基本工作制度，其本质特点体现在个人对党、对人民、对社会主义事业高度的负责精神与集体研究的相互结合，个人智慧同集体智慧的紧密联系。

三审制各个审级的目标是共同的，其出发点也是一致的，但是，各个审次的具体情况不同，着重点也并不一样。因此，各个审级的任务各有侧重，对各个审次的要求也自然应有所不同。

1. 初审

一本书的初审编辑往往就是该书的责任编辑。责任编辑在审稿前，应对书稿涉及的专业知识以及同类出版物有所了解。初审主要着眼于书稿的总体，把注意力放在带有全局性的方面，对原稿的政治倾向、思想品位、学术观点或艺术价值、结构体例、文字水平、行文风格等各个方面进行认真细致的审查，对全书的质量（包括优缺点）作出实事求是的评价。同时，应从社会效益和经济效益两个方面对稿件的出版价值作出初步的估计。最后，初

审者要对存在的问题作出初步的处理,在审稿单上写出对书稿的审读意见。这些意见包括采用与否;如果采用的话,稿件是否需要退作者修改以及如何修改;是否需要送社外专家审查;等等。

初审是整个三审制的基础,初审编辑必须逐字逐句地认真审阅全稿,丝毫不能马虎大意。只有把这个基础打好了,给复审和终审提供已基本梳理清楚的稿子,图书质量才能初步得到保证。

2. 复审

复审通常由编辑室正、副主任担任,有时可由总编辑、副总编辑指定某些编审、副编审及其他编辑担任。复审应通读全稿,研究初审意见是否恰当,并处理初审中未能解决的问题,提出明确的处理意见,填在审稿单上。

复审介于初审和终审之间,是"三审制"中承上启下的中间环节。复审编辑要在全面了解稿件内容的基础上,从更高的角度审核初审意见是否中肯、周全、可行,表明自己的看法,解决有关问题。同时,复审工作又是终审工作的前提和基础,书稿中的一般问题应在终审前予以解决,给终审提供的稿件应基本达到出版要求。

正因为复审工作处于三个审次的中间一层,前有初审,后有终审,因此有人便认为复审工作是次要的,是人人可做的,甚至提出了复审工作"侥幸论",认为复审工作的编辑含量很难在整个编辑流程中体现出来,多看与少看一个样,看得认真和看得马虎一个样:图书编辑的最终质量好,自己轮不到功劳;图书编辑的最终质量差,"板子"也打不到自己身上。这些都是模糊的错误的认识。有人总结复审工作应该做好"四个把关":一是政治内容和政治方针的把关;二是科学性和知识性的把关;三是学术水平与艺术水平的把关;四是文字质量的把关。只有把这几个"关"把好了,图书质量才能得到再一次的保证。①

3. 终审

终审即决审,由总编辑、副总编辑或总编辑、副总编辑指定的编审及资深副编审担任。终审的主要任务是在充分了解初、复审意见和重点抽查稿件内容的基础上,从全局和全社的角度考虑稿件是否适宜出版,并就此作出最后决定,提出明确的处理意见。对重点书稿,终审应进行全面的审核把

---

① 参见金振华.如何搞好书稿复审工作.新闻出版署教育培训中心编.编辑出版新探——编辑室主任论文集.北京:人民教育出版社,2001.299~304

关。在终审工作过程中,终审者要重点审查书稿是否符合四项基本原则,是否符合党的方针、政策,是否符合国家的法律、法规和有关文件规定,是否符合当今社会道德的规范和要求,是否有利于社会主义精神文明和物质文明建设。此外,还要注意审查是否符合本社专业分工和出书特色,是否有助于改善本社的图书品种结构。因此,终审者要从宏观上把住思想政治关、总体质量关和品种结构关。如果初审、复审和终审对一些较大的问题存在不同的看法,终审者可召集初审、复审编辑进行讨论研究,尽可能地统一认识。如果涉及重大的政治性问题而又没有把握处理时,应向上级主管机关请示。

终审结束后,终审编辑要在审稿单上填写终审意见,并明确表明该书稿是否符合出版要求。

下面是某出版社的审稿单样式,供参考。

审 稿 单

<table>
<tr><td rowspan="2">稿　名</td><td rowspan="2" colspan="3"></td><td colspan="2">稿源</td><td colspan="2">约稿、投稿</td></tr>
<tr><td colspan="2">是否重点书</td><td colspan="2"></td></tr>
<tr><td>编著者</td><td></td><td>条数</td><td></td><td>字数</td><td></td><td>页数</td><td></td></tr>
<tr><td colspan="8">组稿审稿情况:</td></tr>
<tr><td colspan="8">编辑意见:
年　月　日</td></tr>
<tr><td colspan="8">编辑室意见:
年　月　日</td></tr>
<tr><td colspan="8">总编辑意见:
年　月　日</td></tr>
</table>

图 5-1　审稿单样式

决定采用的书稿，由责任编辑进行加工（如审稿者提出须修改之处较多，可先请作者修改）。那些特别重要的或大部头的书稿，可由编辑室主任指定其他编辑协助加工，但事前必须统一体例和要求，最后由责任编辑通读检查。

第三节 编辑加工

编辑加工是审稿工作的继续和在细节上的进一步深入，是全面保证书稿质量的重要工作步骤。

为了缩短出书周期，责任编辑在编辑加工阶段，应及早向美术编辑提供封面设计的素材；如有插图，亦应及早与美编联系，以便使装帧设计与文字编辑工作平行作业。

一、加工前的准备

加工前，要做好三件事。

1. 检查审稿意见落实情况

仔细阅读审稿意见，看看该修改的地方是否都已改了。如果作者对审稿意见有某些保留，要认真分析研究审稿者和作者两方面的意见，作出妥善的处理。

2. 准备好与该书稿内容有关的工具书和参考资料

如果国内已出版过性质、内容相近的著作，可先浏览一下，熟悉该专业的知识，并注意书稿是否与已出版的著作有重复、雷同的地方。注意利用工具书，以便提高加工的质量和工作效率。

3. 通读全稿

这时的通读，与审稿时的通读着眼点有所不同。审稿时的通读，着眼于基本的、带全局性的方面，主要考虑书稿能否采用；而编辑加工前的通读，要

求在继续注意大的方面的同时,注意那些局部性的乃至细节问题,要作为出版物成品来严格要求。实践表明,一拿到书稿就贸然动手加工,看一段改一段的做法是不可取的,这样往往造成返工。

通读过程中,要注意随手把发现的问题、想到的问题记下来,如章节是否要调整,各章节的内容是否有过繁、过简或重复、矛盾之处,什么地方衔接有问题,什么地方要核实资料,等等。

大体说来,编辑加工包括内容上的加工和技术性加工两大方面。两者既有区别,又有联系。

二、内容方面的加工

内容方面的加工,主要指政治性、科学性、知识性等问题的检查和修改。

政治性方面,主要检查是否有不符合党的方针政策的提法;在涉及领土主权问题时,有没有把我国的某些地区(如香港、台湾及南海诸岛等)与国家并列;地图中的国界线画得准不准;有没有泄密;引用马列主义经典著作和国家领导人的言论时,字句、标点是否准确;等等。

科学性与知识性方面,主要检查概念、定义、数据是否正确;名词术语是否规范;对事件、人物、时间的记载是否符合事实;是否有前后矛盾之处。有一本介绍外国科学家的史话,说居里夫人在1934年7月4日离开了人世,但后文又说她在同年11月15日坐在学术报告会的听众席上,这就是前后矛盾、违背事实之一例。

由于表达的原因而造成科学性错误的例子并不少见。例如,“洛杉矶将修建世界最高的铁塔,高611米,比巴黎的埃菲尔铁塔高两倍”。如果这句话成立,那么埃菲尔铁塔约高204米。实际上,该塔高度为320米。因此,正确的写法应当是“比巴黎的埃菲尔铁塔高一倍”,或是“相当于巴黎的埃菲尔铁塔的两倍”。又如,“使用这种机械,可以节约能量一至一点五倍”。这显然是错的,因为“节约能量一倍”,就等于不消耗能量;“节约能量一点五倍”,就更说不通了。这类例子,已不单纯是语言上的问题,而是产生了科学性错误。编辑加工时,对这类问题切不可掉以轻心。

数字的增加或减少,要注意下列用词和概念:

增加为过去的二倍——即过去为一,现在为二。

增加到过去的二倍——即过去为一,现在为二。

增加二倍——即过去为一，现在为三。

增加了（增产了）二倍——即过去为一，现在为三。

超额80%——即定额为100，现在是180。

降低到80% ——即原来是100，现在是80。

降低（降低了）80% ——即原来是100，现在是20。

三、技术性加工

1. 文字的加工

去掉那些重复、啰嗦的话，以及与主题无关或关系不大的句子和段落。

改正错别字、不规范的简化字、病句和有歧义的句子。

引起歧义的原因很多，由于连词和介词混淆而引起的歧义十分常见。例如，"与"、"和"、"跟"、"同"既可以用作连词，又可以用作介词，读者也就会产生不同的理解。像"这问题由作者、出版社和书店谈判解决"这句话，如果把"和"看作连词，便理解为三方共同谈判；如果把"和"看成介词，便理解为作者、出版社为一方，书店是另一方，双方谈判。为避免此类误会，有时可不用"和"、"跟"、"同"作连词，而用其他表述方式。也有人主张，这几个词在使用上要分工："和"作连词，"跟"、"同"作介词。

书稿中表示时间概念的词，如"去年"、"今年"、"明年"、"上月"、"本月"、"下月"、"昨天"、"今天"、"明天"等，应尽量避免使用，而改用具体日期（特殊情况例外）。年份应用全数，不可省略，如"1996年"不能写成"96年"。

改正使用不正确、不规范的标点符号，描正字迹不清之处，也是文字加工的一项重要内容。

书稿中有些冷僻字，是字库中没有的。编辑应当在稿纸空白处注明该字的标准写法，以便印刷厂刻制或打字员造字。

2. 技术格式的统一

标题的格式和各级标题的序码，前后必须一致（参见第三章第一节）。段首小标题是用黑体还是其他字体，小标题后面是空一格还是空两格，也要注明。

一部书稿中年代、数字的写法，前后要一致。

注释（包括引文出处的标注）的格式，可以有文中夹注、篇（章）后注、脚注等，在同一书稿中，前后应当统一。

3. 插图的处理

附有插图的书稿,编辑人员应对其中的插图进行审阅和选择。

选择插图,应掌握少而精的原则。凡用文字能说明的问题,可不用插图的尽量不用。必须用的插图,能用线条图(单线白描)的,就不用照片图;能用单色图的,就不用多色图。目的是缩短印装时间,降低成本。

线条图要用浓黑色绘图墨水在绘图纸上描绘,切勿在有格纸或有色纸上描绘。凡不符合制版要求的插图,由美术编辑修整或重新绘制。

所有图稿不能贴在文字稿内,而应当按图稿序号装在纸袋中,在每张插图下面(或背面)注明序号。

书稿中的所有插图都要在文字稿中相应的地方留出图位,画一线框,在线框下写上图序、图名、图注。

有些出版社规定,插图必须先制版,打印出图样并剪贴在文字稿的相应部位,然后才能发稿。这样比较直观,不易发生错误。

编辑人员应当懂得有关图稿的放大和缩小(摄影比例)的基本知识,现简述如下。

插图原稿的大小和版面上实际需要的图版大小不一定相同,有的需要放大,有的需要缩小。但如果过分放大,会使图像资料模糊;过分缩小,又会失去图像的细微部分。一般说来,缩小印制的效果比放大为好。

缩、放的标注方式,各出版社、制版厂的习惯不大一样,大体有下列两种:

(1) 用文字标注比例。例如,照原图缩去十分之二的,可在图稿边上或背面注明"缩去$\frac{2}{10}$"或"缩成$\frac{8}{10}$"。如果是照原图的尺寸制版,就注明"原大"或"原寸"。有人采用打折扣的标注方式,如标注"八折",即缩去$\frac{2}{10}$。

(2) 按照图版实际所需尺寸直接标注。通常在图稿较长一边标明所需尺寸。例如,图稿的长边原长60毫米,需要缩到50毫米时作如下标注:"←50mm→",或"←缩至50mm→"。

图稿的一边放大或缩小的尺寸确定之后,若要知道另一边的尺寸,可以用公式计算,也可以用"对角线法"。

使用"对角线法",可以很快就直观地知道放大或缩小后的尺寸,是常用的方法。如图5-2,假设原图为矩形ABCD,要求缩制成AB′宽的版,则从

B′点作一直线与底边垂直，与对角线 AC 交于 C′点，再从 C′点作 DC 的平行线与 AD 交于 D′，则缩制后的图版面积为 AB′C′D′。这是几何学上“有公共对角线的矩形必然是相似矩形”的原理的应用。

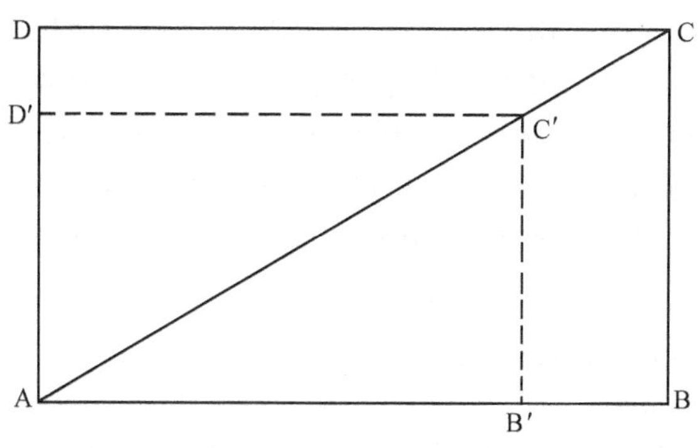

图 5-2　对角线法

如果要将图稿放大，亦可仿此方法。

如果一定要缩放成预定的大小规格，而图稿又不合缩放比例，可先对图稿进行加补或剪裁的技术处理，然后再缩放。

四、编辑加工中要注意的若干问题

1. 既要尊重作者，又要对读者负责

要尊重作者的学术观点，不能随意改动，把自己的观点强加于人；要尊重作者的文字风格，不要用自己的行文习惯去磨平作者特有的文风。尤其要注意的是，不能想当然，把正确的改成错的。例如，有一部书稿的原文是这样的：“商务印书馆 1958 年至 1959 年整理出版清人的《通俗编（附直语补证）》、《恒言录·恒言广证》、《迩言等五种》……”原文无误，《迩言等五种》确是一本书的书名，编辑以为标点符号有误，将“《迩言等五种》”改为“《迩言》等五种”，这就改错了。

但是，对书稿中明显错误的观点，对那些科学性、知识性的错误，以及不规范的语言和标点符号，必须改正，否则对读者、作者都不利。

对那些没有把握的问题，应与作者共同商量解决，或向有关专家请教。

2. 不要用黑墨水改稿

改稿应当用红笔，既醒目，又能看出原稿字样。万一发现误改，恢复起

来很方便。如果用浓黑色墨水改稿,被涂掉的地方就看不出来了。

3. 改稿不要照搬校对符号

修改原稿和校改校样有所不同,后者要用统一的校对符号(详见附录),前者则不宜一概搬用校对符号。有的刚走上编辑岗位的同志不了解这一点,在修改原稿时照搬校对符号,删掉一个字、一个标点也要拖一条长长的尾巴,加一个字、一个标点,也要引长长的引线,稿得原稿红线交错,红圈满目。其实,删去什么,涂掉就是;加几个字,写在行间空白处即可。当然,有些符号,在原稿上是可以使用的,如接排、另起段、加大空距、保留、说明等符号。

4. 加工后务必全面检查

编辑加工完成后,务必全面检查一次:文稿、图稿、附件等是否齐全,页码是否连贯,顺序是否正确,目录与正文的标题是否一致,等等。

第四节 发 稿

书稿经编辑加工后,一般要经作者过目。作者同意后,便进入发稿阶段。

发稿阶段的工作,最主要的是使书稿达到“齐、清、定”的要求。

齐,就是要求文稿、图稿和附件(前言、目录、后记、附录等)都齐全无缺。

清,就是要求文稿、图稿等缮写、描绘清晰,符合排字、排版的需要。要注意的是,所谓“清”,是指稿面写得清楚、改得清楚,并非不见修改的痕迹、不见红色。修改较多、较乱的部分,局部重誊剪贴即可。不要动辄请人大面积地重誊,因为重誊一次,就多一次出错的可能性。

定,就是要求内容确定,发稿后不再改动。有些作者和编辑有这样一种想法:等校样出来后还可进行修改。这是要尽力避免的。

发稿时，须由责任编辑填写发稿单，送编辑室主任和总编辑审批。图 5-3 是一家出版社的发稿单样式，可供参考。

发 稿 单

编号________

<table>
<tr><td>书 名</td><td colspan="2"></td><td>类 别</td><td colspan="2"></td><td>是否重点书</td><td></td></tr>
<tr><td colspan="4" rowspan="2">书名：</td><td colspan="4">丛书名称：</td></tr>
<tr><td colspan="4">书冠或副书名</td></tr>
<tr><td colspan="8">编(译)著者：</td></tr>
<tr><td colspan="4" rowspan="2">原书名：</td><td colspan="4">原出版者：</td></tr>
<tr><td colspan="4">原出版年月：年 月 版 次</td></tr>
<tr><td colspan="4">原著者：</td><td colspan="2">国籍：</td><td colspan="2">文</td></tr>
<tr><td rowspan="3">原稿</td><td colspan="2" rowspan="2">共计 页
千字</td><td>内封 页</td><td>序言 页</td><td>目录 页</td><td colspan="2">提要 页</td></tr>
<tr><td>正文 页</td><td>附录 页</td><td>索引 页</td><td colspan="2">页</td></tr>
<tr><td colspan="7">图稿： 幅； 插图铜锌版 块</td></tr>
<tr><td rowspan="4">对设计意见</td><td>开本： 开</td><td colspan="3">排式：横 直(简繁体)</td><td colspan="3">正文用字： 号 体</td></tr>
<tr><td colspan="3">装帧形式：平 装、精 装</td><td colspan="4">版式参考：</td></tr>
<tr><td colspan="7">排印次序：</td></tr>
<tr><td colspan="7">对封面设计要求：</td></tr>
<tr><td colspan="2">二校样 份</td><td colspan="2">看样 天</td><td colspan="2">付印样 份</td><td colspan="2">是否供外地租型</td></tr>
<tr><td rowspan="3">读者对象</td><td rowspan="3"></td><td rowspan="3">发行方式</td><td>公开发行</td><td></td><td rowspan="3">发行范围</td><td>只发本市</td><td></td></tr>
<tr><td>只限国内发行</td><td></td><td>只发 地区
可发全国</td><td></td></tr>
<tr><td>内部发行</td><td></td><td>可否出口</td><td></td></tr>
<tr><td colspan="8">定价类别</td></tr>
<tr><td>编辑室意见</td><td colspan="3"></td><td>总编辑意见</td><td colspan="3"></td></tr>
<tr><td>备注</td><td colspan="7"></td></tr>
</table>

责任编辑　　　　　　　　　　　　　　年　月　日

图 5-3　发稿单样式

发稿时,还应附有内容提要。内容提要是书店征订、读者预订、编制图书目录、广告宣传等项工作的主要依据,必须准确反映书稿内容。

第五节 设计、发排、校对、印刷与发行

书稿在交印刷厂排字或制版以前,要进行装帧设计。

装帧设计的内容有封面设计、开本、用料、版式设计、装订形式等,包括美术设计和技术设计两部分,一般由美术设计人员和技术设计人员分担。

设计部门将书稿设计完毕、批注清楚后,要详细填写发排通知单,交送印刷厂发排。

印刷厂根据发排通知单的要求,排印出校样,由印刷厂校对一次(毛校),改正后打成初校样,送出版社校对。除印刷厂毛校外,出版社一般要经过三次校对。

校样除了由出版社校对科校对以外,还必须由责任编辑审读。一般应审读初校样和三校样。读样,是责任编辑全部工作中的一个重要环节,因为这是编辑对书稿进行最后一次检查和修改的机会。当然,这修改只能控制在最小范围之内,不要造成版面大面积的捅动。有的出版社明确规定:除政治性问题或较大的非改不可的问题外,一般不改,以免造成改版困难和差错。如果编辑加工和审读、初校阶段工作粗枝大叶,到读三校样时改动过多,造成经济损失,应作为事故处理。

校样是否送作者校阅,由编辑室掌握。

经过三校的清样,责任编辑通读检查后,由编辑室主任或副主任复核签字,送总编辑或主管副总编辑批准付印。付印工作由出版科具体负责。

出版科根据发稿和发行部门提供的情况,以及印刷能力,负责制订年度出版计划,报上级批准。

当初版书发稿时,有关的编辑室就要为发行部门印发征订单和刊登广

告提供介绍图书的材料,或代为拟稿。发行部门应在规定时间内向全国布置征订,寄发宣传品。

发行部门根据征订情况和对图书市场的分析,并征求出版科和有关编辑室的意见,提出发行数字。

图书印出后,先装订样书由出版科负责检查成品质量,并送编辑室检查印装质量和内容,然后送总编辑或主管副总编辑批准发行。

书籍出版后,责任编辑应组织或亲自撰写评介文章。

第六节 审读与抽查

一、审读

对书稿进行编辑加工是审读,对书稿进行泛审也是审读,而对成书也有个审读问题。1994 年 6 月,新闻出版署发出《关于加强图书审读工作的通知》。《通知》指出:“这里所说的图书的审读包括了两个内容”,一是对图书出版选题计划的审核,二是对已出版图书的审读。这里所讲的审读,主要指的是对已出版图书进行的检查和审阅。

对已出版图书进行的审读包括专项审读和日常审读。专项审读是指有针对性地对可能出现问题或据有关方面反映有问题的图书,组织专门的审读人员进行的审读。日常审读是指对出版的图书进行的例行审读,意在发现问题,保证图书质量。

新闻出版署要求加强图书审读工作的本意,“是指政府出版管理部门对出版物的社会效果进行的检查,是对出版物是否符合四项基本原则、党的方针政策,是否符合国家的法律、法规及有关的规章制度,是否符合当今社会道德规范的要求,是否有利于社会主义精神文明和物质文明建设等作出

的有一定权威性的评价”，要求各地新闻出版管理部门加强对所属各家出版社图书出版质量的监督和检查。后来，随着图书出版质量要求的逐步提高，各地新闻出版管理部门也要求各出版社努力加强对本社出版图书的审读，要求有条件的出版社成立专门的审读室，配备得力的审读人员。目前，许多出版社都相继建立了审读室，逐步配齐了审读人员。

图书审读工作在出版管理工作中起着十分重要的作用，它是对书稿的泛审审读和书稿的编辑加工审读的重要补充。通过审读，出版管理部门可以了解图书出版的情况、特点和存在问题，从宏观上积极引导图书的出版。通过审读，出版社可以在发现问题的基础上及时采取措施，进一步改进工作，提高图书质量。尤其在致力于实现出版工作阶段性转移的情况下，加强图书审读工作，对保证图书出版工作的优质高效具有重要的意义。在图书评奖工作中，某书能否获奖，也要通过审读等环节来确定。

关于对书稿进行编辑加工的审读，在前一节的“三审制”中已作了较详细的阐述，此处不重复。另外，关于对书稿进行泛审的审读问题，则有必要专门在此作些说明。

在图书编辑的全过程中，一般都把对书稿进行泛审的审读工作放在加工处理书稿之前。要使对书稿的加工处理做到有的放矢，心中有数，使许多编辑过程中的难点迎刃而解，就非得认真地对书稿进行这种泛审式的审读不可。

审读书稿的目的主要有两个方面，一是对书稿的成功部分和符合质量要求的部分予以肯定，二是发现和指出书稿的不足部分和存在的各种问题，以便在加工处理时能一一加以解决。对书稿成功部分和符合质量部分的肯定要实事求是，既不肯定过头，也不抹煞成绩。而真正体现编辑审读水平和审读态度的，主要是发现、指出书稿的不足部分和存在的各种问题。编辑要敢于、善于发现问题和不足，不仅对明显的不足和问题要明确地揭示出来，还要把那些隐藏在深处的看似不错、实则有误的问题揭示出来。这就需要有较高的业务水平和识别能力。因此，揭示问题可能比肯定成绩更困难，更需要花功夫。

二、抽　查

抽查也是图书编辑审稿工作的一个重要补充。书稿在发排后，经过三

次校对（有的还不止三次），在出片前，总编辑、副总编辑或总编辑、副总编辑委托的资深编辑还要对清样进行一次检查。这种检查，一般被称为抽查。一份清样应抽查多少，并没有统一的规定，但一般应抽查其中的五分之一至三分之一，或抽查全书的50～100页。不管抽查哪部分内容，目录、序言、后记等是必查项目。另外，校对科（室）的校对人员也要对各本书稿的清样进行一次抽查。抽查结束后，要根据抽查的结果，填写抽查合格或不合格的意见。抽查合格的，可以下厂出片；抽查不合格的，要返回责任编辑重新加工处理。

审读和抽查书稿都要有强烈的质疑精神。所谓质疑，就是要千方百计地去发现疑点，寻根究底地去弄明白这些疑点，直到最后解决这些疑点。质疑，是图书编辑人员充分发挥主观能动性，积极地、有创见地去进行编辑工作的表现。因此，从某种意义上说，审读和抽查书稿就是有意识地到书稿中去发现一切问题（疑点或差错）。为此，就要采取不放过任何一个疑点的态度，开动脑筋，认真"搜索"，敢于和善于对书稿提出疑问，直到弄明白并加以妥善解决为止。

不管是古代还是现代，审读和抽查工作中的质疑精神都有力地促进了图书编辑质量的提高。明末清初的著名出版家毛晋刻印《宋六十名家词》时，收进了吴文英的《梦窗词稿》，并专门写了一篇跋，说明吴文英的这部词稿一向很少见到："二十年前仅见丙、丁二集，因遂受梓，盖尺锦寸绣，不忍秘诸枕中也。"后来他又得到了甲、乙二集，因而合在一起，收进了这部合集中。然而，毛晋发现，后来得到的《梦窗词稿》甲、乙二集"错简纷然"，有很多明显的错误，如把南唐后主李煜作的词句"风里落花谁得主"，北宋晏殊作的词句"无可奈何花落去，似曾相识燕归来"，苏轼的词句"敲门试问野人家"，秦观的词句"门卧绿茵千顷"，周邦彦的词句"倚楼无语理瑶琴"等都编了进去，成了吴文英创作的词句。对这些明显的错误，毛晋都一一指出并作了考证。

在现当代，即使像《毛泽东选集》这样的经典性理论著作，编辑过程中的审读、抽查工作也是非常重要的，也需要有质疑精神，这样才能使之更趋完善。《毛泽东选集》第一版共有注释872条。在第二版时，在内容上作不同程度修改的注释就有362条，同时还新增了77条。例如，第一版《毛泽东选集》中的《学习与时局》一文，对其中"治安强化运动"这一条目所作的注释是："一九四一年三月间，华北的日寇和汉奸提出所谓'治安强化运动'

的口号。所谓‘治安强化’，就是实行搜查，举办保甲制度，调查户口，组织伪军，以镇压抗日力量。”《毛泽东选集》第二版对这条注释修改为：“自一九四一年春至一九四二年冬，日本侵略军在华北地区连续进行了五次‘治安强化’运动，对抗日根据地加紧军事‘扫荡’和经济封锁；在游击区建立伪军，加强控制；在其占领区内实行保甲制度，调查户口，扩组伪军，进行奴化教育，以镇压抗日力量。”根据《毛泽东选集》（注释校订本）所作的《校订说明》，这一条修改，主要把原注中的 1941 年 3 月间敌伪实行的“治安强化运动”，改为从 1941 年春到 1942 年冬，时间更正为近两年，次数写明 5 次。可见原注还不准确。对敌伪实行的“治安强化运动”，原注比较简单，新注则不仅提到军事、政治上的镇压，还提到了经济封锁、进行奴化教育等，说明原注反映的情况不够完整。适当地做了这两点补充后，对于理解毛泽东的文章，对于了解当年“治安强化运动”的反动内容和反动性质，都是有益的。

第六章 图书装帧设计

内容提要：

书稿经过整理加工，在交付印刷厂之前，要进行装帧设计。装帧设计，一般可分为美术设计和技术设计两部分，分别由美术设计人员和技术设计人员承担。美术设计人员的主要任务是设计封面、插图；技术设计人员的主要任务是确定书籍的开本、版式、装订形式等。他们在工作上虽有分工，但不能截然分开。应在整体设计的指导下，分工协作，有机配合。文字编辑也应懂得一些装帧设计的知识。

第一节　开　本

装帧设计的第一步是确定书籍的开本。有人将开本比喻为书籍的“身体”。

开本就是指一本书的幅面的大小,即书的面积(参见第四章第三节)。

确定开本的大小,一般从以下几个方面综合考虑。

首先,根据书的内容、性质确定开本的大小。如:是马列主义经典著作,还是文艺书籍?是小说,还是诗集?是专业性很强的论著,还是普及读物?经典著作、学术专著多用大32开本,较庄重;普及读物多用小32开本;诗集多用小长32开本。

其次,根据文字的多少和书稿的复杂程度来确定。如:有没有插图、表格?这些插图、表格至少要占多大的版面/插图、表格多的书籍,多用16开本。

再次,根据读者对象和使用场所来确定。如:是大专教材,还是中小学课本?是供图书馆、阅览室陈列的,还是供读者随身携带使用的?供随身携带的,以64开、小32开为宜。

除上述因素外,还要考虑到我国造纸厂生产的纸张规格及供应状况。例如,人民出版社、上海人民出版社和中国青年出版社在讨论合作出版“祖国丛书”的方案时,讨论得最热烈的是用什么开本。当时有两种意见:(1)用普通的小32开,它容易印、装,但是一般化;(2)用人民出版社所说的小长32开,即787mm×960mm的1/32,它比较新颖。但从当时我国纸张生产的实际情况考虑,小长32开费工费料,印少量还可以,印这套包括数百种书的丛书,那就要慎重考虑了。三家出版社会商的结果,还是决定用普通的小32开。①

我国目前最常用的印刷用纸的尺幅是787mm×1 092mm和850mm×1 168mm两种。从整张纸到装订成书,要经过裁切和光边,因此书籍的开本尺寸,肯定比纸张计算成小页的开张尺寸略小。如787mm×1 092mm的纸张,开成32开的开张尺寸应为136mm×197mm,但装订成册并切去毛边后,实际尺寸一般就只有130mm×186mm了。

国内出版的书籍,画册、儿童读物的开本形式变化较多,其他书籍普遍存在着开本单调的缺点。出版界对此问题十分关注,提出过许多合理化建议并作过不少努力②,近年已有改观。

第二节 版 式

版式,是指书籍正文全部格式的设计。版式设计要求既艺术又科学,既能与书籍的开本、装订、封面等外部形式协调,又能便于读者阅读。

版式设计的内容相当广泛,包括版心、排式、用字、行距、标题、注文、版面装饰和版式设计的批注等等。现择其要者,作一介绍。

一、版心安排

版心指每一面书页上的文字、图版部分(参见第四章第二节)。

版心在版面所处的位置,我国和西方国家的设计习惯有所不同。

我国线装古籍的传统是版框偏下,也就是天头宽于地脚,便于读者在天头加眉批。从美学角度看,这与中国书画装裱和古典建筑的典雅稳重是相

① 王世义.编辑要熟悉一些出版业务.编辑之友,1985(3)

② 参见张嘉端.关于书籍开本和版面设计.1983年出版研究年会文集.太原:山西人民出版社,1984

通的。现代直排书籍亦继承这一传统。改为横排后，大都保留天头宽于地脚的习惯。

西方装帧艺术家则认为下白边（地脚）是承受版心重量的，应宽于上白边（天头）。好比把照片装入镜框时，照片要偏上一些，才感到适中；如果把照片安排在几何中心的位置，便会感到照片下沉。这是从人的视觉中心略高于几何中心的原理来考虑版心安排的。西方书籍四周白边的比例如下①：

表 6-1　西方书籍四周白边的比例

	订　口	天　头	边口（外白边）	地　脚
一般	2	3	4	6
松排	2	3	5	6
密排	2	3	4	5
英国	3	4	6	8

中式版心与西式版心的安排虽有不同，但留有一定的空白是共同的，这样，就不会“使人发生一种压迫和窘促之感”（鲁迅语）。

版心的安排，还要从书本打开后左右两面统一考虑，使左右两个版心向心集中，相互关联，给人以整体感、紧凑感。

版心的大小，要从书籍的性质来考虑。例如，理论书籍的白边要留得宽些，便于读者批注；字典、手册等工具书和资料性小册子，白边可少留些。版心大小与装订形式也有关系，如平订的书内白边宜宽，骑马订和锁线订的书内白边则可窄一些。

版心的宽度和高度的具体尺寸，视用字大小、每行字数、每面行数而定。

二、排　式

排式是指正文的字序和行序的排列方式。我国传统的方式是直排：字序自上而下，行序自右至左。“五四”以后，采用横排形式的逐渐增多。

---

①　张进贤等．书籍整体设计的核心——版式编排．1983 年出版研究年会文集．太原：山西人民出版社，1984

1955 年 12 月,文化部作出关于汉字书籍、杂志横排的原则规定,指出:推行横排与培养读者阅读横排书刊的习惯,可以为我国文字改革创造条件。在编排格式方面,横排在夹排外文、表格、数字时还可以避免直排所发生的格式不统一、版面不美观等缺点。从此,全国新出版的书刊,除古籍及少数不宜横排的书籍以外,多数出版物已采用横排。

为了保护读者的视力,字行的长度应有一定的限制。字行过长,有损读者视力,降低阅读速度。如果字行太短,读者两眼不停地来回转动,也会造成阅读不便。我国现行的大 32 开本用五号字横排,每行 27 ~ 29 字,长 100 ~ 108 毫米,小 32 开本用五号字横排,每行 25 ~ 27 字,长 92 ~ 100 毫米;用小五号字横排,每行 29 ~ 31 字,长 92 ~ 98 毫米。上述的字行长度是经过长期实践而确定的,比较适宜。

一般书籍是通栏排版,即横排书在订口和外白边之间单行排列。在 16 开本或更大的开本上,若用五号字或小五号字排版,可排双栏。期刊多采用双栏,不宜分双栏排的文章(如序言、题词等),可酌情改用稍大的字排,或适当缩小版心。

有些书籍为了适应正文标题多、每段文字简短等特点,同时为便于读者翻检,也采用分栏排。如词典、手册、索引、年鉴等,一般分成两栏等三栏排。

每段文字的开头,一般都空两个字。但分栏排的书籍,如果每行字数不超过 20 字,也有空一字起行的(常见于工具书)。至于诗歌、剧本的排式,又与一般文章不同。横排诗歌要大体居中,防止版心左重右轻,每句的起句与第一行齐头(阶梯式诗歌例外);剧本则要突出其主要部分——台词。

三、用字与行距

我国出版物上常用的字体有宋体、仿宋体、黑体、楷体四大类,每一类又分为若干字号。图书的正文常用小四号、五号或小五号字,标题常用二号至四号字,注文常用六号字。进行版式设计时,要注意各种字体的特点(详见第三章第三节)。

行距是指两行文字之间的空白处。行距过窄,版面不美观,且易导致跳行错读;行距过宽,版面松散,浪费纸张。

供连续阅读的书,行距宜宽些;供参考查阅的书,行距可窄些。长行的书,行距宜宽些;短行的书,行距可窄些。

在同一书籍中,行距应求一致。一般书籍的行距,大体是正文用字的高度的四分之三。在要求特别疏朗的版面上,行距可接近正文用字的宽度。

四、标题的处理

书籍中的标题,有简有繁。文学作品(如中长篇小说)大多只有章题,或者仅有章序而无章题。学术性著作、大专教材的标题层次大多比较复杂,有编、章、节、小节、子目或小标题等等。版式设计时,必须用不同的字体、字号及其在版心中所占的位置,反映出标题的逻辑层次。

设计标题的字体、字号,要考虑以下诸要素:正文用字的大小,标题的级数,标题字数的多少。

一般用五号字横排的32开书籍的标题字排法如下:

大标题用二号或三号字。如果是另面起排的一级标题,所占地位要大些,约占版心的四分之一,即标题和上下空白约占正文的6~7行。如果是接排的,约占4~5行。

中标题用四号或小四号字,占2~3行。

小标题用与正文同一字号的其他字体。例如,正文是五号宋体,小标题用五号黑体,约占1~2行。

一般说来,标题字和正文采用同一字体时,标题用字宜大于正文用字;当标题字和正文采用同一字号时,标题字与正文宜用不同字体。

同一级的题序和题目的字体可以一致,也可以不一致,但要注意字体的协调和宾主关系。例如:

第一节　计算机的历史

题序“第一节”用黑体,题目“计算机的历史”用仿宋体,那就喧宾夺主了。

每一行标题不宜排得过长,一般不超过版心宽度的五分之四,一行排不下时可以转行。标题不能排在一面的末尾(这叫“背题”)。

标题中一般不用标点符号,必须用时,可用对开(电脑中的“半角”)标点符号。

节以下的小标题可酌情改为插题(亦称段首小标题或行首题):用与正文同号的黑体字排在正文起行之前,题末与正文开头之间空一字。如本书第四章第一节中的“封一”、“飘口”等,就是用插题方式编排的。

五、引文与注文

在书籍或文章中引用其他文献，称引文。如果引文夹排在正文中间(行内)，其字体、字号大多与本文相同；但在要求醒目时，可用另一种字体排。

如果是另行起排的整段引文，可根据引文的重要程度及其与本文的关系，选用下列方式中的一种：(1) 用字体、字号与正文相同的字排；(2) 用同体小一号的字排；(3) 用同号异体的字排。当前一般采用第三种方式。如32 开本的书，正文用宋体字，引文用仿宋体字。引文左侧空两字，右侧齐尾(见图6-1)。

而以赋见称，"还没有说"楚辞"。倒是在《酷吏列传》中提到："庄助使人言(朱)买臣，买臣以楚辞与助俱幸。"《汉书·地理志》又说：

　　汉兴，高祖王兄之子濞于吴，招致天下之娱游子弟枚乘、邹阳、严夫子之徒，兴于文景之际。而淮南王安亦都寿春，招宾客著书。而吴有严助、朱买臣贵显汉朝，文辞并发，故世传楚辞。

据《史记·司马相如列传》、《汉书·朱买臣传》等文献记载，开始是靠近楚地的诸侯王欣赏楚辞，招致了一些会写楚辞的文人宾客。随后是汉武帝也赏识了能作楚辞的朱买臣及擅写辞赋的司马相如等人。以后汉宣帝又征召了一位能诵读楚辞的九江被公(见《汉书·王褒传》)。由于帝王的提倡，楚辞盛行一时。但这时楚辞又发展为赋，后人把这类作品统称之为赋，如《汉书·艺文志》就把屈原作品归入赋类。东汉人王逸把屈原和其他人的辞体作品编成一集，书名还叫作《楚辞》，后人把这种文体称为楚辞体或骚体，以有别于后世的赋。宋代人黄伯思在《东观余论》卷下《校定楚词序》中曾作解释：

　　屈、宋诸骚，皆书楚语，作楚声，纪楚地，名楚物，故可谓之楚词。

这是一个很简单的解释，然而他只解释了一个"楚"字，并没有解释"辞"字。为什么称之为辞(词)而不称为歌？为什么楚辞又称作赋？为什么屈原以前没有楚辞，王逸以后就没有人再把自己的作品称为楚辞呢？这些问题很值得研究。楚辞只是一种过渡形式，体制还没有完全固定，即使屈原一个人的作品，也有很多类型，很难说哪一种是标准的楚辞。当然，后

21

图 6-1　另行起排的引文格式举例

注文是对正文中某词、某句或某段所作的解释，或者说明文献的出处。注文有各种不同的排列方式，现简介几种最为常见的。

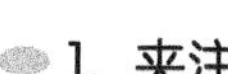

1. 夹注

古籍的夹注方式，是用小于正文的字，平均分为两行，接在被解释的正文之后（见图6-2）。现代出版的书籍，也有模仿这种形式编排的。这种排法的优点是方便阅读，缺点是割裂正文，而且排版颇为不便。

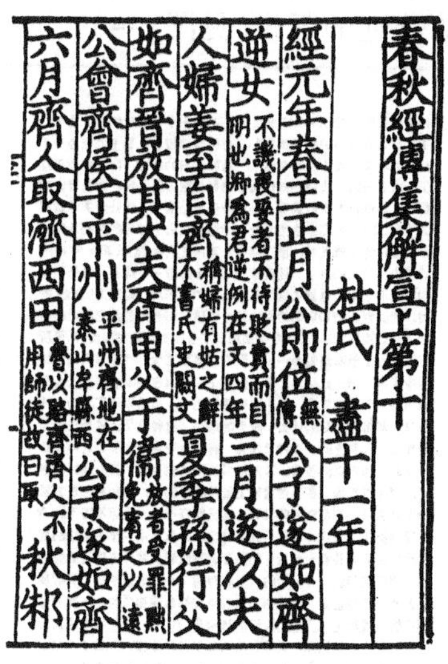

春秋經傳集解宣上第十
杜氏　盡十一年
經元年春王正月公即位無傳公子遂如齊
逆女不譏喪娶者不待貶責而自明也卿為君逆例在文四年三月遂以夫
人婦姜至自齊稱婦有姑之辭不書氏史闕文夏季孫行父
如齊晉放其大夫胥甲父于衛放者受罪黜免宥之以遠
公會齊侯于平州平州齊地在泰山牟縣西公子遂如齊
六月齊人取齊西田魯以賂齊齊人不用師徒故曰取秋邾

图6-2　古籍的夹注

目前通行的办法是括注。括注可视为夹注的一种，即注文单行加上括号，夹排在正文中间。括注常用于注明文献出处，选用比正文“轻”的同号字排，如正文是五号宋体，括注是五号楷体（见图6-3）。

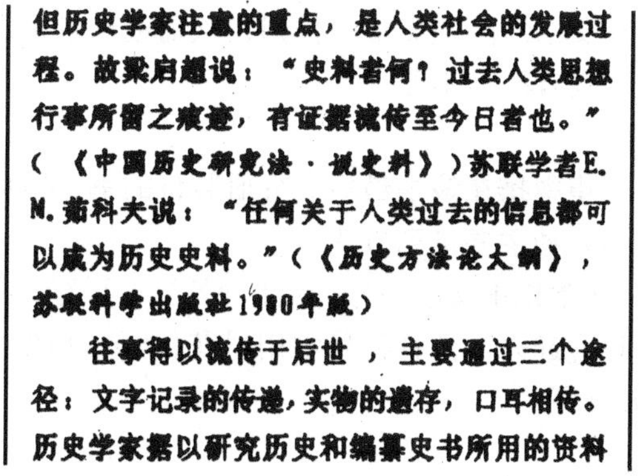

但历史学家注意的重点，是人类社会的发展过程。故梁启超说：“史料者何？过去人类思想行事所留之痕迹，有证据流传至今日者也。”（《中国历史研究法·说史料》）苏联学者E.M.茹科夫说：“任何关于人类过去的信息都可以成为历史史料。”（《历史方法论大纲》，苏联科学出版社1980年版）

往事得以流传于后世，主要通过三个途径：文字记录的传递，实物的遗存，口耳相传。历史学家据以研究历史和编纂史书所用的资料

图6-3　括注字体举例

2. 脚注

把横排书籍整个版面上的注文集中移放在本面版心靠近地脚的部分，注码的编序各面自成起讫。注文与正文之间加分栏的水线，线的长度约占行长的三分之一，与正文行头取齐。这样，既保持了正文的完整性，又便于阅读注文，是一种受读者欢迎的版式(见图6-4)。

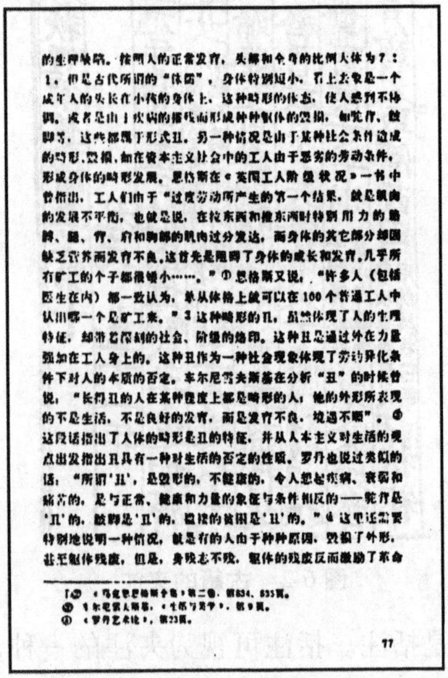

的生理缺陷。按照人的正常发育，头部和全身的比例大体为7：1，但是古代所谓的“侏儒”，身体特别短小，看上去像是一个成年人的头长在小孩的身体上，这种畸形的体态，使人感到不协调。或者是由于疾病的摧残而形成种种躯体的毁损，如驼背、跛脚等，这些都属于形式丑。另一种情况是由于某种社会条件造成的畸形、毁损，如在资本主义社会中的工人由于恶劣的劳动条件，形成身体的畸形发展。恩格斯在《英国工人阶级状况》一书中曾指出，工人们由于“过度劳动所产生的第一个结果，就是肌肉的发展不平衡，也就是说，在拉东西和推东西时特别用力的胳膊、腿、背、肩和胸部的肌肉过分发达，而身体的其它部分却因缺乏营养而发育不良。这首先是阻碍了身体的成长和发育。几乎所有矿工的个子都很矮小……。”①恩格斯又说，“许多人（包括医生在内）都一致认为，单从体格上就可以在100个普通工人中认出哪一个是矿工来。”②这种畸形的丑，虽然体现了人的生理特征，却带着深刻的社会、阶级的烙印。这种丑是通过外在力量强加在工人身上的。这种丑作为一种社会现象体现了劳动异化条件下对人的本质的否定。车尔尼雪夫斯基在分析“丑”的时候曾说，“长得丑的人在某种程度上都是畸形的人；他的外形所表现的不是生活，不是良好的发育，而是发育不良，境遇不顺”。③这段话指出了人体的畸形是丑的特征，并从人本主义对生活的观点出发指出丑具有一种对生活的否定的性质。罗丹也说过类似的话，“所谓‘丑’，是毁形的，不健康的，令人想起疾病、衰弱和痛苦的，是与正常、健康和力量的象征与条件相反的——驼背是‘丑’的，跛脚是‘丑’的，褴褛的贫困是‘丑’的。”④这里还需要特别地说明一种情况，就是有的人由于种种原因，毁损了外形，甚至躯体残废，但是，身残志不残，躯体的残废反而激励了革命

①《马克思恩格斯全集》第二卷，第834、835页。
② 车尔尼雪夫斯基：《生活与美学》，第9页。
④《罗丹艺术论》，第23页。

77

图6-4 脚注的编排形式

3. 篇后注

把全篇或整章文章里的注文集中排列在该篇或该章正文的后面。这种版式，便于排版，但读者翻检不便。

4. 书后注

把全书的注文集中排在该书最后。分册装订的书，则排在各册末尾。

以上是注文的几种主要排列方式。

注文的用字，通常比正文小一号(括注例外)。注文和被解释的正文用注释符号或注码呼应起来。注释符号常用星花(*)；注码一般用阿拉伯数字，外加方括号或圆圈。

六、版面装饰

学术性著作和政治理论书籍的版面一般很少装饰。文学艺术书籍、知识性读物恰如其分地加以装饰,能烘托气氛,引起联想,增加吸引力。

版面装饰的常见手法,是用图案作题花、尾花。也有用带状图案纹样,在每页连续反复使用,像书眉那样连贯全书。版面装饰要与书籍内容以及封面、扉页、插图、版式的风格协调。

版面装饰大多随正文用黑色印刷,也有用另一色套印的。套色以浅淡色为宜,如浅蓝、浅绿、银灰、淡赭、土黄、浅暗红等。

国外的出版物,每篇第一段的第一个字母,常用占两行至四行高的大字母,有的选用花体,有的配以图案,或用另色套印。这种装饰手法在我国出版物中亦时有所见。

不一定要用图案或纹样才能达到版面装饰的目的,有时在版面上加一些线条,也能收到一定的艺术效果。序言的标题字用作者的手写稿,或署名用作者的亲笔签名,也是版面装饰的一种方法。

七、版式的批注

图书正文的字体、字号、行距、排式、版心地位等共同规格,一般是在设计说明书或发排单上作总的说明。至于标题、引文、注文等等,格式变化较多,应在原稿各页分别批注。

字号和字体的批注,习惯用省称。如:

二宋　　表示排二号宋体
三仿　　表示排三号仿宋体
四楷　　表示排四号楷体
五黑　　表示排五号黑体
小五宋　表示排小五号宋体
小五仿　表示排小五号仿宋体

标题的批注,除注明字号、字体外,还要注明所占行数。如:

小四宋三行　表示标题用小四号宋体,占正文三行地位
三仿四行　　表示标题用三号仿宋体,占正文四行地位

三楷四行　　表示标题用三号楷体,占正文四行地位

二黑六行　　表示标题用二号黑体,占正文六行地位

标题的位置是居中还是顶格(齐头),也要批注。如:"三楷,居中,四行。"

此外,还有其他特殊要求的批注,如另页、另面、齐尾等等。

批注的文字和符号,最好使用有别于原稿和编辑加工的墨色,以利于排版者辨认。香港有的出版社是用紫色笔批注的。

批注应在全稿普遍写上,以便印刷工人前后翻检。何况,一部书稿一般是由好几位工人同时排字或录入的,如果只在书稿开头作总的说明,就难以操作了。

第三节 插　图

穿插在文字中的图,不论是手绘图还是摄影图片,均称为插图。

就插图的内容、功用而言,大体上可分为两类:技术图解性插图和文艺性插图。

为帮助读者理解书的内容,补充文字难以表达的部分而绘制的插图,称技术图解性插图。这种插图大多用于科技书籍及史地著作。

选择书中有典型意义的人物和场面绘制的插图,称文艺性插图。这种插图可帮助读者增加感性认识,加强作品的感染力,激发阅读的兴趣。

鲁迅先生非常重视书籍的插图,他说:

> 书籍的插画,原意是在装饰书籍,增加读者的兴趣的。但那力量,能补助文字之所不及,所以也是一种宣传画。①

① 鲁迅.南腔北调集·"连环图画"辩护

欢迎插图是一向如此的，记得十九世纪末，绘图的《聊斋志异》出版，许多人都买来看，非常高兴的。而且有些孩子，还因为图画，才去看文章，所以我以为插图不但有趣，且亦有益；不过出版家因为成本贵，不大赞成，所以近来很少插画本。①

插图的编排形式，主要有文间插图、单页插图和集合插图三种。

一、文间插图

文间插图是指小于版心，夹排在文字中间的插图。这种插图要求尽量做到图文对照，即插图与有关文字排在同一面或相对面上。至于在版面上的具体位置，则可视具体情况灵活安排。

文间插图与上下文字之间要留有适当的空位，一般相当于行距。如果插图的左右宽度不超过版心的三分之二，则应当尽量在图旁的空位排字，以免浪费版面（见图6-5）。

曲。[illegible]的4／4的拍子。"他[illegible]分析了北京广安门外的天宁寺塔的结构，从月台、须弥座、塔身、塔檐、尖顶所行成的节奏感（图93）。

在节奏的基础上赋予一定情调的色彩便形成韵律。韵律更能给人以情趣，满足人的精神享受。[illegible]在形象的排列组合中所表现的那种充满情感的节奏，也就是韵律。

6. 多样统一。这是形式美法则的高级形式，也叫和谐。从单纯齐一，对称均衡到多样统一，类似一生二、二生三、三生万物。多样统一体现了生活、自然界中对立统一的规律，整个宇宙就是一个多样统一的和谐的整体。"多样"体现了各个事物的个性的千差万别，"统一"体现了各个事物的共性或整体联系。

多样统一是客观事物本身所具有的特性。事物本身的形具有大小、方圆、高低、长短、曲直、正斜；质具有刚柔、粗细、强弱、润燥、轻重；势具有疾徐、动静、聚散、抑扬、进退、升沉。这些对立的因素统一在具体事物上面，形成了和谐。[illegible]认为整个宇宙的美就在于它的多样统一。他说："这个物质世界如果是由完全相类的部分构成的就不可能是美的了，因为美就表现于各种不同部分的结合中，美就在于整体的多样性"。①他又说："自然像合唱队的领队那样，指导着相反的、低沉的和中等的声音唱出统一的、美好的、协调多样的和谐来。"②

多样统一的法则的形成是和人类自由创造内容的日益丰富[illegible]

图93

① [illegible]
② [illegible]

161

图6-5　文间插图举例

① 鲁迅书信集·致孟十还

这里附带说一下图片的"出血"处理。编辑有时故意让图片的一部分超出开本尺寸,经裁切之后不留白边(不露白),这叫出血图。有一边出血、两边出血、三边出血(见图6-6)。出血图常用于画册、画报等以图为主的出版物,或用于书刊的封面(封面可以四边出血)。在书刊正文中,也有将插图作出血处理的。这样做,是为了活跃版面,并且造成画面空间的延伸感。但要注意,裁去的部分只能是次要部分。在印刷行业中,由于装订不当而把部分文字裁切掉,也叫出血,那是技术事故,与这里说的装帧设计的出血处理是两码事。

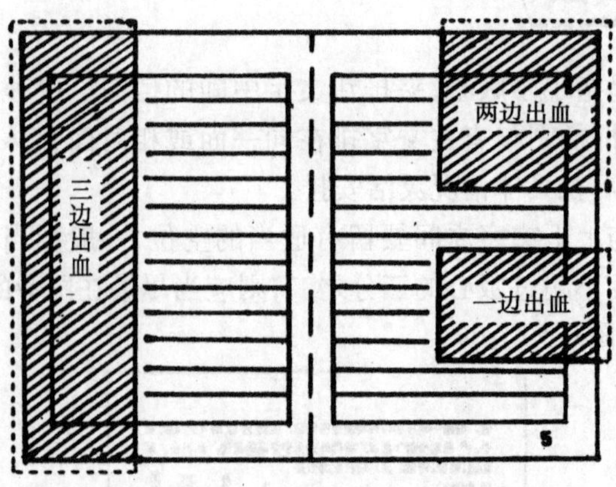

图6-6 各种"出血图"示意图

二、单页插图

单页插图是指印成单页,插入书内有关章节中间的插图。适用于独立性较强,或需要较大幅面,或需要用不同于正文的印刷方法印制的插图,一般选用较好的纸张印制。

三、集合插图

把全书中所有的或一部分插图集中起来,排印若干页,放在书前、书后或篇章之间,称集合插图,又称图版。一般用较好的纸张印刷,适用于学术著作和不宜与正文一起印刷的色调层次较多的摄影图片。

插图在版面上的方位应与正文文字一致。当插图必须横放在版面上

(卧排)时,插图在版面上沿逆时针方向旋转 90 度放置。横放的插图不能和竖放的插图放在同一面上,两个相对页上的插图的方位最好也能一致,便于读者阅读。

插图的图序和图名,一般用比正文小一号的字,或与正文不同字体的字,排在图的下方。图注的字体可再小些。

第四节 封面

封面设计,包括前封面、封脊(书脊)、底封的设计,即书籍外表形式的设计。一本书,最先映入读者眼帘的就是封面。在塑造书籍的总体形象上,封面设计起着关键作用。

一、封面设计应考虑的因素

进行封面设计,不同于独立创作一幅画或一件雕塑,它离不开具体的书,因而,要结合下列诸因素来考虑问题。

(1) 书的内容、性质和风格;

(2) 书名的字面意义和长短,著译者的多少,出版社名的安排,是否是成套丛书,是否有统一的设计要求,是否有书标;

(3) 读者对象或使用场所;

(4) 书的排式、篇幅、开本、装订形式与用料。

此外,还要了解印刷条件和出书期限。如果是急用的书,封面设计就不宜太复杂。

二、封面设计的表现手法

封面设计的表现手法多种多样，并且互有联系。从大的方面说，主要有下列三类。

1. 写实手法

用该书所提供的形象材料来直接表现书的内容。例如，《钢笔字练习法》封面上画着一个女学生在写钢笔字；《李白的故事》封面画的是李白举杯；一本介绍家用电器知识的书，封面上画着电扇、电视机、电冰箱等电器。江苏文艺出版社1993年出版的《办公自动化》一书，封面照片是一个鼠标，这也属于写实的设计。

2. 写意、象征手法

用象征性的图画、色彩、线条，抽象地表现书籍的内容、精神。例如，《李宗仁归来》的封面，没有具体画人群、飞机、鲜花、彩旗，只是涂抹了几条不规则的红、黄、蓝色带，造成一种五彩缤纷的热烈气氛，表现党和人民欢迎李宗仁先生光荣回归祖国的诚挚态度。又如，《社会语言学》的封面，三个不等的圆形由红、白、黄、蓝小色块细密交叉组成，由此产生一种传递感、节奏感，用以象征人类的交流是由语言信息传递在起作用的。

3. 装饰手法

用能够和本书的内容、性质相协调的色彩、线条或图案来装饰封面。一些书籍的封面，不宜用具体形象来表现书的内容，或是为了求得某种特殊效果，常采用装饰性手法。

单纯的文字封面，通过字体的选择、位置的安排、汉语拼音字母的配合等，亦可取得良好的设计效果。

值得注意的是，封面用料本身质地、色彩的不同，能产生丰富多彩的装饰效果，如麻料显得古朴，羊皮则给人以华贵之感。

上述写实、写意、装饰等手法，并非彼此排斥，而是经常有机结合使用的。例如，波兰作家莱蒙特《农民》秋、冬、春、夏四卷本中译本的封面，设计角度从土地入手：一个饱经沧桑的农民半胸像，紧紧连接在茫茫大地上；又以黄、灰、绿、红四色象征四季，表示岁月的流逝。

在封面设计中，不一定色彩越多越好。如果巧妙地运用视错觉原理，可以达到一色多效果，或少色多效果，既省时省钱，又美观大方。一个机关或学校自己编印资料或教材，在设计封面时，尤其要注意这点。例如，可以红底上留白字，白底上印红字，再在红底上印黑字，或黑底中又留白字、红字，还可利用各种印刷网点，互相衬托对比，使同一颜色在不同环境中产生各种微妙变化，让读者产生多层次、多色彩的感觉。

三、底封和书脊

底封一般只印书号、定价、条码和出版社的标志。比较讲究的书籍，底封也要精心设计。常用的手法，是把前封面的颜色或图画伸展到底封上来，或是用与前封面相映衬的图案纹样作装饰；也有的在底封印上满版彩色，并伸展到前封面的订口部分，包住书脊。

当书籍排在书架上时，只有书脊和读者见面，所以书脊的设计也很重要。书脊通常印有书名、编著者和出版社名。书脊设计的通病，是书名不够醒目。

有些厚本精装书籍，封面设计常常比较简单，而书脊却装饰得很考究。

由于书脊本身是狭长形的，所以通常采用横向分割的线条，给人以厚实之感。

一些比较讲究的书籍的封面设计，要与护封、环衬、扉页一起考虑，彼此呼应、相互协调（参阅第四章）。

第五节 装订形式

我国目前常用的装订形式有平装、精装和线装。

一、平 装

平装是书籍最常用的装订形式，它以纸质的软封皮为主要特征。平装书装订方法较简易，成本低，适用于篇幅较少、印数较多的书籍。

平装书的装订形式主要有骑马订、锁线订、平订。

1. 骑马订

骑马订是用线或金属线从书帖折缝中穿订的装订方式。适用于页数少的小册子和期刊。优点是装订处不占版面，翻阅亦便；局限性是书页必须配成双数，而且金属丝日久易锈。

2. 锁线订

锁线订是将配好的书帖逐帖用线连锁成书芯的装订方式。适用于页数较多的书。这种装订形式，纸张利用率高，书页可以摊平；但工价高，书页也要配成双数。

3. 平订

平订是在书籍的订口处用三眼线订，或用铁丝穿订的装订方式。如果是60页以内的薄本书，可用缝纫机线订。优点是装订简便，不论书页成单成双均可订，工价较低；缺点是订眼要占用5毫米左右的版面，翻阅时书页难以摊平。用久后铁丝易生锈、折断。

近几年用无线胶背订（用胶粘剂粘合）的日渐增多，但往往易脱落。

有的平装书在封面纸上粘塑料薄膜或喷涂料，耐脏耐磨，已部分地具有精装书的特点；但封面往往卷起，不尽如人意。

二、精 装

这是一种精致的装订方式，封面用耐折、耐保存的材料，装潢讲究，一般用锁线订。

精装书的封面，按其用料和制作方式的不同，大体可分为以下两类。

一类是书脊和前封面、底封用不同的材料。通常用织物作书脊，硬纸作封面，即“纸面布脊”。织物可发挥牢固耐折的优点，纸质封面则可为装帧设计提供便利的条件。除“纸面布脊”外，还有“纸面皮脊”、“布面皮脊”等。

另一类是书脊和前封面、底封用同样的材料，多用坚韧的纸张、织物和皮革。最讲究的一种，是用小牛皮或羊皮。

精装本的封面有硬面、软面两种；书脊又可分为平脊和圆脊两种。

精装书常有堵头布和书页带。堵头布是一种带有厚边的扁带，粘贴在书芯背脊天头与地脚两端，用以加固书页间的联结，并有装饰作用。书页带起书签作用，又称书签带（见图4-1）。堵头布和书页带的颜色、纹样要与封面色调协调。

三、线　装

线装即用线把书页连封皮装订成册，是我国传统的书籍装订形式。现今出版古籍或当代作家的古体诗，也有采用线装的。线装的订眼通常是四个，有时在上下角各加一眼，合为六眼，可防止书角起翘。考究的线装书还在书背上下两角用绢或绫包裹，称"包角"，有装饰和保护书角的作用。

书籍装订形式除上述平装、精装、线装外，还有经折装、活页装等，在此不一一介绍。

为了叙述的方便，以上分五个方面谈了装帧设计的主要内容。事实上，以上各个方面必须有机配合，才能取得良好的总体效果——书籍装帧的完整的艺术形象。

第七章

报纸编辑概说

内容提要：

本章至第九章，讲述报纸的编辑。

本章先从总体上介绍报纸编辑工作的特点，编辑方针与实施方案的制订，然后谈稿件的组织、选择、修改和配置等问题。

第一节 报纸的分类和报纸编辑的特点

一、报纸的分类

报纸可以从不同的角度进行分类。

1. 按报纸幅面的大小分

按报纸幅面的大小,可分为对开报和四开报两大类。对开报又称大报,它展开后的幅面,是全张印刷用纸(规格一般是787mm×1 092mm)的二分之一。四开报又称小报,它展开后的幅面,是全张印刷用纸的四分之一。中央级和省级日报,多为对开报,如《人民日报》、《光明日报》;晚报多为四开报,如《新民晚报》、《扬子晚报》。

2. 按出版周期分

主要有日报和周报。前者如《工人日报》、《新华日报》,后者如《文汇读书周报》、《北京自学考试报》。其他还有周二报(每周出版两次,如上海的《报刊文摘》),周三报(每周出版三次,如《中国科学报》),半月报(如《讽刺与幽默》)等。

3. 按出版时间分

主要有日报和晚报两大类。前者清晨出版发行,后者下午出版发行。

4. 按内容分

主要有综合性和专业性两大类。综合性报纸一般以新闻报道为主。专业性报纸按学科、行业或专题分类,有的覆盖面大,如《科技日报》、《中国文化报》;有的专业针对性很强,如《计算机世界》、《足球报》、《中国花卉报》、《中国集邮报》、《中国服饰报》等。

报纸还可以从其他角度分类,如按主办单位的行政级别分类(中央级、

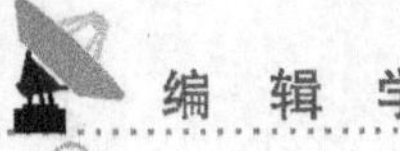

省市级),按发行渠道分类(邮发与非邮发)等等,在此不一一赘述。

二、报纸编辑的特点

与图书相比,报纸有自身的特点。因而,报纸的编辑工作与图书的编辑工作也有不同之处。

1. 出版周期短

报纸是按一定的周期连续出版的,尤其是日报,出版周期短,时间性强。因此,要求编辑工作紧张、高效。报社有日班编辑和夜班编辑,以保证报纸及时出版。相对而言,图书编辑则比较从容。

2. 信息性强

图书虽也重视反映新信息,但毕竟出版周期长,不可能像报纸那样反应敏捷。何况有些图书,着眼于稳定性,对尚无定论的问题采取谨慎的态度,或干脆不予载录。报纸则强调信息及时,编辑必须及时了解各领域的发展动向,不失时机地组稿、写稿。

3. 稿源多,作者队伍庞大

报纸的稿源,有来自通讯社的,有来自本报记者、通讯员的,还有来自社会各阶层的大量自发来稿。能写书的人毕竟比能写文章的人少得多,出版社的作者队伍无法与报社的作者队伍相比。因而,报社编辑联系作者的工作面广量大,选择稿件时遇到的问题也比图书编辑复杂。

4. 版面设计复杂

报纸每期有固定的报头,不必像图书那样设计封面,但版面设计比图书复杂。报纸版面讲究文稿、图稿的合理布局和巧妙组合,讲究标题的制作和排列的丰富多样,讲究装饰和美化。

5. 广泛的群众性

除专业面较狭窄的报纸外,一般报纸拥有广大的读者群。各行各业、各知识层次的人们订报、买报,在家庭、办公室、车间、田头、旅途中或街头读报。报纸一般比图书发行量大。图书的发行量,除教材和教学参考工具书外,一般只有几千册或万余册,而报纸发行数万份是常事(专业性强者除外),超过十万份的也不在少数。针对报纸具有广泛的群众性这一特点,编辑必须注意报纸的内容和形式都要雅俗共赏。

第二节 报纸的编辑方针与实施方案

一、编辑方针

报纸的编辑方针，是根据报纸的性质、立场、指导思想和实际状况而制订的指导编辑工作的总体设计，是每个编辑人员都要遵循的基本准则。

我国新闻出版事业是党领导的社会主义事业的一个组成部分，必须坚持为人民服务、为社会主义服务的根本方针，坚持正确的舆论导向，宣传马克思列宁主义、毛泽东思想，传播一切有益于经济和社会发展的科学技术和文化知识，丰富人民的精神文化生活。这是每一家报纸都必须遵循的总原则。但每一家报纸又有自身的特点，要根据上述总原则制订自己的编辑方针。

编辑方针主要包括下列内容。

1. 办报宗旨

规定本报的主导思想、任务或努力方向。例如，中央党校主管的《中国市场经济报》以“推动和促进中国社会主义市场经济新体制的建立”为宗旨。最高人民检察院主办的《检察日报》的宗旨是：高扬反腐倡廉的旗帜，向读者全方位地展示法制社会，尤其是检察机关保护人民、惩罚犯罪的业绩，使读者知法、懂法、守法，知道如何依法保护国家、集体利益和个人的合法权益。

2. 报纸的内容

规定本报的宣传报道范围和重点。如《检察日报》的内容是：“天天传播反腐新闻，日日提供法律服务”；《中国市场经济报》的内容是：“多角度、全方位、及时报道市场经济运行中发生的重大新闻”。

3. 报纸的读者对象

人们由于文化层次、年龄、性别、职业、兴趣爱好和所处地域的不同,对报纸的需求也不同,从而形成不同的读者群。一张报纸不可能把所有的读者群都作为自己的服务对象,只能有所选择,规定以哪一类读者群为主要对象,哪一类读者群为兼顾的对象。报纸规定了读者对象,既有助于编辑人员明确组稿、选稿、改稿的要求,又有助于读者的订购。如《中国市场经济报》规定的读者对象是:工商企业、党政机关、经济研究与管理部门以及一切从事市场经济实践的各阶层人士。《新闻出版报》的读者对象是:以新闻出版、版权管理部门,书、报、刊、音像制品的编、印、发从业人员为主,同时面向广大通讯员和一切书、报、刊、音像及电子制品的爱好者。

4. 报纸的风格特色

报纸有多种风格,如严肃的、活泼的、幽默的、思辨型的、实用型的。风格特色既表现在内容上,也反映在形式上。有的报纸以社会新闻见长,有的报纸以言论见长;有的报纸商业气息浓,有的报纸书卷气重;有的报纸学术意蕴深,有的报纸絮絮如谈家常;有的报纸版面浓眉大眼,有的报纸版面眉清目秀。当今全国报纸林林总总,没有自己风格特色的报纸是难以自立于报刊之林的。

编辑方针没有统一的表述模式。有的报社表述详细,有的报社简明扼要,但都要让每位编辑知晓并在实际工作中遵照执行。编辑方针常通过"试刊的话"、"发刊词"、"改版的话"、"告读者"向读者宣布,文字一般比较精炼。例如,历史悠久的《新民晚报》将编辑方针概括为十六个字:"宣传政策,传播知识,移风易俗,丰富生活。"

二、实施方案

报纸的实施方案,是根据编辑方针制订的详细规划,是编辑方针的具体化。

实施方案在文字上比编辑方针详细,具有操作性强的特点。它又可分为总体性实施方案和阶段性实施方案。

1. 总体性实施方案

总体性实施方案主要包括下列几个方面的内容。

(1) 报纸内容的总体范围和质量要求。

（2）各个版面的分工和具体要求，各个专版的名称、主办部门和出版周期。如《经济日报》1992 年决定将原来的四版扩大为八版，并对各版的分工规定为：一版是要闻版，二版是国内经济新闻版，三版是综合新闻版（第一版内容的延伸），四版是国际新闻版，五版是市场版，六版是行情版，七版是专刊版，八版是广告及专刊版。对各版的内容、特点都作了具体要求，并明确专版的设置。如第五版，要求紧紧围绕发展社会主义市场经济这一中心课题刻意经营，按市场要素及经济成分划为金融、房地产、技术等若干专版，轮流刊出，并对各专版的承办部门作了明确规定。①

（3）专栏的设置和出版周期。专栏是指由若干有共同性的稿件所组成的自成格局的局部版面，一般有栏题、四周围框。专栏与专版有所不同，专版占一个版面或绝大部分版面，而专栏只占局部版面。专栏又分单一的和集纳的两种。单一专栏每期只发一篇稿件，如《文汇读书周报》“阿昌逛书市”专栏，每期一篇；而集纳专栏是由几篇稿件集合而成。报纸的实施方案，要对主要专栏的名称（栏题）、内容、所占篇幅作出规定。

（4）广告的版面位置和篇幅。

（5）各版版式的大体安排，如某版套红，某版彩色，某版用交错结构，某版用版块结构等。要根据各版的内容统筹安排，以求统一中有变化，避免各版版式设计的雷同。

（6）各版采编人员的确定。

2. 阶段性实施方案

阶段性实施方案，是报社根据一定时期形势的变化和读者的需求对编辑工作所作的具体安排。离开了编辑方针和总体设计方案，编辑工作便失去方向，无从操作；没有阶段性实施方案，编辑方针和总体方案便难以落实。

阶段性实施方案可分为两个层次。一是总编辑负责的对一个时期宣传报道内容的统筹安排；二是各编辑部（组）负责人对该时期本部（组）承担的宣传报道任务的具体安排。

阶段性实施方案的内容主要包括以下五个方面。

（1）近期宣传报道的指导思想。这是根据党和国家的方针政策及本报的具体任务制订的，是指导各项报道活动开展的准则。

（2）近期宣传报道的重点内容。现实社会生活丰富多彩、复杂多变，一

① 参见蔡雯. 现代新闻编辑学. 成都：四川人民出版社，1995. 364 ~ 366

家报纸不可能一概报道，而必须有所选择。这种选择，是在一定的报道思想指导下进行的。

（3）宣传报道的进程。一般分为若干小阶段，规定其大体时间和工作内容。如：何时开始，何时推进与深化，何时结束；各个小阶段着重解决什么问题，分别采用何种报道方式。

（4）发稿计划。包括选题范围、发稿时间、版面位置和篇幅等。

（5）人员组织。包括编辑、记者的力量配置，社内社外人员的配合等。

以上简要叙述了编辑方针和实施方案的内容。方针和方案不是一成不变的，要根据形势的变化和读者的需求不断调整。报纸编辑要有政治意识、大局意识、信息意识和群众意识，善于抓住报道时机，处理好重点与一般的关系，这样才能保持正确的舆论导向，办出群众喜闻乐见的报纸来。

第三节 稿件的组织、选择和修改

一、稿件的组织

报社每天都收到大量来稿。大体有两种情况：一种是“不请自来”的，如通讯社电讯稿（报社向通讯社预约的专稿除外），各阶层人士自发来稿，各单位主动寄来的简报、小报和其他宣传品等；一种是编辑组织的，如本报记者、通讯员的稿件，广大作者根据报社的选题而完成的稿件。这里讨论的是后一种，即组稿问题。

1. 组稿的意义

（1）组稿是使编辑方针、方案付诸实施的基本保证。编辑方针、方案的贯彻和实施，主要靠稿件来实现。没有稿件，固然无法办报；大量无序的、无针对性的稿件的拼合，亦无法保证方针、方案的实施。组稿是编辑人员的

“主动出击”，是有计划的出击，它有助于强化宣传报道的针对性、有序性，以便有计划地完成编辑方针、方案规定的任务。

（2）组稿是提高稿件质量的重要一环。一篇新闻稿，由熟悉内情的人来写和不熟悉内情的人来写，质量不一样；一个理论问题，由专家来写和由外行来写，水平也不同；同是熟悉内情或精通业务的人，还有善于写和不善于写的差别。当然，提高稿件质量还有改稿一环。但一篇基础差的稿件，再改也只能达到中等水平；一篇基础好的稿件，修改后可以锦上添花。出了个好题目，组织到合适的人来写，就成功了一半。可以说，组稿工作开展得好，稿件的起点就高，质量就有了基本保证。

（3）组稿是促使编辑深入群众、提高自身素质的有效途径。编辑关起门来是办不好报纸的。组稿工作是编辑联系记者、通讯员和广大作者群的纽带，它有助于调动各种力量，发挥各方面的积极性。每一项报道计划的实施都要求编辑及时向记者、通讯员布置采写任务，这就是经常性的组稿。编辑和记者、通讯员相互合作，相互启发，研究解决报道工作中遇到的问题，这是共同提高的过程。组稿工作又促使编辑人员同广大基层干部、群众接触，同各行各业的行家里手接触，学到许多在编辑部里学不到的东西，对提高自身素质极有好处。

2. 组稿业务的开展

组稿业务的开展，主要有以下三个环节。

（1）熟悉作者队伍，选择合适作者。编辑平时要广交朋友，熟悉和分析研究作者群的工作情况、专业特长、兴趣爱好、写作风格。最好能建立作者档案，记载作者的基本情况和发表稿件的情况，当需要某一方面的稿件时，便可“对号入座”。选择作者是组稿工作的首要环节，选择得好，事半功倍；选择得不当，事倍功半。

（2）讲明写作意图。组稿时要向作者详细说明写作目的、要求、交稿时间和篇幅大小，必要时还要提供有关资料。如果是初次约稿，可送几份报纸，让作者了解本报的风格特点。同时要认真听取作者意见，共同探讨写作角度、题目和重点内容。

（3）经常联系，掌握进度。作者在写作过程中，可能会遇到一些问题。编辑应主动与作者联系，共商解决问题的办法。同时，注意掌握进度。如因作者有困难，不能如期交稿，要及时采取补救办法，以免影响发稿计划。

组稿要注意以下几个问题。一是要慎重。约稿之前应深思熟虑，不轻率出题,随意定人,以免造成返工。否则,既影响组稿任务的完成,又浪费作者的时间和精力。二是平等待人。编辑要摆正自己的位置,不能以居高临下的态度对待作者,更不能把自己的观点强加于人。三是处理及时。作者交稿后,要及时处理,尽快发表。凡是约稿,一般应采用。如因稿件本身的原因不宜全文发表,或因稿挤而无法刊出全文,可以压缩或摘载;如因特殊情况不能刊出,也应及时向作者说明,并致歉意,不要不了了之。四是重视作者队伍的建设。组稿过程,实际上也是不断熟悉原有作者和不断发现新作者的过程。应有意识地通过甲作者结交乙作者,通过乙作者发现丙作者,滚雪球般扩大作者队伍。可通过座谈、通信、电话、走访等方式加强与作者的联系,及时通报宣传报道工作的要求。好的编辑,身后总是有一支优良的作者队伍。因为他们深知,建设一支作者队伍,是组稿工作得以顺利进行的保证,也是办好报纸的保证。

需要说明的是,上文讨论的是编辑向作者直接组稿。还有另一种方式的组稿,如在报上发表征文启事,引导社会各界向报社投寄某一题目或某一类型的稿件。这是对自发来稿的一种引导方式,或称为间接组稿,这里就不讨论了。

二、稿件的选择

正如上文所述,报纸的稿源,有自发来稿,有约稿。编辑每天面对大量来稿,必须有所选择。这不仅因为受版面的限制,更重要的是受编辑方针的制约。

1. 选稿的意义

(1)选稿是报纸把好政治关的第一道关口。编辑要有"把关意识",要有政治家的鉴别力和敏锐性。选稿就是把符合四项基本原则、符合社会主义精神文明建设要求的基础较好的稿件"请进来",把背离这一要求的稿件"请出去"。这样,才能确保报纸正确的政治方向。

(2)选稿是体现报纸的风格特色的重要一环。每家报纸都有自己的办报宗旨和风格,即使面对一百篇内容和形式都好的来稿,也只能选择与本报的宗旨和风格一致的稿件。否则,"拿到篮里都是菜",不加选择,就无从体现本报的特点。

(3)选稿是为改稿、组版打好基础的前期工作。选稿之后,还有修改稿

件、配置稿件、组织版面等一系列工作。选稿选得好，就能为后续工序打下良好基础；选稿不当，就会给后续工序带来许多麻烦，影响工作效率和报纸的质量。

2. 选稿的标准

这里主要讨论新闻稿（消息、通讯、特写等）的选择标准。

选择新闻稿，主要应掌握三条标准。

（1）要有利于产生良好的社会效果。我们的报纸，是中国共产党领导下的社会主义新闻事业的一个重要组成部分。选用的稿件，应有利于宣传党的路线、方针、政策，推动社会主义精神文明和物质文明建设；有利于发挥舆论监督作用，加强法制建设；有利于国家统一，民族国结，社会繁荣和稳定。

（2）要有新闻价值。真实而及时，是新闻价值的集中体现。新闻界常说，新闻是"易碎品"，这就是针对新闻的时效性而言的。一条消息，只有在时间跑道上的某一段上发布，才成其为新闻；越过这一时段，就成为旧闻，成为历史了。晚报之所以受欢迎，除了生动活泼、贴近百姓生活之外，还在于它经常刊发日报来不及报道的消息。例如，1986 年美国挑战者号航天飞机失事，我国报纸最先报道的是京、津、沪等地的晚报，说明这些晚报十分重视新闻的时效性，有其独特的新闻价值。

新闻价值还体现在事实的重要性、接近性（与受众地理上、心理上的接近）、趣味性等方面，这是新闻学概论、新闻采访学等课程详细阐述的问题，这里不展开论述。

（3）要符合本报的任务、特点。例如，各家报纸都十分重视新华社电讯稿的刊登，但选择的角度有所不同。中央级、省级大报重视新华社国内外要闻的刊发，并且注意报道面的平衡；市、县级报纸对国内外要闻只能精选或摘编，而将主要篇幅留给地方新闻；专业性很强的报纸对国内外要闻一般只选取与本专业有关的内容。

三、稿件的修改

决定选用的稿件，除转载重要文章或法规、文件外，大部分都要经过修改才能刊用。改稿的要求，本书第五章关于书稿编辑加工的部分已经讲过，这里主要针对报纸的特点，谈谈修改新闻稿的总体要求。

1. 事实的订正

新闻报道主要是借助事实说话。这里所说的事实,既指当前的人和事,也包括稿件中作为背景资料引用的历史性资料,还包括稿件所涉及的科技性内容(原理、数据等)。报道失实的原因,或出于作者的虚构、夸大,或源于作者道听途说,或由于作者缺乏有关知识。

编辑发现和订正事实差错的途径主要有三种。

(1) 分析。就稿件本身进行分析判断,看是否有前后矛盾、违背常理之处。如有一篇报道说,一个入学前连自己名字都不会写的弱智儿童,经过老师的教育,现已能使用一万多个汉字。这就令人生疑,因为电脑中通用的汉字库才6 763 个汉字,《新华字典》所收汉字不足一万(不含异体和繁体字),大学生也很难掌握一万多汉字,而一位弱智儿童竟能使用一万多汉字,其可靠性就值得怀疑了。

(2) 查阅。通过查阅资料来核实稿件叙述的事实的真实性和准确性。核对资料,要注意使用权威性工具书、最新资料和第一手资料。

(3) 调查。有些问题靠分析和查阅资料仍解决不了,就要进行实地调查。调查可以亲自出马,可以由编辑部派人进行,也可以通过电话、函询等方式进行。调查应全面,不能偏听偏信。

2. 观点、提法的订正

决定采用的稿件,在政治思想上一般没有大问题,但在局部的观点、提法上可能有不准确、不恰当之处,要进行修改。

新闻稿中观点、提法的差错,主要表现在以下两个方面。

(1) 某些提法与党的方针政策相悖。例如,一篇报道赞扬某县书记、县长不仅支持农民办第三产业,而且亲自"搭台"办企业。作者肯定该县干部支持农民办第三产业,这是对的;但把国家干部亲自经商也予以赞扬,就违背了党和国家的有关规定。① 又如,1994 年 1 月我国南方某报登载消息:《商瑞华公派赴台》。文章说:"这一次,台湾方面提出的合同为一年,而国内方面只批了两个月,但视情况可以续约。所以商瑞华这次赴台属公派性质。"台湾是我国的一个省,而该文把"台湾方面"与"国内"并列起来,是错误的。另外,"合同"是双方当事人依法订立的有关权利义务的协议,不是下级对上级的请示报告,不存在批不批的问题。因此,上述那句话可改为:

---

① 参见郑兴东等. 报纸编辑学. 北京:中国人民大学出版社,1995. 67

"这一次,台湾方面提出的合同为一年;而我们只同意订立两个月的合同,但视情况可以续约。"①

(2)背离全面、辩证的观点,片面强调一方。例如,片面强调物质享受,忽略精神文明;片面强调主观因素,忽略客观条件;等等。这样的宣传,往往会产生负面效应。例如一家钢铁厂,国家将其作为某项改革的试点,在投资或进出口方面给予特殊政策。该厂几年后生产上去了,效益提高了。但某些宣传报道只是大讲其发扬改革精神,生产面貌大变,而回避国家给予特殊照顾这一重要的外部条件。这就使得一些知情的同行不服。② 又如,一篇赞誉中医中药的报道在批评看不起中医中药的观念时,把话说过了头,过分强调中医能治百病,中草药没有副作用,而西医"往往头痛医头,脚痛医脚"。这既是偏颇之论,不符合事实,也不符合中西医结合的方针。③

编辑只有努力学习党的方针政策,不断提高理论修养,才能敏锐地发现并纠正稿件在观点、提法方面的差错。

在改稿过程中,还要注意稿件对消极的东西是否作了过细的、不适当的描写(如作案经过,残暴、淫猥的行为等)。如有这方面的内容,一定要修改、删节,以免造成不良的社会影响。

3. 辞章的修饰

报纸上发表的文章,一般不宜过长,要求主题鲜明,措词准确,行文简洁,条理分明,生动活泼。要注意不同的新闻体载有不同的写作要求。④

以上讲的是改稿的总体要求。

改稿的常用方法,有压缩、增补、改写、综合等。

压缩 需要压缩的稿件,主要有两种情况。一是稿件本身水分太多,必须压缩;二是稿件本身是较好的,只因它的内容与本报的宗旨不完全对口,需要删去一些与本报关系不大的内容。压缩稿件时应注意不能删去核心部分的内容,并要适当添加一些字句,使上下文连贯。

增补 需要增补的稿件,一般也有两种情况。一是稿件涉及一些较为专门的问题,需要作资料性的补充和说明,以便普通读者读得懂;二是稿件

---

① 转引自熊肇勤.属种概念不能并列使用.编辑之友,1996(3)

② 徐光春.注意正面宣传中的负面效应.新闻战线,1995(12)

③ 参见郑兴东等.报纸编辑学.北京:中国人民大学出版社,1995.69

④ 关于辞章修饰以及不同体裁的新闻作品的具体要求,是新闻写作课程的重要内容,这里不重复讲述。

涉及的事实是后续性的,应当对它的前况作必要的补充交代,使读者知其来龙去脉。但编辑增补的内容一定要确凿可靠,简明扼要,并尽量征得作者的同意。通讯社的新闻稿不能自行增补;如果有内容必须增补,可采用"编者按"等方式。

改写 如果来稿主题好,材料也好,但写得不理想,就需要改写。改写可请原作者自己动手,也可以由编辑动手。改写的方式有:改换角度,改换体裁,调整结构等。

综合 有时编辑部收到两篇或多篇同一主题的稿件,各有所长,亦各有所短,单用其中任何一篇都不理想。这时可采用合并改写的方法,把若干篇稿件综合成一篇稿件。综合不是把各篇稿件并列,而是重新组织,与下一节所说的"同题集中"有所不同。

第四节 稿件的配置

一、稿件配置的意义

这里所说的稿件配置,包括以下两个方面。

一是"归类",把若干篇内容有联系的稿件集中在同一标题之下,使之成为一个整体;或是把若干篇有共同性的稿件归在一起,形成版面上相对独立的专栏。

二是"配发",根据稿件内容和读者的需要临时增发评论、资料、图片等。

稿件配置的意义,主要有以下两点。

1. 揭示稿件之间的联系

编辑部收到的稿件,来自各行各业,反映现实生活的各个侧面,是分散

的、无序的。但客观世界万事万物是互有联系的，这种联系性也必然会反映在各种来稿中。只要我们仔细分析，便可发现 A 稿与 B 稿内容关联，C 稿、D 稿与 E 稿主题相通。编辑用一定的手法把它们分别编排在一起，有助于揭示和强化稿件之间的联系，并形成版面上的强点。

2. 深化报道的内容

就一篇稿件而言，它是相对独立的，把该说的事基本说清了。但由于受体裁、篇幅等方面的限制，它又往往存在某些局限：或是只从一个角度说明一件事，没有从理论上作进一步阐述；或是立足于报道现状，未能提供历史资料；或是只有文字的记述，没有用图片作形象的说明。如果编辑配发有关的评论、资料或图片，报道的内容就更充分、更深入了。

二、稿件配置的方式方法

稿件配置的方式有“归类”和“配发”两类，每一类又分为若干种具体方法。

1. 归类

归类又分为同题归类和专栏归类两种方法。

（1）同题集中，或称同题归类。其前提条件是被归类的稿件在内容上是互为关联的。例如，1979 年 4 月，邓颖超副委员长率人大代表团赴日本访问，新华社分别从北京和东京发出了邓颖超出发和抵达的消息。有的报纸将这两条消息集中在一个标题之下，主题突出“抵东京”这一最新事实，副题则补叙“离开北京”，使读者对此事的过程一目了然。但有的报纸则把邓颖超离开北京的消息放在第一版，把抵达东京的消息放在第四版，突出的是“离开北京”，而且“把这一事件的过程分割开来了”①，效果就没有同题集中好。

发生在不同地区、不同人物身上的新闻，只要内容有关联，亦可同题集中。例如，1997 年 1 月 27 日《新民晚报》第二版，将两条消息集中在一起，标题是《民进市委与田林街道签约社区共建宝山区农村社会养老保险成绩喜人》，内容都是有关民政工作的，同题集中，并围以花边，比分散编排醒目（见图 7-1）。

---

① 郑兴东等. 报纸编辑学. 北京：中国人民大学出版社，1995. 112

民进市委与田林街道签约社区共建

本报讯 （通讯员 陈振民）为全方位多层次地开展社区两个文明创建工作，民进市委与徐汇区田林街道今天上午在上海民主党派大厦举行共建两个文明建设协议签字仪式。

共建单位将在文化、教育、出版、医卫、科技等方面进行全方位、多层次合作，民进方面将根据要求选派有关专家，学者参加专业小组，社区党委将组织有关对口人员参加。专业小组针对某一专业领域内的项目，制定具体计划和实施方案，同时为社区在该专业领域内工作出谋划策。

宝山区农村社会养老保险成绩喜人

本报讯 （记者 张黎明）经过一年的运作，宝山区农村社会养老保险工作成绩喜人，截至去年底，全区参加投保人数64818人，占应投保人数的80.5%，保费到帐数1254.4万元。

为了加强农保工作力度，完善管理监督机制，该区民政局去年初专门成立了农村社会养老保险管理科和管理中心，在全区16个乡镇中设立农保管理所。同时由民政、审计等部门派员赴各乡、镇对农保基金的收缴、使用和管理情况进行调研，想方设法使农保基金有效、安全增值，目前，全区16个乡镇基金在乡镇财政或银行，增值率平均达到13%，个人、单位的保费收缴率达90%，集体积累中提缴的养老补助金到位率90%，乡镇养老保险基金上解率90%。

图 7-1 同题集中举例

（2）集纳专栏，或称专栏归类。将若干篇有共同性的稿件归在一起，形成版面上一个相对独立的区域，并有栏题。常见的专栏有两种，一种是相对固定的，栏目名称在制订报纸实施方案时已确定（见本章第二节）；另一种是临时性的，如 1997 年 2 月 6 日除夕，《光明日报》头版头条以“祖国各地欢乐祥和迎新春”为栏题，集中刊发了七篇稿子，分别报道北京、济南、福州等七地喜迎新春的消息，栏题和围框均套红。可以设想，上述七篇稿子中的任何一篇单独作为头版头条，分量都嫌不足。七篇集纳成一个专栏，形成声势，作为头条就有分量了（见图 7-2）。

集纳专栏与同题集中的不同之处是：前者除了有栏题外，各篇文章仍有自己的标题；后者则只有总标题，各篇文章不再另立标题，只用“新华社电”开头或“本报讯”开头。

2. 配发

稿件的配发，包括配评论、加按语、配资料或图片等。

（1）配评论。这里所说的评论，是配合新闻发表的评论，与单独发表的评论有所不同。

配评论的特点是就实论虚、“借题发挥”。它的议论要依托新闻稿，是由新闻稿引发的，又是新闻主题的深化，给读者以启迪。它的篇幅，一般不长于原新闻稿。例如，1997 年 2 月 19 日《光明日报》头版头条发表通讯《叮咛——四平师院“给学生家长的公开信”活动引起震撼》，配发短评《请记住长辈的叮咛》，指出四平师院与学生家长配合，对大学生进行艰苦奋斗教育的重要意义，并建议其他学校借鉴这种教育方式。

光明日报
GUANGMING DAILY

元亨集团公司总经理虞能杰向全国各界用户拜年
祝各位新春愉快、阖家幸福、事业有成！

祖国各地欢乐祥和迎新春

北京 清爽卫生展新容

福州 草绿街净彩灯明

郑州 千警上岗保民安

西安 商城物丰客如潮

洛阳 结伴旅游更潇洒

四川 党的温暖送乡寨

大连 文化活动唱主角

中央领导与首都群众联欢
万名老同志参加迎春晚会

江西公安民警学习邱娥国
春节期间开展十个一活动

图 7-2　集纳专栏举例

（2）加按语。这是编辑对所发表的稿件附加的说明性或评论性文字，一般不需要标题，大多在按语前加“编者按”或“按”，或在按语后署以“编者”。按语主要有评论性和说明性两大类。评论性的按语是对稿件或稿件中的某一部分发表意见，旨在引起读者的注意和思考。说明性按语主要是交代稿件背景、作者情况、刊载目的，或解释稿件中某些疑难词句。有时说

明和评论可结合起来写。

（3）配资料。主要配发与新闻事件有关的背景资料、人物资料、地理资料和科技知识资料等。例如，报道某国与我国建交，或某国元首首次来访，通常配发该国的简介或这位元首的简历。报道某项重大发明，通常配发与该项发明有关的科技知识资料。

（4）配图片。配发图片资料，既能把文字难以说清的问题说清楚，增加吸引力和说服力，又能美化版面。古人强调“左图右书”，今人常说“图文并茂”，都强调图片的重要。1996 年，我国有的报纸在报道俄罗斯总统叶利钦心脏手术时，配发了突击绘制的心血管“搭桥术”示意图，既服务于新闻，又普及了医学知识，颇受读者欢迎，就是一例。

稿件的配置，不论是“归类”也好，“配发”也好，都要从稿件的内容和版面设计的实际需要出发，不能为配置而配置。从下一章起，将讲述有关报纸版面与版面设计的基本知识，届时还将涉及稿件配置的问题。

第八章 报纸的版面与标题

内容提要:

版面是报纸的“面孔”,标题是报纸的“眼睛”。标题的制作(包括内容与排列形式)和版面设计,关系到报纸的整体形象,鲜明地体现报纸的宣传报道意图。

本章讲述报纸版面与标题的基本知识,包括:版面与“版面语言”,版面空间与编排手段,新闻标题的作用、类型与结构,标题制作注意事项,标题的编排形式等。

第一节 版面与版面语言

一、版面

版面，就是各类稿件（文字稿和图片稿）在报纸上的布局整体。

版面是由一篇一篇、一类一类稿件组合而成的。它们在经过编辑的手组合成一个版面后，已不是原先各自独立的稿件的混合，也不是简单的数量的相加，而是融合成一个有机的整体。它鲜明地体现了报纸的宣传报道意图，表现了编辑人员对稿件所反映的各种事实的态度和评价，也反映了报纸的风格或特色。因而，版面被称为“报纸的面孔”。

如果比较一下我国早期报纸和现代报纸的“面孔”，就会发现它们之间存在着很大的差别。

早期报纸的“面孔”，可以说是“目光”呆滞，毫无“表情”。例如，图 8-1 是《申报》在清代同治十一年（1872）创刊时和光绪十年（1884）的样张，版面是书本式，或者说是账本式的，一栏到底，不分栏，更不用说栏的变化了（关于报纸“栏”的概念，第九章将详细讲述）。它的版面没有装饰和美化，标题字的大小和正文一样，消息一条接着一条排列。编辑并不着意通过版面的编排揭示各条新闻重要程度的差异和新闻之间的联系，读者看报也只好眉毛胡子一把抓。

到了 20 世纪初，《申报》和其他报纸的版面有了明显改观：版面分为若干栏，字体字号有了变化，重要新闻用大标题，新闻按内容分类，有时还配上图片，版面日趋活泼。

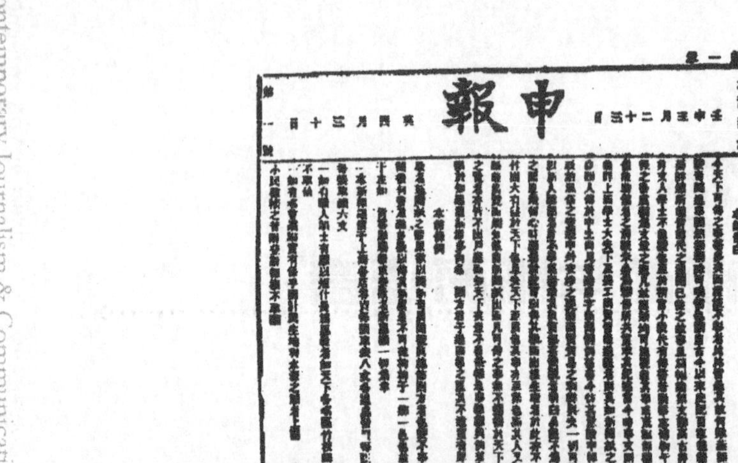
申報

清同治十一年（1872年）《申报》创刊号样张

清光绪十年（1884年）《申报》样张

图 8-1　中国早期报纸的版面

当代的报纸，版面增多了。编辑根据稿件的内容和重要程度，将它们分别安排在不同的版面以及版面不同的区域上。各报都规定了版面的基本栏，或 6 栏、7 栏，或 8 栏，并有长栏、破栏等编排手法。标题的字体字号和排列形式不断变化，各种线条、纹饰、色彩令人目不暇接。随着时代的进步，“版面语言”也日益丰富。

二、版面语言

“版面语言”是报纸编辑人员的一种特殊发言方式。在具体介绍它的基本概念之前,先要分析一下编辑的发言方式问题。

报纸编辑发言的方式,主要有两种。

第一,直接用文字来发言,如撰写评论,加“编者按”,写“编后记”等。这可以说是编辑的常规发言方式,我们在上一章已讨论过了。

第二,不直接用文字来发言,而是用版面空间和编排手段来“发言”。例如,编辑认为这条新闻重要,就把它安排在版面空间的显著位置,或者让它占有的空间大,或者运用围框、套红等编排手段突出它。如果认为某篇文章不太重要,就把它安排在版面的弱位,标题设计得小些。这是编辑的一种特殊的发言方式,有些新闻学家把它称为“版面语言”。

“版面语言”指的是上述第二种发言方式。它的基本概念是:运用版面空间和各种编排手段来表现编辑人员对稿件内容的态度的特殊发言方式。

假设我们选定10篇稿件,一式两份,分别请两位编辑各自设计一个版面。结果,设计出来的甲乙两个版面,稿件内容一字不差。但从版面看,由于布局结构不同,给读者的感受也就不同。这是什么道理呢?因为两人的组版思想不同,运用的版面语言不一样。由此可以悟出一个道理:“版面语言”是一个特定的概念,它不是泛指报纸版面上各种稿件用文字表述的内容,而是专指报纸版面设计中的“非文字因素”,是编辑的一种暗示,是版面艺术特有的发言方式。

各种艺术都有自己特殊的“发言”手段。音乐家是通过音的高低、长短、强弱和音色来“发言”的,即音乐语言。舞蹈家是通过各种形体动作来“发言”的,即舞蹈语言。版面设计也是一种艺术,是通过版面空间、编排手段来“发言”的。

现代报纸版面语言的构成要素主要有二:一是版面空间,即编辑人员把稿件放在版面的什么位置上(版序、版位),以及给予各篇稿件的空间的大小;二是编排手段,即字符、线条、纹饰、色彩、空白的运用。下一节,我们就专门讨论这两方面的问题。

第二节 版面空间与编排手段

一、版面空间与强势

报纸的版面编排，是凭藉一定大小的纸张所提供的空间来进行的，它的各个局部之间存在着强势上的差别。

所谓强势，是指报纸各个局部对读者视觉刺激的力度，也就是引起读者注意、重视的程度。

先讨论版序。

我国目前的报纸，多数为四个版面、六个版面或八个版面。读者看报的习惯，一般是先看第一版，然后再翻阅其他各版。因此，通常把第一版作为要闻版，其他各版为地方版、经济版、理论版、国际版、文艺版、学术专刊版等。

横排的报纸，除了第一版以外，其他各版的重要程度如何区分？新闻学界一般认为，右边的版优于左边的版，即第三版优于第二版，第五版优于第四版，依此类推。理由是读者看过第一版，翻页之后，视线自然先落在第三版，其次是第二版。因此，他们把转版的材料都放在第二版、第四版这些相对来说强势较差的版面上。

这与图书的版面安排颇有相似之处。图书的单码面处于强位，双码面处于弱位。因此，题词或序言以及章的开头，宜安排在单码面。报纸编辑一般也认为版序为单数的版面比双数版面更具有强势。

以上谈的是版序与强势的关系。现在再来讨论版位，即版面区域的问题。

就一个版面而言，不同版位的强势亦有差异。拿横排报纸来说，通常是上半版优于下半版，左半版优于右半版。直排报纸则右半版优于左半版。

如果把横排报纸的一个版面划分为上左、上右、下左、下右四个区，则上左是最具有强势的版位，其次是上右。至于下左与下右的强势区别，有两种不同的意见，一种认为下左优于下右，另一种则认为下右优于下左，因为读者读报时视线自然移动的一般规律是，看了上左，再看上右，然后自然下滑至下右。

也有人主张把一个版面分为五个区域，即增加一个中区，并认为读者重视的程度依次为：上左、上右、中区、下右、下左（见图8-2）。

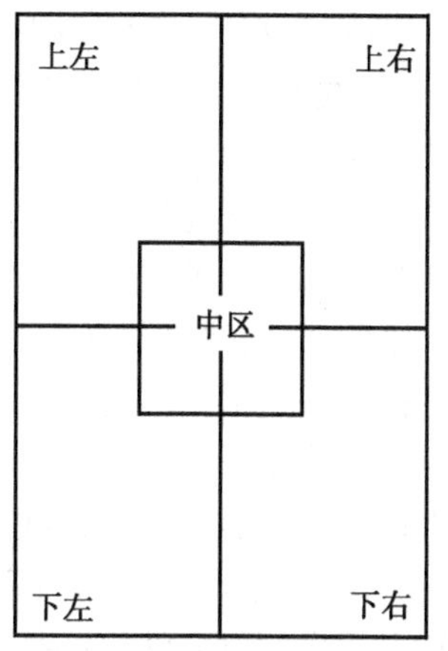

图8-2　报纸版面区域示意图

报纸第一版还有一个很重要的小区域——报眼。横排的报纸，报头（报名）通常在左上角，报头右侧的小区域就是报眼。报眼的位置十分醒目，经常用来刊登本报当日内容提要、重要的简明新闻或图片，也常用来登广告（参见图7-2）。

要注意的是，不同版位的强势的差异，只是相对而言的，不能绝对化，因为版位是形成强势的一个因素，但不是唯一的因素。稿件在版面上所占空间的大小，也是形成强势的重要因素。占据的空间越大，给读者视觉上的刺激就越强烈。假设有一条新闻，由于其他因素的限制，只能排在下左版位。若要引起读者对它的注意和重视，可以把标题放大，正文用字也可稍稍放大，或在行间加线、四周留空或加框。

二、版面的编排手段

版面的编排手段，包括字符、线条、纹饰、色彩、空白的运用。

1. 字符

报纸传播信息的主要符号是文字。汉语的每个字是一个字符。无论铅活字排印或电脑打印的报纸，其字符都有形体和大小的不同。

不同的字体，有不同的风格特点，可使读者产生不同的心理感受。同样的字体，大字比小字更具有强势；同样大小的字，黑体字比其他字体更具有强势；同是黑体，又有粗细之分，粗黑体比细黑体更具有强势。

总的说来，报纸正文的字体字号不需要有太多的变化，大报（对开报）

的正文通常用小五号宋体，重要的稿件可用五号字。小报（四开报）通常用六号字或小五号字。标题的字体字号则变化多端，编辑根据各篇稿件的内容和篇幅，调用各种字体和字号来设计标题，组成生动活泼的版面。

2. 线条

线条有水线、花线、花边等。其名称，多数源于铅印。

水线又可分为正线（细线）、反线（粗线），双正线（两行细线）、双反线（两行粗线），正反线（一细一粗，又称文武线），曲线，点线等。花线原指刻有各种花纹的铅条（称铅线），可以根据需要截取其长短。花边有狭义和广义之分。狭义的花边指铸成活字形的“花粒”，可以任意组合。广义的花边包括花线和狭义的花边。

铅印时代，排印线条要调用大量的铅条或“花粒”；现在用电脑排版，绘制各种线条是举手之劳。

各种线条形状不同，表现的风格、情绪也不同。一般说来，花线、花边比较生动，水线比较朴实；曲线比较活泼，粗线比较深沉。但线条运用应适当，不可滥用，应根据文章的内容、性质决定采用何种线条。例如，揭露性的报道和引起人们哀痛情绪的报道，就不宜加花边。要使稿件显得突出，可给整篇稿件的四周围上边框或在上下加线；给几篇内容有联系的稿件围边，可以使这几篇稿件结合得更紧密。

3. 纹饰

纹饰是指各种底纹与花饰。

底纹主要用于标题，纹样甚多。为标题铺设底纹，妙在恰到好处，并非越复杂越好。例如，1997 年 1 月 11 日《文汇读书周报》头版头条《上海新华书店在徘徊中起飞》，标题的底纹虽简单，但和内容配合得好，给人以昂扬向上之感（见图 8-3）。

花饰指题花、尾花和各种装饰性小图案，报纸编辑把它们统称为报花。花饰有烘托气氛、调剂版面等作用。

图 8-3 底纹举例

4. 色彩

版面可采用套色、彩色，套色较常用。运用色彩，可使版面增加特定的

气氛。例如,套红能显示节日喜庆和胜利的欢乐;套绿适宜于渲染绿化和烘托春天的气息。局部套色,能突出重要稿件。自从彩色电子出版系统推广后,报纸的彩色版日趋增多,令人耳目一新。但色彩运用也要适当,不要滥用,否则徒然增加成本,效果未必理想。

5. 空白

空白是一种"不着色的色彩"。标题四周或文章、图画的四周留出适当空白,既美观,又可以使标题、文章、图画显得突出。

第三节 新闻标题的作用、类别与结构

一、新闻标题的作用

修改和制作新闻标题,是报纸编辑的一项经常性业务。虽然有些新闻稿已由原作者拟好标题,但编辑有责任根据整个版面的需要,对原稿的标题进行修改加工。有些电讯稿没有标题,更要靠编辑根据其内容及时制作出合适的标题。读者一打开报纸,首先注意的是标题,然后再选择读哪一篇。新闻界前辈徐铸成说:"标题就是报纸的眼睛,特别是主要标题,更有目光四射、传神达意的作用。"①

新闻标题的作用,主要有以下三个方面。

1. 揭示新闻内容

标题简明扼要地概括新闻事实,能使读者通过短时间的"扫描",就知道一个版面上各篇稿件的内容。有人统计:读者看报,有70%以上的内容只浏览标题;在全文阅读的稿件中,又有30%是因为标题好,才被吸引去阅

① 徐铸成.新闻艺术.北京:知识出版社,1985.77

读的。① 所以说，标题既能向读者提供简要信息，又是读者的“引路牌”。

标题不但揭示单篇稿件的内容，有时还把若干篇相关的稿件组织在一起，概括它们的内容。大标题和专栏题便具有这种作用。例如，“祖国各地欢乐祥和迎新春”这条栏题，把《北京：清爽卫生展新容》、《西安：商城物丰客如潮》等7篇新闻稿组织在一起，集中概括了它们的内容(参见第七章第四节)。

2. 评价新闻事实

新闻标题对新闻事实的评价，主要通过两个途径。一是通过对新闻事实的选择和表述来进行评价。例如，1997年1月27日《新民晚报》刊发一条新闻，引题是“第一套没有英女王头像的邮票昨在港发行”，主题是“香港市民争购97新邮”。标题并没有直接对新闻事实进行评价，但强调了“第一套没有英女王头像的邮票”和“香港市民争购”，对新闻意义的揭示和香港市民的兴奋心情已在字里行间流露出来。另一种途径是直接对新闻内容发表意见。例如，1997年3月4日《扬子晚报》报道胡光明夫妇慷慨助学，受到社会好评；不料引来一些人肆意伸手，搞得他俩无法应付。新闻标题是“胡光明慷慨助学招苦涩，求助者肆意伸手太不该”，对新闻事实直接进行评论。

3. 美化报纸版面

只要比较一下我国早期报纸和当代报纸的版面，便可领会标题在美化版面方面所起的作用。早期报纸标题的字体字号和正文没有什么两样，版面极为刻板、沉闷(参见图8-1)；如今报纸的标题有丰富的字体字号和排列形式，还有各种底纹，成为美化版面的重要手段。

二、新闻标题的分类

新闻标题可以从不同的角度进行分类。这里，我们仅从结构形式的角度分类。

依照结构形式，新闻标题可以分为单一型标题和复合型标题两大类。

1. 单一型标题

只有主题、没有辅题的标题为单一型标题，大多数以一行题的形式出现。

① 参见蔡雯. 现代新闻编辑学. 成都：四川人民出版社，1995. 199

单一型标题有时可以分为两行,用一样的字体字号。主要形态有:

(1)一个完整的句子,因太长而不得不分为两行。如 1997 年 3 月 4 日《光明日报》第三版的一个标题为:

纪念中美上海公报发表
二十五周年座谈会在京举行

(2)是两个相对独立的句子,但不分主次,不是主题与辅题的关系。例如,1997 年 3 月 1 日《扬子晚报》报道一条"和平"号宇航轨道站发生火灾的国际新闻,标题是:

太空一场火灾
地面一场虚惊

单一型标题还有排成三行的,但很少见。

2. 复合型标题

包括主题和辅题的标题为复合型标题。辅题又分引题和副题。

复合型标题的结构比较复杂,以下专列一小节进行介绍。

三、复合型标题的结构

复合型标题由引题、主题和副题构成,现分述之。

1. 引题

引题亦称肩题、眉题或上副题,它置于主题上方(指横排),用以点明背景、原因、意义,或烘托气氛。如 1996 年 6 月 29 日某报所载大型文艺晚会的新闻,引题起点明背景的作用。

纪念中国共产党成立七十五周年
大型文艺晚会《壮丽航程》隆重举行
李鹏、乔石、李瑞环、朱镕基、刘华清、胡锦涛、荣毅仁等观看演出

1995 年 12 月 8 日《上海文化报》报道该报聘任"第一读者",引题的作用是指出意义。

架起沟通读者的桥梁 携手共创辉煌的明天

本报向社会各界聘任百位“第一读者”

1996 年 3 月 23 日《文汇读书周报》报道文汇书展,引题起烘托气氛的作用,含抒情色彩。

春天,书香又溢申城

第十一届文汇书展正式展出

引题有时不是一个完整的句子,要与主题连读,意义才完整。如 1996 年 7 月 9 日某报载:

张思卿检察长提出

坚持重点查办领导干部犯罪案

引题要简短,以一行为宜。如果引题太长,读者的视线逗留过久,会分散对主题的注意力。

2. 主题

主题是标题中最主要的部分,用以概括新闻中最主要的事实和思想。主题在整个标题中所用的字号最大,地位最突出。

虽然标题的主题和引题、副题密不可分,但由于主题的字号大,引人注目,读者有时可能忽略了引题和副题,因而主题最好能在意义上相对独立,否则可能使人产生误解。

主题通常为一行,但有时需要同时表达两个同等重要的概念、意思或事实,可以排成两行,这叫双主题。如《人民日报》1986 年 8 月 24 日的一则新闻标题为:

泰安市在经济改革中实事求是作决策

民主讨论取代“一言堂”
科学论证取代“瞎指挥”

有时,主题仅是因为太长而不得不排成两行,这叫双行主题。如:

日本前外相三塚博说

发展稳定的日中关系有利于

亚洲和世界的和平与稳定

新闻标题的主题可以是实题,也可以是虚题。但是,在只有一行题的情况下,它应当是实题,或是虚实结合题。

3. 副题

副题亦称子题或下副题,它置于主题之下(指横排),是对主题的补充和说明,可以根据需要排成一行或多行。

对主题的补充和说明,有多种情况,下面列举数例。

最常见的副题,是揭示主题的新闻要素。如 1996 年 7 月 6 日某报载:

人大常委会二十次会议闭会

通过拍卖法、枪支管理法等

有时主题表述的事实较概括或较抽象,副题标出具体事实。如《光明日报》1996 年 7 月 8 日和 4 日的两条新闻标题:

磁悬浮列车关键技术有突破

悬浮与导向系统在国防科大通过鉴定

培　训　考　评　竟　弄　假

南昌查获一起工人技术等级假培训考评案

有时,副题补充引题、主题所标出的事实的结果。如《新华日报》1996 年 6 月 16 日的一条新闻标题是:

利 率 下 调 以 后

我省储蓄结构发生变化

中长期存款减少　活期存款增长

从上述数例可以看出,副题主要是从叙事的角度来补充主题的。

有时,副题可揭示主题所标出的事实的意义或前景。如 1996 年 7 月 6 日《光明日报》的一条新闻标题:

《普通高等学校教师培训工作规程》颁布

高校教师培训步入规范化制度化

副题的内容、字数常多于主题,形式变化也较多,有时可根据需要制成两行或多行副题。例如,《光明日报》1996 年 6 月 28 日的一条新闻标题为:

国家海洋局发布“海洋灾害预测”

● 1996 年较 1995 年均偏多偏重

● 灾害多发区多移到闽浙沿海

综上所述,引题、主题、副题的制作方式多种多样。同一条新华社电讯稿,在不同的编辑手里可以制作成不同的标题。例如,1986 年 9 月 14 日凌晨北京时间 3 时 51 分,在布拉格举行的第十届世界女排锦标赛决赛中,中国女排以 3∶1 战胜古巴女排,连续第五次夺得世界冠军。当天各报登载这则消息时,引题、主题、副题各不相同。《人民日报》的标题是:

第十届世界女排锦标赛决赛分晓

中国女排连续第五次夺冠

《解放日报》的标题是:

创世界排球史上一大奇迹

中国女排勇夺“五连冠”

今苦战四局击败劲旅古巴队

《新华日报》的标题是:

“天安门城墙”再次顶住了“加勒比旋风”

史无前例 中国女排获“五连冠”

第十届世界女排锦标赛在布拉格落下战幕

新闻相同,标题不同,编辑们各显神通,各具特色。

引题、主题、副题是一个整体,要处理好它们之间的逻辑关系。同时还要注意,不要硬凑引题和副题。如果一行题足以承担标题的任务,就不需要引题和副题。有时,只需要引题和主题,或只需要主题和副题。总之,一切应从实际出发,灵活掌握。

四、提要题、插题和大标题

以上讲述的引题、主题和副题，是新闻标题最基本的结构形式。除此之外，常见的标题还有提要题、插题和大标题。

1. 提要题

亦称提示题或纲要题，常用于重要的或篇幅较长的新闻中。它概括新闻的主要内容，一般置于标题之后、新闻之前，用不同于正文的字体排印。如：

中共十四届六中全会在京举行

全会由中央政治局主持　江泽民总书记作重要讲话

通过《中共中央关于加强社会主义精神文明建设若干重要问题的决议》

全会通过决议，确定党的十五大明年下半年在北京举行

全会明确指出，社会主义精神文明建设的指导思想是：以马克思列宁主义、毛泽东思想和邓小平建设有中国特色社会主义理论为指导，坚持党的基本路线和基本方针，加强思想道德建设，发展教育科学文化，以科学的理论武装人，以正确的舆论引导人，以高尚的精神塑造人，以优秀的作品鼓舞人，培育有理想、有道德、有文化、有纪律的社会主义公民，提高全民族的思想道德素质和科学文化素质，团结和动员各族人民把我国建设成为富强、民主、文明的社会主义现代化国家　全会决定，中央成立精神文明建设指导委员会

图 8-4　提要题

以上是提要题的典型样式。

有时重要的讲话、理论性文章也作提要题，并常常辅以水线、花边或者套色，既醒目，又美化了版面。

20 世纪 80 年代以来，提要题的写法和编排形式除了以上所举的典型样式之外，还有其他变化形式。有的提要题不是全面概括新闻稿的内容要点，而是抓住其中某个侧面加以强调，吸引读者注意，引发阅读兴趣；有的提要题夹叙夹议，像是编者按语。提要题的编排位置，已不限于标题之后、正文之前，有时在标题的上方，有时镶嵌在正文中间。

2. 插题

插题亦称分题、小题，一般嵌在长文章中，概括提示各段落的内容。插题既便利阅读，又使版面活泼，打破长文章的沉闷感。例如，1995 年 7 月 28 日《上海文化报》头版刊出新闻《图书再度走近你——来自上海图书馆、图书市场的报告》，用了四个插题：

- 多媒体进入图书馆
- 特色服务深得人心
- 书市、书店独占鳌头
- 尽快建立多功能网络体系

要注意的是，各插题所管辖的文字数量相差不宜太大，各插题的字数也不宜相差过多。当然，首先要服从于内容，不能削足适履。

3. 大标题

大标题一般是带有号召性或纪念性的语句，放在一个版面或一个专栏最显著的位置。在大标题统领下，可以安排若干篇文章。例如，1996 年 11 月 2 日《光明日报》刊载一组有关学习中共十四届六中全会精神的稿件，冠以大标题"认真领会决议精神　加强精神文明建设"（见图 8-5）。

认真领会决议精神　加强精神文明建设

邓小平精神文明建设思想的特点

认识基本特点　把握基本规律

使精神文明建设成为全民参与的事业

加强干部队伍

图 8-5　大标题

又如，1996 年 7 月 4 日是茅盾先生诞辰 100 周年纪念日，有的报纸刊发与此有关的新闻、回忆录、图片时，冠以大标题"纪念茅盾先生诞辰 100 周年"。

大标题可以用一次，也可以连续使用几次，以加深读者印象。但不宜用得过多，更不能乱提口号。制作大标题一定要审慎，应抓住当前带有普遍性的大问题，并要符合政策。

第四节 制作新闻标题的要领

上节讲述了新闻标题的基本知识，本节谈制作新闻标题的要领：准确、具体、鲜明、生动。

一、准　确

标题要忠实于新闻内容，准确表达新闻内容，做到“题文一致”。这是制作标题的最基本的要求。

1. 概括事实要准确

有些新闻标题概括事实不准确，究其原因，或系编辑读稿不细心；或系作风浮夸，故作惊人之笔。不论出于何种原因，均应引以为戒。

例如，有篇新闻的标题是“哥伦比亚第一座大型水力发电站落成发电”，但新闻内容明明是“哥伦比亚第一座利用该国主要河流马格达莱纳河河水发电的大型电站开始发电……这座电站建造在南部乌伊拉省，是哥伦比亚第五大水电站”，显然，标题制作者未细读全文就落笔了。①

又如，1992 年 5 月某报新闻标题是“哈尔滨为独联体国家培训企业干部”，但新闻内容是哈尔滨与莫斯科有关部门签订协议，每年将互派 20 余位企业界人士去对方接受培训，互相学习，为期 5 年。标题只强调了一个方面，使读者产生了错觉。②

2. 观点、语言要准确

标题要用准确的语言体现新闻中的观点，而不能随意发挥。当然，如果

---

① 张子让. 标题制作与版面设计. 上海：复旦大学出版社，1991. 14 ~ 16

② 蔡雯. 现代新闻编辑学. 成都：四川人民出版社，1995. 225

新闻本身体现的观点不正确,则是属于淘汰或修改的问题了。

例如,"中共湘乡县委认真落实党的政策　努力减轻农民不合理负担",这个标题就有问题。"减轻农民负担"才符合党的政策;而对于"不合理负担",那就不是"减轻",而是要取消的问题了。①

二、具　体

新闻标题要具体,要用事实说话,这是新闻标题与其他文章的标题的重要区别。

新闻标题应少用"一个值得注意的问题"、"两件发人深省的事"这类抽象的语句,尽量标出新闻要素,即五个"W"和一个"H": When(何时)、Where(何地)、Who(何人)、What(何事)、Why(何故)、How(如何)。当然,并不是说一个标题必须同时兼备上述要素,但"何人"(或单位)和"何事"是最基本、最重要的。

三、鲜　明

鲜明,包括简洁明快和态度分明两层意思。

1. 简洁明快

一篇新闻稿往往涉及多方面的内容,编辑要善于从中提取最新鲜、最重要的部分,并用简洁明快的语言予以揭示,令读者一目了然。冗长的标题,会淹没新闻中的精华部分,削弱读者的注意力。

2. 态度分明

对于新闻事实,总会面临着三种态度的选择:肯定、否定、中立。

在绝大多数情况下,事实的性质是清楚的,编辑赞成什么、反对什么,表扬什么、批评什么,同情什么、谴责什么,应当体现在标题上,褒贬分明,毫不含糊。这是代表报纸在表态,是对社会舆论的一种引导,不可等闲视之。如果褒贬失误,或是措词不当,都会产生不良影响。例如,1982 年台湾著名射箭手张康寅访问日本,因所住饭店失火而遭不幸。有家新闻单位给这条消息拟的标题是"台湾著名射箭手张康寅命丧火窟",用语轻佻,对同胞的不

---

① 叶春华. 报纸编辑. 福州: 福建人民出版社,1985. 74 ~ 75

幸未能表示应有的同情,显然不妥。①

但是,态度分明不等于乱表态。有些新闻报道的是突发性事件,性质一时尚不清楚;有些新闻报道的是他国内部事务,不便妄加评论;有些问题纯属学术论争,尚无定论。这时,编辑只能采取中立态度,制作"中性"标题。

此外,在强调标题的鲜明性的同时,必须注意掌握褒贬的尺度,要合情合理,用语准确。

四、生　动

新闻标题要努力做到具体形象、生动活泼、琅琅上口,让读者一看就产生兴趣,引起阅读正文的欲望。

要使标题生动,可采用各种修辞手法,如对仗、比喻、借代、回文、叠字、双关、巧合,运用俗语、谚语和古典诗词等。

以上所述制作标题的准确、具体、鲜明、生动四要领,是制作标题的总体要求,关键是理论与实践相结合,多看、多练。下面以一次课堂练习为例,进一步说明标题制作的具体问题。

现有 A 和 B 两篇短新闻,内容要点分别是:

A 文:某小学开展"向父母献爱心"活动,要求每个小学生准备一本"爱心本",记好父母的生日;关心父母,分担家务,把自己做过的事记在本子上。活动开展后,家长们纷纷反映,孩子懂得体贴父母了,勤快了。

B 文:某家长在一家大宾馆为女儿举办生日宴会,并在宾馆门口挂了大横幅:"欢迎光临××小公主十周岁生日宴会"。路人见此横幅议论纷纷,多数认为这样做不利于儿童的健康成长。记者作了现场采访,写下这篇短新闻。

练习要求新闻专业的同学为这两篇短新闻制作标题。

同学们为 A 文制作的标题有:

报得三春晖

××小学开展"向父母献爱心"活动

① 郑兴东等. 报纸编辑学. 北京:中国人民大学出版社,1995.162

反哺之情

——××小学"向父母献爱心"活动侧记

昔日小皇帝　今朝献爱心

——从××小学的"爱心本"看少儿教育

爱心从这里开始培养

——记××小学"向父母献爱心"活动

以上标题,基本做到题文一致,有的揭示了新闻事实的意义,有的还将古诗、典故融入标题,比较得体。

同学们为 B 文制作的标题有:

"小公主"生日忙煞大宾馆
过路人唏嘘不已叹世风

如此生日宴
益乎? 害乎?

"小公主"十岁生日　大宾馆百人宴会

××宾馆见闻

以上三个标题,前两个标题倾向性鲜明,第三个标题虽未直接评议,但贬义已隐含在对偶句中。

有些同学将这两篇新闻作对比编排,制作了对角标题:

小朋友,捧出爱心报答长辈情
父母亲,莫让奢侈污染孩子心

孩子: 今天你怎样爱父母?
父母: 我们该怎样爱子女?

以上两组对角标题,都能做到褒贬分明,并有启迪意义。

但是,有的同学虽然也制作了对角标题,读者却看不出褒贬的意味:

孩子的爱心
家长的爱心

有位同学给 B 文制作的标题是:

不该发生的生日宴会

××宾馆前怪事一幕引来群众愤慨

这个标题,态度鲜明,但没有掌握好尺度。我们不赞成搞这样豪华的生日宴会,因为它不利于培养儿童艰苦朴素的美德。但把它说成是令群众愤慨的怪事,则没有准确体现新闻稿本身的观点,说过了头。"不该发生的生日宴会",句子也不通。

第五节 新闻标题的排列形式

标题是美化版面的支柱,因而标题的内容不仅要好,而且形式也要美。这主要取决于标题的排列。

本节从三个方面讲述标题的排列:一是标题的自身排列形式,二是标题与正文的组合形式,三是标题字体字号的搭配。

一、标题的自身排列形式

单行或双行标题的排列形式比较简单,这里主要讲述多行标题的排列形式。

1. 均列式横题

均列式横题,即多行的两端对称的横标题:

××××××
××××××××
××××××

2. 斜列式横题

斜列式横题,即多行的阶梯式横题:

×××××
　×××××
　　×××××

3. 斜列式竖题

斜列式竖题,有左、右两种。前者行序自左至右,后者行序自右至左。下图是斜列式左竖题和斜列式右竖题:

×
××
×××
×××
×××
　××
　　×

　　×
　××
×××
×××
×××
×

4. 半斜列式

半斜列式,即只注意头部的斜列,底部长短不拘,如:

×
××
×××
×××
×××
×××
×

×
××
×××
××××
××××
××××
　×　×

5. 方阵式

方阵式,即按相同的数字,把字数较多的单行标题折为多行,行间加线,排成方阵。可以呈正方形,也可以呈长方形,如:

××××××
××××××
××××××

××××
××××
××××
××××
××××

二、标题与正文的组合形式

标题与正文的组合形式更是丰富多彩,有盖文题、串文题、元宝题、对角题、中心题、开口题、文包题等等(见图 8-6 至图 8-14)。

第十七届世界杯足球赛在汉城开幕

本报汉城 5 月 31 日电(记者王东) 2002 韩日世界杯足球赛今天晚上在这里拉开帷幕,在此后的 31 天里,32 支队伍将为夺取象征世界第一运动最高荣誉的大力神杯展开 64 场激战。

开幕式于今晚当地时间 19 时 30 分开始,整个仪式紧凑、精练、热烈、隆重。国际足联主席布拉特、韩国总统金大中和日本首相小泉纯一郎分别致辞。接着,他们三位同时揿下象征着本届世界杯开幕的按钮。绚烂的焰火腾空而起,大屏幕上变幻万千,场内观众掌声雷动。

在五彩焰火的照映下,韩国艺术工作者向来自全世界的嘉宾们献上了一台别具匠心的大型文艺节目。这台以东方神韵为主题的演出将韩国的传统文化和高科技巧妙地融合在一起,让各国嘉宾及运动员们充分领略到东西方文化刚柔并济、相互调和的美感。

本届世界杯是首次在亚洲地区举办,并且首次由两个国家合办,预计全世界将有 400 亿人次通过电视观看本届世界杯比赛。

开幕式结束后,进行了本届世界杯的首场比赛,结果塞内加尔队以 1 比 0 战胜上届冠军法国队,爆出本届杯赛的第一个大冷门。

图 8-6　盖文横题

二〇一〇年世博会进行陈述

中国代表团就申办

新华社巴黎 7 月 2 日电(记者徐振强、王敬诚) 以国务委员吴仪为团长的中国政府代表团 2 日出席了国际展览局第 131 次全体代表大会,并就中国上海申办 2010 年世博会作了陈述。

吴仪在陈述发言中首先表示,她受江泽民主席和朱镕基总理的委托再次重申:中国政府坚定地支持上海申办 2010 年世界博览会。她说,未来几十年,中国的经济和社会将保持过去 20 多年世人瞩目的发展势头。巨大的商机非常适宜世博会的交流与合作,所有参展方都将从中受益,共赢共荣。

吴仪指出,公众的广泛支持和参与是世博会成功的重要条件。13 亿中国人民强烈希望在上海举办世博会,上海世博会将会有世界最高的公众支持率。她说,在最大的发展中国家举办一次世博会,本身就是对国际展览事业的杰出贡献,可以更好地体现国际展览局一贯倡导的普遍性原则。上海已为成功举办这届世博会作好了充分准备。

外交部长唐家璇在陈述中指出:当今的中国,已是世界的中国。我们已形成全方位、多层次、宽领域开放的新格局,并致力于在平等互利的基础上与所有国家发展政治、经济、文化等各领域的友好合作关系。我们期待着与世界其他国家一道拓展合作空间,同辉煌、共发展。

唐家璇郑重承诺:一、中国政府保证在财力上给予上海世博会充分的支持;二、为使世博会的参与更具普遍性,中国愿为广大发展中国家的参展提供总金额为 1 亿美元的专项基金;三、中国将严格执行《国际展览公约》的有关规定,对所有参展国家和地区的人员和货物提供一切必要的礼遇和便利。

上海市市长陈良宇在发言中介绍了上海世博会的主题、发展规划以及上海作为申办城市的优势。他说:"通过举办以'城市让生活更美好'为主题的世博会,我们将把上海建设成现代化大都市的'世纪精品'。"他强调,发展中的上海,比以往任何时候都更迫切地希望向世界其他城市学习。上海世博会的成功举办,将促进上海及其周围地区的经济发展,并使中国更深刻地融入世界。

中国国际贸易促进会会长俞晓松在发言中表示,中国工商界全力支持和协助中国政府申办2010年上海世博会。他指出,中国进出口总额已居世界第六位,180多个国家和地区在中国投资建立了约40万家企业。上海是中国最大的国际商业都市,在上海举办2010年世博会,将为各参展国家和地区提供进入中国市场、开展经贸合作的广泛机会。

来自上海的两位女大学生代表青少年在大会上表达了对申办 2010 年世博会的热切期盼。

中国驻法国大使吴建民也在会上介绍了有关情况。中国代表团每位代表的发言都赢得了全场的热烈掌声。

除中国外,国际展览局第 131 次会议还听取了俄罗斯(莫斯科)、墨西哥(墨西哥城)、波兰(佛罗茨瓦夫)和韩国(丽水)4 个代表团关于各自候选城市申办 2010 年世博会的陈述。

为期一天的国展局第 131 次全体代表大会于 2 日晚闭幕,来自 91 个成员国的 200 多名代表出席了会议。国展局将于今年 12 月举行的大会上投票决定 2010 年世博会的主办城市。

图 8-7　串文竖题

纪念香港回归五周年展览将举行

一批香港历史档案文献将首次展出

本报北京6月26日电（记者倪迅） 为纪念香港回归5周年，香港特区政府主办的《回顾过去　展望未来》大型展览本月28日至7月14日在北京中华世纪坛举行。据悉，中国第一历史档案馆馆藏的一批有关香港的历史档案文献、文物将首次公开展出。

据香港特区政府驻京办事处主任梁宝荣介绍，此展览占地约1780平方米，包括8个部分，分别介绍了香港的历史、近貌和未来发展，参观者可以直观地了解香港如何从一个落后的渔村发展成如今的亚洲国际都会；也可以了解到"一国两制"伟大构想给香港带来的变化。

据介绍，届时在"历史档案区"参观者可以亲眼目睹从未公开展示过的一大批有关香港历史的珍贵文献、地图及文物；在"邮票专题区"展示香港历年发行的纪念邮票、特别邮票和通用邮票，为满足广大参观者和集邮爱好者的愿望，展场内特设了邮票发售区。梁宝荣说，该展览是香港特别行政区政府在内地举行的唯一纪念活动。

图 8-8　串文横题

上海　都市型农业大发展

本报记者　谢军

上海市科委近日提供的一份农业科技成就报告表明：上海都市型农业取得重大进展，正向传统农业方式向设施化、集约化和规模化生产转变，工厂化农业已成为上海的新兴产业。

在上海郊县实施的水稻现代农艺中试开发项目，攻克了水稻直播中土地耕整技术、直播机械、除草剂应用、水气调控等技术，实现了水稻生产的历史性变革。据统计，全市实施水稻直播、抛秧种植面积占市郊水稻总面积的80%以上，不仅省力、省工、省成本，而且每亩可增产6.5%左右，具有明显的经济效益和社会效益。

此外，上海市大棚养畜禽技术攻关也取得成功，三明汇等郊县大棚养鸡100万羽、大棚养猪10万头。一批塑料温室、玻璃温室、智能化温室的投入使用，使蔬菜生产摆脱了气候影响，成为上海工厂化农业的一个重要组成部分。

都市信息

冯氏杯竞赛

联系电话：河北(0311)6832631　山东(0531)7866830　山西(0354)228535

深圳　京九线带来旅游热

本报讯（记者易继文）京九线的开通给爱好旅游的深圳人带来了一股新的旅游热。深圳至北京的106次列车和深圳至九江的238次列车成为深圳人去北京、庐山、井冈山等地观光旅游的主要交通工具。

京九线刚一开通，早就需要打好"旅游资源牌"的江西等省市，就不失时机地在深圳的新闻媒介上推出了各种诱人的旅游项目。深圳市的各大旅行社更是抓住京九线开通的机遇在报刊上大作京九沿线旅游项目广告。京九沿线丰富的旅游资源，使深圳的各旅行社增加了不少受游客欢迎的旅游项目，其中包括价格在1200元左右的"井冈山双卧4天游"、"庐山双卧4天游"等旅游线路。据了解，游客中也有不少是港澳游客。从9月26日至10月1日，仅广深铁路旅行社，每天就有100多名游客前往井冈山、庐山、北京等地旅游。

在京九线未开通前，办事讲究效率的深圳人出差或旅游大都乘飞机，坐火车远游似乎已变得有些陌生。大京九的开通又唤起了许多深圳市民乘火车旅游的意识。一位准备去井冈山旅游的深圳市民对记者说："乘火车去井冈山，不仅价格上要便宜许多，而且时间上也便捷，沿途还可以饱览风光，比乘飞机有更多的优势，何乐而不为呢。"

图 8-9　对角题

网络法制宣传研讨会举行

本报北京6月26日电（记者梁捷） 在中国普法网开通一周年之际，司法部法制宣传司和法制日报在京联合举办网络法制宣传研讨会暨中国普法网法律知识竞赛颁奖仪式，有关部门负责人、法学专家和国内主要网站负责人等参加了会议。

司法部副部长胡泽君指出，中国普法网在实践中不断丰富内容，完善形式，在内容和栏目的设计中突出权威性和服务性，并注意发挥网络受众的互动性，加大了对外交流和法制宣传的力度，初步形成了网站的特色。

胡泽君希望各有关部门、各地大力支持网络法制宣传工作。她指出，做好网络法制宣传工作，要注意：坚持正确的舆论导向，唱响时代主旋律，打好网上法制宣传的主动仗；在内容方面认真组织、形式上精心策划，办出水平，办出特色，办出权威；加强交流合作，将传统媒体的法制宣传信息资源汇集整合到互联网上，提高信息资源的利用效率；加强队伍建设，促进社会各界的广泛参与，吸引网民更多地参与网络法制宣传中重点、热点、难点问题的讨论；确保网络安全，提高信息安全意识。

图8-10　一般竖题

巴西队五捧世界杯

本报讯（记者王东） 第17届世界杯足球赛冠亚军决赛6月30日在日本横滨国际体育场结束。在巴西队与德国队的比赛中，巴西队的罗纳尔多在下半场两次洞穿了由本届世界杯最佳门将卡恩把守的德国队大门，最终巴西队以2:0战胜顽强的德国人，第五次举起世界杯，德国队名列第二。罗纳尔多凭借8个进球荣膺本届世界杯最佳射手。

这场决赛也是这两支多次获得世界杯冠军的球队首次在世界杯上交手。

开场后，巴西队显得比较拘束，尤其是中场球员几乎就拿不住球，后场队员又失误过多。德国队则利用强壮的身体在中场就展开层层堵截，他们的铲球成功地瓦解了巴西人准确的传接球。开场不久，德国队就多次逼近对手的大门。然而，缺少了进攻核心巴拉克的德国队虽然在场面上占据了优势，但他们的进攻总是无法对对手形成致命一击。

下半场，出众的技术使巴西队开始占据了场上主动。第67分钟，在对方禁区前突破没有成功的罗纳尔多马上回抢，他断球成功后立即将球交给里瓦尔多，里瓦尔多禁区外拉弓远射，卡恩扑救脱手，罗纳尔多高速插上补射，终于敲开日尔曼战车的铜墙铁壁。第79分钟，巴西队卷土重来，克莱伯森右路突破后横传，禁区前的里瓦尔多故意一漏，罗纳尔多停住球一脚推射，这脚异常刁钻的射门让卡恩回天乏力，球擦门柱钻入网内，巴西队将比分优势扩大到2:0。

和世界杯的所有比赛一样，连失两球的德国队先是调兵遣将，接着又大举反攻，但此时他们已无力回天。

在随后进行的发奖仪式上，巴西队队长卡福从国际足联主席布拉特和球王贝利手中接过象征世界足坛最高荣誉的大力神杯。至此，为期31天的2002韩日世界杯终于拉上了帐幕。

2002
FIFA WORLD CUP
KOREA JAPAN

图8-11　元宝题（上中串文横题）

用强烈的文化意识指导城市建设

——长沙古城展现新风采

本报记者 郑楚枫

图 8-12　开口题（齐眉题）

发展对华关系是今天欧洲的主流

——访瑞典首相佩尔松

本报驻瑞典记者 桑洪臣

图 8-13　中心竖题（文包题）

因特网发展走到十字路口

新华社记者 毛 磊

经历了近10年的飞速发展，因特网从来没有像今天这样前途难测。一方面，网络技术已经深入全球经济和人类日常生活的核心，对很多人而言，已经难以想象离开了因特网将如何生存。但另一方面，网络又成为混乱动荡的代名词，病毒、黑客、垃圾邮件等等越来越让人头疼。不仅如此，在淘金式的狂热和破碎的泡沫过后，因特网的未来如雾里看花，充满前所未有的变数。

来自世界各国的600多名代表本月聚集美国弗吉尼亚州，出席因特网协会2002年年会。本次年会的主题定为“因特网的十字路口”。因特网发展正在进入关键的转折期，是会议传达出来的最强烈信息。

专家们指出，随着因特网走向成熟，因特网本身的很多问题，已经到了迫切需要解决的关口。这些问题得不到解决，因特网将难以获得进一步发展，解决不好，前进步伐还会放缓。

年会专家委员会主席、美国IBM公司因特网技术和战略部门负责人迈克尔·纳尔逊在接受新华社记者采访时，列举了因特网发展面临的十大技术问题：身份识别技术；保护知识产权技术；保护个人隐私技术；新一代因特网通信协议IPv6技术；被称为下一代因特网的网格技术；无线因特网技术；将传统电话网络和因特网相融合的技术；更有效地在网上进行视频传输的技术；防止垃圾邮件的过滤技术；网络安全技术。

纳尔逊曾担任美国前副总统戈尔的信息高速公路问题特别助理。他认为，以上十大技术领域中，不少都存在至少两三种以上的发展方向，暂时没有统一标准，对因特网行业来说，未来两三年内最终选择何种标准，将决定因特网的走向和发展速度的快慢。这是说因特网发展走到了十字路口的主要原因。

专家们还指出，因特网要想获得进一步发展，已经不能只靠技术本身，必须要在管理上有所突破和创新。因特网普及10年来，技术与管理之间的矛盾空前尖锐，因特网如今面临的很多困境，实际上都是管理方面的困境。他们指出，如果无法在网络安全、个人隐私和知识产权保护等方面取得突破，因特网将无法成为一种真正可信的商业工具。

从本次年会来看，未来两三年很可能是因特网发展的调整时期，主要将以技术标准的制定推广和决策管理的完善为特征。但从长远来看，因特网还将迎来大发展，这也是不少与会专家的看法。一些正在兴起的新技术，使因特网的未来值得期待。例如，被称为第三代因特网的网格技术，有望整合网络资源，使因特网成为一个庞大的计算工具。而类似Wi－Fi的宽带、短距离无线通信技术，有可能改变目前以单一计算装置为主的因特网接入方式，实现各种装置都可以上网，因特网将因此而无处不在，“甚至存在于空气之中”。

纳尔逊对记者说，“因特网革命目前只不过完成了5%”，“好比一场足球赛才进行了10分钟”。其他一些专家也指出，目前仍有大笔资金在投入因特网领域，因特网本身的创新性研究开发仍很活跃，计算技术本身也在不断进步，因特网的故事可以说只是刚刚开始。

图8-14　中心横题（文包题）

三、标题字体字号的搭配及其他

引题、主题、副题的字体与字号的搭配,要注意三个方面:一要突出主题,二要有变化,三要处理好反差与协调的关系。

一般说来,主题要"重"于引题和副题,副题又略"轻"于引题。

就字号而言,主题与引题(或主题与副题),以相差两档或一档半为宜。例如,主题用二号字,引题、副题可用四号字。若引题、副题用三号字,则与主题的反差太小,主题就"跳"不出来。若引题、副题用五号字,又与主题反差太大,而且与正文的字号太接近,会给人以眉目不清的感觉。当然,除字号外还要看字体,如同是四号字,黑体就比仿宋体"重"得多。

就字体而言,既要有变化,又要协调。例如:

保健食品的招牌不能随便挂了

卫生部开始全面整顿保健品市场

《保健食品管理办法》今起实施

保健食品的招牌不能随便挂了

卫生部开始全面整顿保健品市场

《保健食品管理办法》今起实施

保健食品的招牌不能随便挂了

卫生部开始全面整顿保健品市场

《保健食品管理办法》今起实施

比较以上三组主辅标题的搭配,可见第三组既突出了主题,又给人以协调之感;而第一组的对比度太小,主题"跳"不出;第二组由于反差太大,显得很不协调。

标题字的排列,还要考虑读者的阅读习惯。否则,也会事与愿违。例如,某报登载一篇报道,介绍一位残疾歌手的事迹,内容非常感人。其标题设计如下:

拐	下	动	的	律
杖	流	着	旋	

版面编辑的设计意图,可能是以文字的走向来表现歌曲的旋律线,立意无可非议。但这种排列方式,使读者一下子不知如何读。如果作些艺术加工,缩小上下两行字之间的距离,再用淡化的旋律线衬底,波浪式的线条依次穿过"拐杖下流动着的旋律"九个字,这样,既可引导读者的视线,又可寄寓"曲折的道路,感人的旋律"的深意。

第九章 报纸版面设计

内容提要：

版面设计的手法尽管因人而异，但有些原则是应当共同遵循的，这就是逻辑性原则、便览性原则和形态美原则。版面有多种类型，美化版面亦有多种手法，编辑人员应善于根据群稿的内容和体裁，选用相应的类型和手法，通过相应的示意符号，画出报纸版样。

第一节 版面设计的基本原则

版面安排是一门艺术。徐铸成说,“一个版面,好比一桌酒席,要搭配恰当。不能像蹩脚的厨师,端上来的菜都是一个味道”,“特别是第一版,要在这些方面多下功夫。因为第一版一向被称为要闻版,橱窗新闻版版面,应有更大的吸引力”①。

为了把版面设计好,应遵循一些基本原则。

一、逻辑性原则

版面设计,要注意各篇稿件的逻辑层次和逻辑联系。编辑先要对一个版面的各篇稿件进行阅读、比较,分析它们的主次关系、先后关系、类属关系,进而考虑哪些稿件应当放在强位,哪些稿件应当放在弱位;哪些稿件应当“同类相连”,哪些稿件应当“异类相分”。然后,用相应的版面空间和编排手段来展示它们之间的逻辑关系。

不合逻辑的编排,往往表现在同类相分,异类相连,令读者感到别扭,甚至产生不良的社会效果。

例如,1989 年有家报纸的一个版面,国内新闻与国际新闻用醒目的线条隔开,其中一则有关台湾的消息却放在国际新闻的部分,造成了政治上的差错。

又如,有家企业报登载通讯《一个奋发进取的共产党员》,记述这位党员的先进事迹,但在文中却嵌入一幅漫画《一颗红心丢下来》,画的是一个

① 徐铸成. 新闻艺术. 上海:知识出版社,1985. 66

干部胸膛里没有红心,塞满了受贿的赃物。这样的编排,令读者不满。①

上述现象的产生,或由于组版思想混乱,或由于编排技巧欠缺。编辑除了在组版阶段应注意上述问题外,在检查大样时一定要把好关。有些问题如果在检查大样时发现,还是来得及补救的。

二、便览性原则

版面设计,应便于读者的阅览,适合读者的阅读习惯,做到三个分明:(1) 题文分明,标题和正文的字体字号要形成一定的反差,标题四周要适当留空;(2) 头尾分明,标题和正文从何处开始,何处结束,要一目了然;(3) 文文分明,文章和文章之间的间隔要清楚,不要让读者读"串"了。

有的编辑不讲究便览性原则,或让标题把文章拦腰切断,读者看了上文一下子找不到下文;或频频转接,徒然浪费读者的时间。有的编辑片面追求标题的新奇和怪异,如图 9-1 的标题《一个美丽的吻……》,读者先要自上而下读,再从左向右读,然后又自上而下读;加上琐碎而多变的装饰,扰乱了视线。这样的设计,不仅违反了便览性的原则,也无美感可言。

三、形态美原则

版面要讲究形态美,给读者以美的享受。一幅成功的版面,是令人回味无穷的艺术品。

编辑应具有造型艺术的基本知识,要熟悉形态要素的特性及其"表情"。

报纸的版面设计属平面设计范畴,其形态要素有点、线、面、空白。②

点 在造型艺术上,较小的形态,均可称为点。报纸版面上的"●"是点,字符亦可视为点。字号不同构成大点小点,字体不同形成深点浅点。一个点,起标明位置的作用,有向心性质。一点置于空白中或浅色背景中,能吸引读者的注意。设计版面时,在文章作者姓名前加上一点,既是美化,又能吸引视线(见图 9-2)。

---

① 张子让. 标题制作与版面设计. 上海:复旦大学出版社,1991. 91~102

② 形态要素还涉及其他许多内容,这里不讨论。

图 9-1　不符合阅读习惯的标题

1995年10月28日

文汇读书周报 8

关于张佩纶

翻案文章

「咬文嚼字」之余

书人茶话

《乌衣巷》与《泊秦淮》

图 9-2　报纸版面样张(文汇读书周报)

许多点可构成“面”。当这些点大小相同、排列规则时,给人以稳定、静止的感觉;而大小不同的点的聚合,则产生生动的感觉。早期报纸的版面之所以呆板,主要原因就是用了一样大小的字(见图 8-1)。

线　线有分割平面的作用,它是有“表情”的。细线显得轻快、清秀;粗

线则严格、厚实或沉重；曲线给人以缓缓的动感；花线活泼、热烈。1979 年 11 月 24 日，各报登载新华社发的统计资料：1976 年唐山大地震死亡 24 万余人。有些报纸围以粗线框，表达沉痛的心情；而有的报纸却围上花线框，极为不妥，读者对此很有意见。

在版面设计中，线条有间隔、组合、强化、美化和表达感情等多方面的作用（参见第八章第二节）。遗憾的是，有的编辑仅把线条作为间隔的栏杆，可谓大材小用。

面 在版面上，插图（手绘或摄影）、图案是面，字行的组合可以构成面，单个字放大也是面。

面的形状不同，也有不同的“表情”。等腰三角形锐角向上时，有挺拔之感；钝角向上时，有稳重、下压之感。正方形显得端正严格，菱形则给人以轻快灵活之感。高明的编辑，善于恰到好处地给不同的标题配上不同形状的底纹。此外，矩形平卧时显得庄重稳定，竖立时有上升感、崇高感。例如，1994 年 3 月 28 日《美术报》头版“艺术之光——纪念吴昌硕先生诞辰一百五十周年”这个标题，用竖立的矩形，像纪念碑，令人产生敬仰之情；而“交涉不成　对簿公堂”这个标题，用平卧的矩形，比较严肃（见图 9-3）。如果两个标题对换一个形状，效果就没有这样好。

空白 空白是无画之画，无像之像，好比旋律中的休止符，“此时无声胜有声”，有重要的美学价值。从某种意义上说，版式的变化，就是空白的变化；没有空白，就没有版式。图 9-2《文汇读书周报》的版面，栏题和标题巧妙地运用了空白，版面疏朗，好比开了几扇窗户，窗明几净，与“读书”的氛围相协调。而初学版面设计者，十之八九不善于运用空白，应从这类成功的版面中领悟空白的妙用。

以上谈了形态要素及其“表情”，但对“形”和“情”的关系的理解不能绝对化。形态美是辩证的，而不是教条的、僵化的。

第21期

1994年3月28日

国内统一刊号：CN33-0071

邮发代号：31-10

定价：0.35元

美術報

美术报 企业与艺术家 共同拥有

电话：5180445 联系人：郭小超 地址：中国·杭州

邮编：310004

我国首起美术大案

交涉不成 对簿公堂

“中国前卫绘画大展”3月在港推出

湖北省举办第三届黄鹤美育节

艺术之光

——纪念吴昌硕先生诞辰一百五十周年

图 9-3 报纸版面样张(美术报)

四、形态美的辩证法

在版面设计中,要恰当地处理各组矛盾,如对称与均衡、统一与变化、对

比与协调、疏与密等。

对称与均衡　中轴线两侧之形态相同,谓之对称;两侧形态不同,但取得视觉上“重量”的平衡,谓之均衡。均衡实际上是等量不等形,中轴线无形地存在于感觉之中。

版式设计运用对称,可给人以条理感,造成庄重、大方的效果。就局部而言,在标题与正文的组合形式中,元宝题、开口题、中心题基本属于对称的结构(见第八章图8-11至图8-14);就整个版面而言,有时也用对称结构,如第七章图7-2。

但是,处处对称,不仅难以做到,也会流于呆板。在版面设计中,往往对称与均衡交替使用,均衡手法用得更多。

均衡富于动感,易造成活泼的效果。其具体手法,常表现为呼应。呼应,实质是内在的对称。例如,一个版面左上角安排一幅照片,右下角也安排一幅照片,尽管两幅照片的大小不一定相同,但两相呼应,给人以均衡的感觉。

均衡的反面是失衡。如果一个版面有四幅照片,全部安排在版面的左上角,整个版面就会有失衡之感。这是因为,照片一般比正文色调深,比手绘线条图(单线白描图)也深,给人以“重”的感觉。四幅照片都挤在左上角,其他部位则显得“轻”,就使读者感到轻重不均了。

统一与变化　一份报纸的各个版面,总是统一中求变化,变化中求统一。每家报纸都有自己的版样纸,各个版面的基本栏是一致的,这是统一的基础。每个版面上方版线(又称“眉线”)上印的报名、日期、版序的位置是固定的,这也可说是一种统一。但各个版面的设计又要有变化;即使在一个版面中,各个局部也是既有统一,又有变化的。仍以图9-2为例,四个标题的框架设计是大体一致的,作者署名的字体字号也是一致的,这是统一;但四篇文章的标题字体都不一样,这是变化。为什么要这样做呢?因为编辑们懂得:无统一则杂乱,无变化则单调。

对比与协调　在版面设计中,可以形成对比的因素很多:字的大小轻重,线的粗细曲直,插图的明暗浓淡等。没有对比,则没有鲜明感和节奏感,没有主次,也没有生气。但对比失度,则不协调,折磨读者的视觉。在第八章第五节讨论标题字体字号的搭配时,已讲过反差与协调的关系。反差与协调,实际上也就是对比与协调的问题,这里就不赘述了。

疏与密　版面编排太密则沉闷,太疏则散漫。应力求整个版面疏密相间、有张有弛,产生韵律美。

第二节 版面的类型

版面的类型,可以从内容的角度或形式的角度分类。

一、从内容角度分类

从内容的角度进行分类,可以将版面分为综合型、重点型、集中型三大类型。

1. 综合型版面

综合型版面的特点是:稿件较多,报道面广。虽然稿件的内容有主次之分,但版面设计者并不特别强调这种区分,不着意引导读者去注意版面上某一特定内容,而是以版面内容的丰富多彩去吸引读者。

在稿件内容丰富,选出的头条与其他稿件的分量差别不是很大的情况下,一般采用综合型编排。这种类型的版面是最为常见的。

2. 重点型版面

重点型版面的特点是,特别强调版面的某一部分。这个部分通常是一组稿件,或一篇较长的稿件。版面设计者有意识地把它置于版面的强位,用相应的编排手段使其突出醒目,如用大字标题或书写标题,正文采用与同版其他文章不同的字体,加装饰,增加空白,配照片或插图,套色等等。这种版面也是常见的。例如,1986 年 9 月 14 日《解放日报》第一版登载了当天凌晨中国女排勇夺“五连冠”的消息,同时配发本报评论员文章《好样的,中国女排!》和施明德突击创作的图画,形成了该版的重点。又如,1997 年 3 月 9 日上午九时零八分,日全食和海尔—波普彗星两大奇观同时出现在漠河上空。当天下午出版的各家晚报,纷纷将这一新闻作重点编排,《扬子晚报》在头版发了两条新闻、三幅图片(见图 9-4)。

扬子晚报

1997年3月9日 星期日 农历丁丑年二月初一 （第4071期）

汉德酒店自酿啤酒生产线

哈尔滨汉德啤酒设备技术开发有限责任公司

北京时间今日上午九时八分五十九秒

北国漠河上空出现"彗星拜日"奇观

天文学家、天文爱好者和当地居民共三万多人争睹这一罕见天象

计划生育和环境保护都是基本国策

中央计划生育和环境保护工作座谈会昨召开

江泽民李鹏作重要讲话 乔石李瑞环刘华清胡锦涛出席

省总召开庆"三八"表彰大会

三万多人昨光顾歌舞企业洽谈会

南京人今晨争睹日偏食

角铁从天降 砸坏行人车

装粮食的袋子要安全

身份证为何难办

读者热线

电话:4529455

图 9-4　重点型版面举例（扬子晚报）

3. 集中型版面

用一个版或一个版的绝大部分篇幅，把同一主题的各种稿件集中编排在一起，造成声势，使读者产生深刻的印象。多用于宣传中心工作或重大事件。例如，1997 年 3 月 1 日，八届全国人大五次会议在京开幕，许多大报 3 月 2 日以整版篇幅集中报道。

二、从形式角度分类

根据版面的总体结构形式，可将版面分为板块式结构和穿插式结构两大类。

1. 板块式结构

版面上的稿件以规则的四边形（正方形或矩形）为主，形成大大小小的“板块”。设计人员运用大量线条来勾勒这些板块，稿件与稿件之间被单线或双线间隔，有的甚至三线（二细一粗）间隔（见图9-5）。这种结构的特点是：

新闻出版报 PRESS AND PUBLISHING JOURNAL

综合新闻版

《徽州历史档案总目提要》面世

——徽学和档案学研究的最新成果

《当代世界十大经济学派丛书》出版

——一套跨世纪的经济参考书

把握个性 增智助学

管一管 电话号码簿的出版

人民日报职工献爱心

希望小学喜落成

全国铁路部门严把“铁大门”

——堵“黄”截“非”于站外

图9-5　板块式结构的版面（新闻出版报局部）

1986年11月19日 星期二·第八版　扬子晚报　文 摘 DIGEST

福州出租车装上"便民指南箱"

心理疾患呈低龄化

每日文摘

父母吸烟孩子偏食

酒与糖尿病

九七：啤酒瓶改换新标准

面条汤与记忆力

老年人少吃无鳞鱼

血压突然升高咋办

习惯性便秘的饮食疗法

拍卖大战

领取抚恤 先看伤员

闻菠萝可助减肥

酒家转让

消化不良，请吗丁啉

图9-6　板块式结构的版面（扬子晚报文摘版）

各篇稿件"井水不犯河水"，泾渭分明；组版和电脑录入方便，有利于提高效率，读者阅读也方便。缺点是容易导致版面呆板、单调，占用篇幅较多，也不利于体现稿件之间的联系。

2. 穿插式结构

版面上的稿件多呈不规则的多边形,稿件之间互相穿插、咬合,你中有我,我中有你,使用线条较少。这种结构的特点是版面较为活泼多变,有利于体现稿件之间的联系,各处空间充分利用,也有助于打破稿件的冗长感;但组版比较费时,如果处理不慎,会使读者阅读时“一波三折”。

上述两种结构形式各有特点。有些报纸基本采用板块结构(如《新闻出版报》),有些报纸基本采用穿插结构(南方的报纸多用穿插式)。同一家报纸的各个版面,常以一种结构为主,辅以另一种结构,以求变化。例如,《扬子晚报》以穿插式为主(见图 9-4),但文摘版基本采用板块式(见图 9-6)。

第三节 版面的美化

关于版面美化的总体原则,本章第一节“形态美”的部分已多有涉及。本节主要是讲述版面美化的具体操作手法。

一、图文并茂

在报纸版面上,图片(包括照片和手绘图)不是可有可无的。有的新闻学家甚至认为,没有图片的版面,是“有缺陷的版面”①。图文并茂,应是我们追求的目标。图片不仅可以美化版面,可以辅助文字说明问题,还可以吸引读者,增强宣传效果。运用图片的成功例子很多。例如,1981 年 10 月 21 日新华社发了一条消息:一架飞机从宽仅 14 米多的巴黎市中心凯旋门洞里飞过。《解放日报》在刊登这则消息时,不仅标题拟得生动、吸引人,而且

① 叶春华. 报纸编辑. 福州:福建人民出版社,1985. 124

特地从资料室找来凯旋门的照片,进行技术处理,用一箭头表示飞机的飞行轨迹。这幅照片连同消息一起登出后,整个版面增色不少。上海街头的报栏一贴出此报,马上围了一大圈人。别的报纸虽也选用了这条消息,但由于没有配图,就大为逊色了。

上文提到过,照片一般色调较深,容易造成"重"的视觉效果。线条插图往往空白较多,容易造成"轻"的视觉效果。因此,在一个版面上,如果恰当地安排照片和线条插图,与文字稿、标题巧妙配合,就能产生有轻有重的节奏感和疏密有致的审美效果。

在安排图片时,要注意图片内容的"走向"。如无特殊需要,一般不宜把一幅向右看的人物图片安排在版面右边缘,或者把向左看的人物图片安排在版面左边缘,以免分散版面中心。

二、长短搭配

稿件篇幅冗长,最易造成版面的沉闷、呆板。长短搭配,有助于美化版面。有意识地在一个版面上选用不同体裁的稿件,易于解决长短搭配的问题(例如,简讯、短诗篇幅小,安排灵活)。如果一个版面不得不安排一两篇长文章,可以用加插题、插图等办法予以"短化";或者用转版的方法,把长文章的一部分转到另一版。如果一个版面短文章过多,又易流于琐碎,这时可以采用集纳的办法,用专栏或大标题把小稿件组织起来,加以"长化"。

文艺性副刊,更要注意稿件长短交错,体裁多样。

三、排列多样

1. 题文占栏方式多样化

在一个版面上,各标题所占的"栏"和正文所占的"栏",要有多有少,富于变化。

这里所说的"栏",是指版样纸上的基本栏。

每家报社都印有版样纸,一个小方格代表一个字的位置,并分为若干栏。横排报纸的栏是自上而下垂直划分的,每栏的宽度相等。一个版面按几栏分版,相对固定,称基本栏。大报通常是八栏,小报通常是六栏、七栏。如图9-7,是《扬子晚报》的版样纸,分七栏,每栏97行,每行11字。

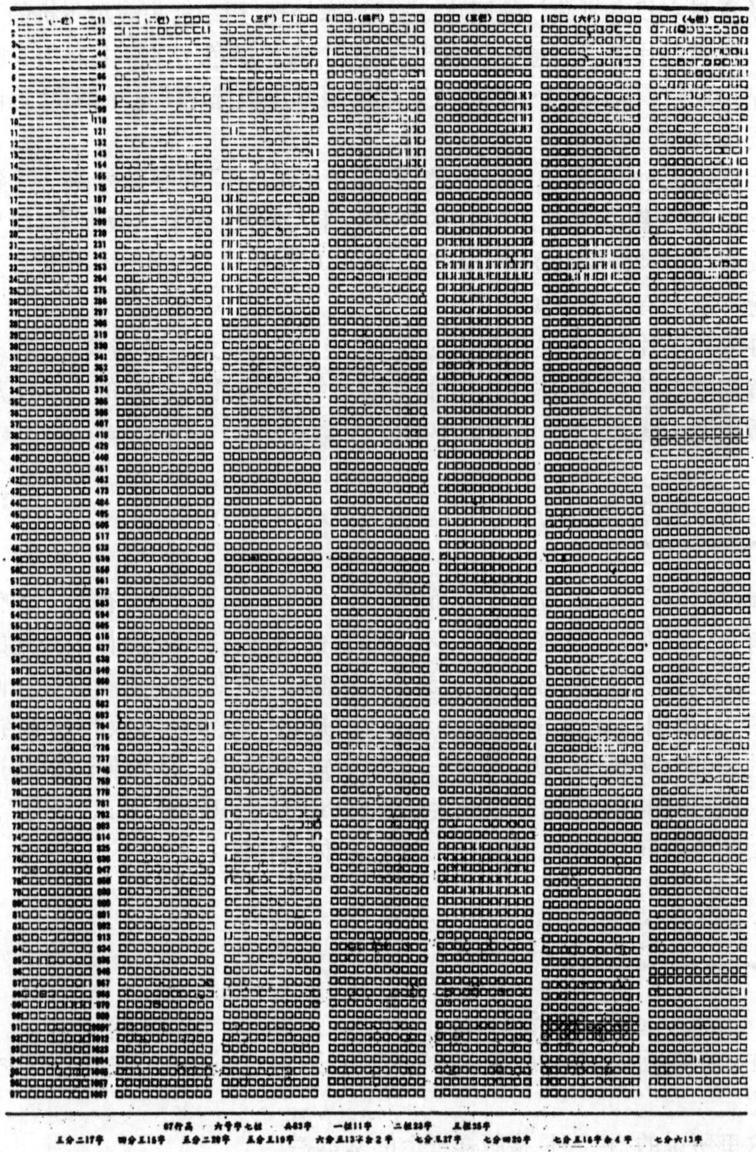

图 9-7 版样纸举例

标题和正文的宽度，可以和基本栏一致。但如果每篇文章都这样安排，就太单调了。所以，在版面设计中，常用“变栏”的手法。变栏有两种：一是长栏，宽度整倍于基本栏，如二栏、三栏。二是破栏，宽度非整倍于基本栏，

如"三破二"(又叫三分二)是把三个基本栏分为两栏;"四破三"是把四个基本栏分为三栏。

在设计版面时,标题和正文所占基本栏,可采用多种形式,如:

题一文一——标题的长度和正文每行的长度,都相当于一个基本栏的宽度。

题二文二——标题的长度和正文每行的长度,都相当于两个基本栏的宽度。

题二文一——标题的长度相当于两个基本栏的宽度,正文每行的长度相当于一个基本栏的宽度。

题三文三破二——标题的长度相当于三个基本栏的宽度,正文每行的长度相当于三个基本栏的二分之一。

题四文四破三——标题的长度相当于四个基本栏的宽度,正文每行的长度相当于四个基本栏的三分之一。(见图9-8)

还可以有其他形式,在此不一一列举。

正文每行的长度最好不超过三栏,否则阅读不便,排列起来也不好看。

2. 题文字体字号与排式多样化

标题的字体、字号要多样化,标题自身的排列形式要多样化,标题与正文的组合形式也要多样化。这些问题,第八章第五节已讲过了。这里要强调的是,正文的字体和字号也可适当作些变化。例如,对开大报的正文一般排小五宋,评论文章或散文可排小五楷,重要文章有时可排五宋。

排式也要有所变化。我们在第六章第二节已讲过图书的排式,主要是指正文的字序和行序的排列方式,分直排和横排两大类。就当代报纸而言,标题和正文以横排为主,可以适当安排直排,如直题横文、直题直文,以求变化。但要注意,正文直排时,字序是自上而下,行序是自右而左。

要防止"碰题"。横标题不要横在一行,直标题不要直在一列,标题之间尽量用文字隔开。两个横题或两个直题相碰时,可改用一横题一直题,或一横题一中心题,或一直题一中心题等。

设计版面时,要尽量避免形成"长弄堂"(版面直向,一长条到底),出现"直通线";还要尽量避免形成"三夹板"(版面横向,分成几个扁条),形成"横通线"。但这不是绝对的。有时编排较重要的长文,布满版面的上部或下部,文章呈规则的矩形,这时难免要出现"横通线"。为了庄重起见,没有必要把这篇文章切割成不规则的多边形。

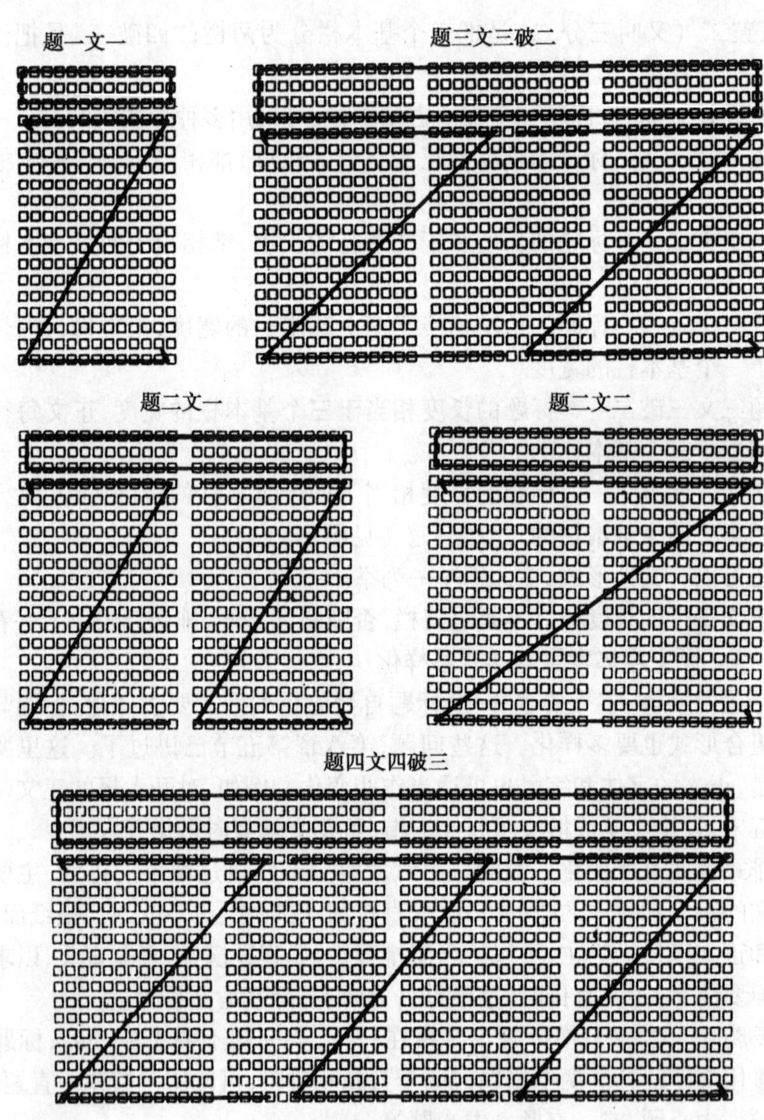

图9-8 题文占栏方式举列

本节谈了美化版面的三个方面的问题。美化版面,还要善于利用线条、底纹、题花、尾花、色彩、空白等。因为前面的章节已讲过,这里就不重复了。

第四节 版面设计的程序

设计一个版面，先要做不少准备工作，然后是画版样、看大样。现分述之。

一、准备工作

首先要通读全部稿件，明确组版思想。根据编辑部的意图和稿件的实际情况，考虑版面的大体轮廓：应突出什么，头条是什么，二条、三条是什么；采用什么类型的版面；哪些稿件内容有联系，应编排在一起；是否要临时配发图片、资料或进行美术处理（有些工作需要请别人来完成，宜及早提出）；有没有稿件需要转版（如果其他版是由他人负责画版的，就要及早通气）；等等。

接着，是计算篇幅。在实际工作中，有两种不同的做法：一种是根据写在方格稿纸上的原稿计算字数；另一种是根据小样（稿件在画版前先打成小样）计算篇幅。在后一种情况下，一般是以正文的行数为计算单位。为了便于计算小样的行数，可以制作一种计算尺，上面刻着以字行为单位的标志和字数，用以测量小样，这样可提高工作效率。标题所占的篇幅也要计算清楚。横标题的长度确定后，还要计算标题的高度（或称厚度）。计算标题的高度，习惯上也是以正文的行数为单位。例如，标题字用二号黑体，正文是小五号宋体，则二号黑体字的高度约占两行。如果有引题、副题，要注意一并相加（根据标题的行数、字体、字号）。还应注意标题四周要留有适当的空白。竖标题的计算方法和横标题有所不同。竖标题的长度确定后，需要计算它的宽度，计算的单位不是正文的行数，而是字数。

每篇稿件在发稿时，对标题大小已初步作了规定，但那是从单篇稿件的角度来考虑的。在设计版面时,出于通盘考虑,必然要对各标题的大小作适当调整。

关于图片,也要根据具体情况,确定它所占的栏数(基本栏)和行数,并折合成字数,以便计算。例如,一幅图片占 2 栏(对开大报,每栏小五号字 13 个),16 行,就要用去 416 字的篇幅(栏间空字尚未计入内,若计入,则是 432 字)。

在计算篇幅时,要留有余地,不要满打满算。整版可容纳多少字,标题、图片、报花、线条、空白占去多少字,可以安排正文多少字,要胸有全局。初学者往往安排正文字数太多,版面拥挤不堪。实际上,一个版面的正文,一般不到整版容量的四分之三。如果标题和图片多,正文则更少。如果是第一版,还要减去报头的位置。

各种报纸每版可容纳的字数,根据其幅面大小、正文字号、分栏情况而定,大体如下:

	正文字号	栏数	每栏宽	每栏长	每栏字数	整版字数
对开大报	小五号	8	13 字	125 行	1 625	13 000
四开小报 1	六号	7	11 字	97 行	1 067	7 469
四开小报 2	小五号	7	10 字	87 行	870	6 090
四开小报 3	五号	6	10 字	72 行	720	4 320

对开大报,一个版面可排 1.3 万字左右(栏间空字未计入内),去掉标题和图片等,正文大约只能排 1 万字。

二、画版样

计算出稿件篇幅与版面容量基本相符后,便开始画版样。

版样,是编辑人员所作的版面设计图,是组版思想的具体体现,好比工程师的设计图纸。

画版样有三种做法:(1) 画在本报的旧报纸上;(2) 画在与报纸版面大小相同的版样纸上,版样纸印有基本栏,并有字数、行数标志;(3) 画在按比例缩小了的袖珍版样纸上。以上三种方法,第二种较为清楚,直观性强,因而最为常用。

画版样的一般程序是：

先安排重要稿件、长稿件，后安排次要稿件、短稿件。

先安排专栏、加框稿件、图片等以方整形式出现的稿件，后安排转接比较灵活的稿件。

先安排版面的四角，后安排中间和其他部位。四角安排好了，其他稿件就比较容易安排。每一稿件在版样纸上要写明标题（只要写主题或标题摘要就可以了，因为详细标题及字体、字号已在发稿单上写明）。

画版样的示意符号如图 9-9：

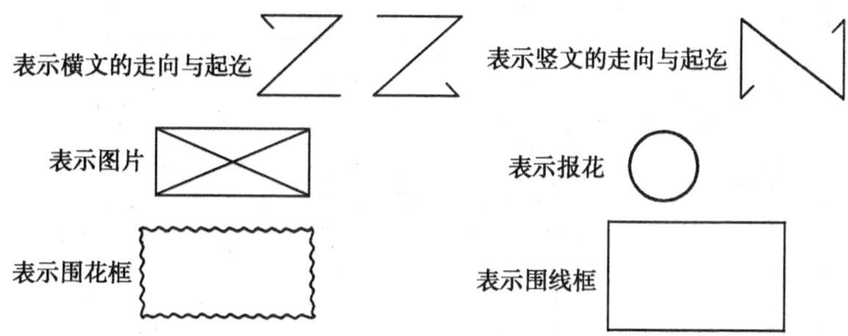

图 9-9　画版样的示意符号

画版样的基本方法，可参考图 9-10。

在画版样的过程中，经常遇到转接的问题。转接有两种，一是栏的转接，一是版的转接。

栏的转接要注意下列事项：不能跳栏，不能逆转，同一栏中不要同时转入两条不带标题的文字，以免混淆；尽量避免在文章告一段落的地方转栏，以免读者误以为文章已经结束。转入另一栏时，尽量避免碰文，如果难以避免，就用线条或星花隔开。

读者遇到文字转接时，一般习惯于从标题和转文之间这个范围内寻找下一栏承接的文字。因此，下一栏承接的地方不宜高于标题，也不宜低于上一栏转接之处。

版的转接，要注意下列事项：在转的地方注明“下转第 × 版”，接的地方注明“上接第 × 版”。转入另一版的文字，要尽可能写标题，字体可小于原题，且可省略引题、副题。如果一个版上同时有两篇文章转入，标题更不能省略。转的地方最好是文章告一段落或一句话说完之处（这与同版之内的转栏有所不同）。转到另一版的文字不宜太短，以免读者寻找费时。但要注意,要闻版不可转入其他版的文字。

在画版样或拼版的过程中,会经常发生稿件篇幅大于或小于版面容量的情况,如果相差不大,有经验的拼版人员会作妥善的技术处理;如果相差较大,编辑就要采取压缩原文、减少标题行数或增发短稿等办法处理。

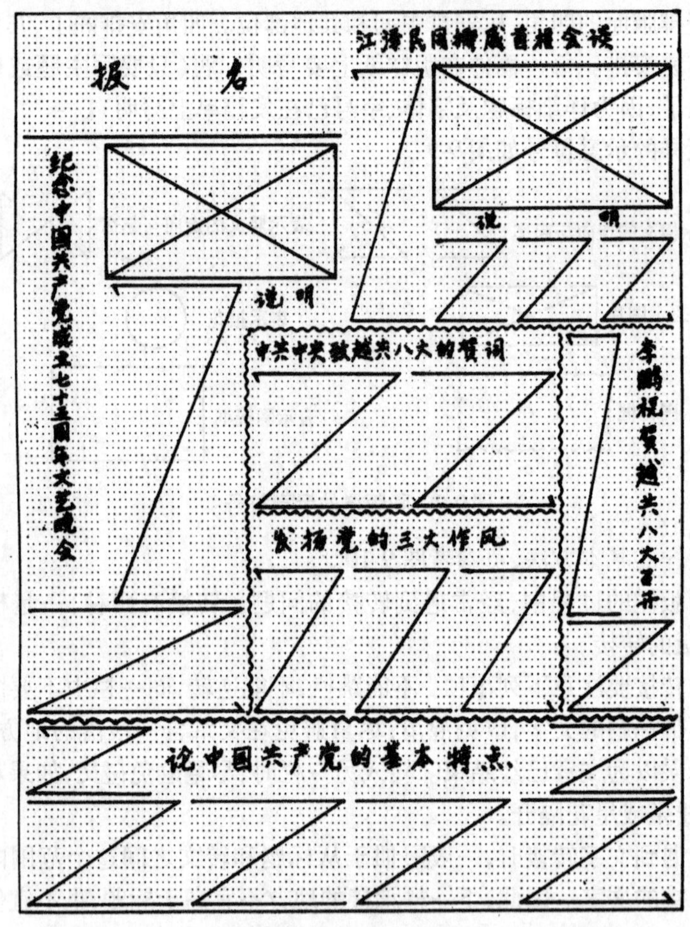

图 9-10 报纸版样参考图

三、看大样

大样,就是报纸拼好版后印出来的样张。检查大样是报纸编辑工作的最后一个环节,是编辑把关的重要关口。

看大样要着重检查全版的标题和正文在思想观点、事实数据、遣词造句等方面是否有不正确、不严密、不妥当的地方；整个版面的布局是否恰当；图片与说明、标题与文字是否有张冠李戴的情况；转接是否正确；等等。发现错误要及时修改。当然，应尽量将错误消灭在大样打出以前；如果在大样打出以后再作大的改动，就会延误开印时间。

大样上的差错改正以后再打出来的样张，就是“清样”。清样经值班总编辑审阅、签字后，便可付印。

本章介绍了报纸版面设计的最基本的知识。随着科学文化的进步和人们审美观的发展变化，报纸的版面设计也在不断革新。当前有些报纸版面革新的步子较大，新闻界一些同志正在探讨新闻美学的分支——版面美学，这是一件值得关注的事。

第十章 期刊编辑概说

内容提要：

本章和第十一章，讲述期刊的编辑。

期刊的选题、组稿、选稿、审稿、改稿等工作环节，与以上几章所述图书、报纸的编辑有许多共通之处，故本章对此从略。

本章着重谈期刊的特点、种类、风格、栏目设置和编排规范化问题。

第一节 期刊的特点与种类

在讨论期刊(又称杂志)的特点与种类之前,先简述期刊的定义。

一、关于期刊的定义

虽然期刊是大家经常接触、时时阅读的出版物,但给它下一个严格的定义却不那么容易。国内外学者给期刊下的具有代表性的定义至少有十余种,概括起来大体有广义与狭义之别。

广义论者认为,期刊包括所有无限期出版下去的连续出版物;狭义论者认为,每年出版一期(次)以上的定期连续出版物才能称得上是期刊。联合国教科文组织 1957 年曾向当时的 146 个成员国发出调查表统计各国的期刊,但由于各国对期刊的概念理解不一致,竟使统计难以进行。1964 年,联合国教科文组织在巴黎举行的大会上通过了关于期刊的定义:"凡用同一标题连续不断(无限期)定期或不定期出版,每年至少出一期(次)以上,每期均有期次编号或注明日期的称为期刊。"①

我国给期刊下的定义,以中华人民共和国新闻出版署 1988 年 11 月 24 日颁布的《期刊管理暂行规定》为代表。该文件指出,《规定》所称期刊,是指有固定名称,用卷、期或年、月顺序编号,成册的连续出版物。②

今天,人们已经把看期刊、读杂志视作生活中不可缺少的一项内容了。但是,人们也许并不都知道,这种阅读期刊的乐趣,只有近现代人才有幸享受,因为古代并没有严格意义上的期刊。期刊的问世,在全世界也不过是三

① 中国大百科全书·新闻出版.北京:中国大百科全书出版社,1990.234
② 中国大百科全书·新闻出版.北京:中国大百科全书出版社,1990.234

百年左右的事。比起书籍来,期刊实在是个出世不久的小弟弟。

中文里的“期刊”一词,在英文里称为 Periodical,是“定期刊物”的意思,又称为“杂志”。而“杂志”(英文又称为 Magazine)源自阿拉伯语 Makhazin,本义是“仓库”的意思。所以,直到今天,一般的英文词典对 Magazine 的释义,首先也仍然是 Store for arms,ammunition explosives,etc. 之类的意思,也就是“武器、弹药等军火库”的意思;而把它解释为期刊(杂志),则往往是第三、第四义了,即 Papercovered(weekly or monthly)periodical,with stories,articles,etc.,by various writers.

Magazine 这个本义为“军火库”的词是怎样演变为“期刊(杂志)”的呢?两者初看起来虽是风马牛不相及的,但只要仔细探究一下,就会发现它们之间确实存在着许多内在联系。军火库中有各式各样的武器、弹药,期刊(杂志)则也有各式各样的栏目、文章。所以,到 16 世纪,欧洲已经把 Magazine 一词从“军火库”中引申出“知识库”的意思了。更有意思的是,也就在 16 世纪,佛朗西斯·培根提出了他的名言:“知识就是力量。”军火是一种力量,知识也是一种力量。这样,“知识库”也就是一种闪耀着思想火花的“军火库”了。有了“知识库”这层含义之后,把 Magazine 解释为“期刊(杂志)”也就是顺理成章的事了。

这种知识与战争、知识与力量之间的渊源关系,甚至还可以追溯到更遥远的古希腊。希腊神话中的雅典娜具有无穷的力量,她既是战争之神,又是智慧之神。知识离不开智慧,有了智慧方能获取知识。用于战争的军火库与用于传播知识(智慧)的期刊(杂志),不就已经很好地联结在一起了吗?

然而,直到 18 世纪,人们才开始用 Magazine 来称呼杂志。1731 年,英国人爱德华·凯夫在伦敦出版了《绅士杂志》(*Gentleman's Magazine*)。此后,欧美其他国家也纷纷办起了期刊,如 1741 年美国人安德鲁·布鲁德福在美国创办了《美洲杂志》(*American Magazine*),同年还出版了另一本期刊《一般杂志》(*General Magazine*)。

“杂志”一词在我国出现的时代较早,如清代王念孙著有《读书杂志》。但是,这一“杂志”的概念与现代期刊意义上的“杂志”的含义是不一样的。那时的所谓“杂志”,其意义与“杂记”、“笔记”大致相当。志者,记也。据戈公振《中国报学史》称,最早在我国出版的“定期刊物”,是 1854 年美华书馆在宁波办的《中外新报》半月刊;1857 年,墨海书馆在上海出版了《六合丛谈》月刊。到了 19 世纪 70 年代,我国出版的期刊渐渐多了起来,如 1872 年

创办的《中西闻见录》、1875 年创办的《万国公报》、1876 年创办的《格致汇编》等。有人研究认为,《中外新报》还未必就是在中国出版的第一份期刊。早在 1833 年,外国传教士就曾在广州创办过《东西洋考每月统记传》。从时间上算,这份刊物要比《中外新报》早 21 年。

在国外,用中文出版的期刊,比《东西洋考每月统记传》要更早一些。1815 年,西方传教士在马六甲出版了中文期刊《察俗每月统记传》,其英文刊名是 *Chinese Monthly Magazine*。这两种所谓"统记传",实际上就是"期刊(杂志)"的意思,即英文的 Magazine。至于"每月"之谓,即为"月刊"(英文 Monthly)的意思。此类"统记传"大多为宗教性内容,基本上用雕板印刷。1828 年,马六甲出版的中文期刊《天下新闻》用活字印刷,内容则更加接近现代的综合性期刊了,既有新闻,也有文章。再到后来,一些期刊开始只登文章,不登新闻,形式也逐渐变成介乎书籍与报纸之间,与现代的期刊形式大致相仿。许多研究者认为,1904 年商务印书馆创办的《东方杂志》才是真正意义上的第一份中国期刊,因为它不但是中国人办的,在中国土地上出版的,而且,其内容和形式也都是现代意义上的期刊了。

二、期刊的特点

我们试将期刊与图书、报纸分别作一比较,以见期刊的特点。

1. 与图书比较

期刊多数是月刊、双月刊、季刊;也有半月刊(如《半月谈》)和周刊(如《瞭望》),出版周期比图书短,因此能较及时地反映现实生活,追踪学术界的动态。

一部图书,通常是一个或几个情投意合的作者围绕某一问题展开论述或叙述,具有系统性的特点(论文集之类是特例);而一册期刊通常是众多作者精神产品的汇合,具有内容丰富、风格多样的特点。不同的观点可以在期刊上争论,并且可以一期又一期地争论下去;而图书,除了特意编辑的"论争集"之外,难以像期刊那样发挥"论坛"的功能。

2. 与报纸比较

期刊出版周期比图书短,但比报纸长。① 有人对此作了生动的比喻:

① 这当然是就一般情况而言。期刊有周刊,报纸有半月才出版一次的,但毕竟比例很小。

报纸好比是秒针，杂志是分针，图书是时针，都围绕时代的轴心旋转。①

期刊反映现实不如报纸及时，但正因为有较充裕的时间，所以可以从容地对某一时期的问题进行回顾、综合考察和较深入的评论。马克思和恩格斯在比较报纸与杂志的不同时说："报纸最大的好处，就是它每日都能干预运动，能够成为运动的喉舌，能够反映出当前的整个局势，能够使人民和人民的日刊发生不断的、生动活泼的联系。至于杂志，当然就没有这些好处。不过杂志也有杂志的优点，它能够更广泛地研究各种事件，只谈最主要的问题。杂志可以详细地科学地研究作为整个政治运动的基础的经济关系。"②

多数报纸侧重于登载新闻，文章一般不长，很少发表长篇论文。期刊虽然也有以登载新闻为主的(称新闻性期刊)，但大部分期刊是以发表知识性、技术性、理论性文章或文学作品为主，内容较稳定，篇幅也较长。学者发表论文(尤其是科技论文)，多以期刊为阵地，而不是以报纸为阵地，一方面是因为报纸篇幅有限，另一方面是因为报纸的主要任务不是发表论文。

我们在前面曾说过，新闻是"易碎品"，时效性强，因此以登载新闻为主的报纸的保存价值不如期刊。除了图书馆或报纸收藏家之外，很少有人系统保存报纸。而期刊的内容较稳定，讨论的问题较深入，因而保存价值较高。加上它是成册出版的，也易于保存和查阅。所以，读书人家中多多少少总收藏些期刊，尤其与自己的专业密切相关的期刊，更是注意系统收藏。

三、期刊的种类

正像报纸一样，期刊也可以从不同的角度进行分类。有多少个角度就有多少种分类的结果，角度太多则流于繁琐。这里只介绍三种分类的角度。

1. 按期刊的学科归属进行分类

以《中国图书馆图书分类法·期刊分类表》为代表，将期刊分为五个基本部类：(1) 马列主义、毛泽东思想；(2) 哲学；(3) 社会科学；(4) 自然科学；(5) 综合性刊物。在基本部类中，又分为若干大类，如"社会科学"，分为社会科学总论，政治，军事，经济，文化、科学、教育、体育，语言、文字，文

① 陈仁风. 现代杂志编辑学. 北京：中国人民大学出版社，1995.8

② 马克思，恩格斯.《新莱茵报·政治经济评论》出版启事. 马克思恩格斯全集(第7卷). 北京：人民出版社，1959.3

学,艺术,历史、地理。社会科学总论类期刊以反映社会科学各个学科的最新研究成果为主,是所谓“大社科”的概念,如《中国社会科学》、《社会科学战线》等,一些省、自治区、直辖市社会科学院主办的“学刊”、“论坛”、“月刊”之类以及各高等院校主办的哲学社会科学学报等亦属此类。至于专业性的,如《哲学研究》、《经济研究》、《中国法学》等;各实际工作部门和各学术团体主办的一些刊物也包括其中,如《江苏高教》、《组织人事通讯》等。

又如自然科学类。此类期刊以反映自然科学各学科领域的最新研究成果为主,既反映基础理论的研究动态,也反映应用方面的研究进展和最新成就。它们中也有综合性的和专业性的两类,综合性的如《中国科学》和各高等院校主办的自然科学学报等,专业性的如《数学学报》、《中学数学》、《物理教师》、《化学学报》等。另外,各实际工作部门和学术团体也主办此类期刊。

2. 按期刊的内容特征或读者群进行分类

根据期刊的内容特征,期刊可分为高级性期刊、一般性期刊和通俗性期刊。所谓高级性期刊,在国外一般被称为 Quality papers,它们是以高级知识层和领导层读者为主要对象的。就我国来说,一些学术性期刊,如“中华(中国)牌”的刊物(《中华医学》、《中国语文》之类)以及其他高、精、尖研究刊物,都可看作高级性期刊。而所谓通俗性期刊,主要是指那些普及性、大众化的期刊,也包括那些娱乐性和消遣性的期刊。介乎高级性和通俗性之间的期刊,便是一般性期刊了。当然,所谓高级性、一般性和通俗性,都是相对而言的,是无法用一把尺子来衡量的。

根据期刊的读者群,可将期刊按读者的年龄、性别等分成若干种类型。

按年龄分,可分为老年人期刊、青年期刊和少儿期刊等。老年人期刊以老年人为特定读者对象,按照他们的特点办刊,如《老年世界》、《长寿》等。近年来,我国以老年人为对象的期刊正在逐步多起来。青年期刊以青年为特定读者对象,按照青年一代的心理特点、兴趣爱好和实际需求办刊,如《中国青年》、《青年一代》、《青年文摘》等。青年类期刊是发行量较大、受众面较广的一类期刊,对社会的影响也比较广泛。少儿期刊以少年儿童为特定读者对象,目的在于启迪少儿的智力,给予他们一些必要的知识,如《少年文艺》、《故事会》、《语数外》(初中版)等。

按性别分,实际上主要就是指那些专门针对妇女而创办的期刊,真正专门针对男性而出现的期刊是极少的。即如《父母必读》之类供男性、女性共

读的刊物，恐怕也主要是妇女的案头读本。妇女刊物早已被期刊界视为出版行业的“摇钱树”，这恐怕与妇女有较多的空闲时间以及妇女运动的兴起和发展有很大关系，在欧美国家更是如此。英国在18世纪就出版了《淑女使者》、《淑女周刊》、《女旁观者》等女性期刊。据有关资料显示，美国发行量最大的期刊，就是与妇女、与家庭有关的女性刊物。俄罗斯发行量最大的期刊，是出版了近90年的《女工》月刊，发行量常年在1 000万册以上。澳大利亚的《妇女周刊》发行量每年超过100万册，也位居全国期刊发行量之首。中国在20世纪二三十年代就有妇女期刊了，如商务印书馆的《妇女杂志》、生活书店的《妇女生活》、开明书店的《新女性》等。今天，我国的妇女期刊仍十分走俏。

3. 按期刊的学术地位进行分类

按期刊的学术地位划分，可分为核心期刊和非核心期刊两大类。核心期刊是一个重要概念，下文专门介绍。

四、关于核心期刊

核心期刊，是指在某一学科领域(或若干领域)中最能反映该学科的学术水平，信息量大，利用率高，受到普遍重视的权威性期刊。

国内外对核心期刊的测定，主要运用文献计量学的理论与方法，以及通过专家咨询等途径进行。

北京大学出版社1992年出版了《中文核心期刊要目总览》，1996年又推出第二版。第二版从正在出版的万余种中文期刊中，筛选出1 578种核心期刊，并作了简要介绍。《总览》是我们了解全国核心期刊的重要工具书。后来，又出版了2000年版。

了解核心期刊有什么重要意义呢？就编辑而言，可以从核心期刊吸取经验。就读者而言，树立核心期刊意识，可以明确价值取向，提高阅读档次。例如，语言文学专业的学生，首先要阅读《中国语文》、《文学评论》等核心期刊，而不是本末倒置。就图书馆而言，在经费有限的情况下，订阅时当然是以核心期刊为首选目标。就科研管理部门而言，可以统计分析各单位或个人在核心期刊上发表论文的情况，以此作为衡量其学术水平的一项重要指标。因此，人们往往以在核心期刊上发表文章作为自己的追求目标。

当然，核心期刊与非核心期刊不是固定不变的。非核心期刊经过努力，

可以跻身于核心期刊之列;核心期刊如果固步自封,也会被淘汰。

第二节 期刊的栏目

栏目,是期刊中辟有专门篇幅以登载某类稿件的专栏的名称。报纸也有专栏,但报纸的专栏只是版面上的一个局部;而期刊由于成册装订,篇幅较多,一个栏目往往统摄好几页。

一、栏目的作用

1. 栏目是期刊编辑方针的具体化

如同报纸一样,每家期刊也有自己的编辑方针,以规定办刊宗旨、读者对象、主要内容、风格特色等。而栏目的设置,就是实施编辑方针,使编辑方针具体化的一个重要方面。

2. 栏目是向读者展现期刊主要内容的窗口

一家期刊主要发表哪些方面的稿件,通过栏目即可大体展示。例如,《服务科技》这份期刊的具体内容是什么,一般读者也许说不上来,但浏览一下它的栏目("当代审美"、"发型设计"、"医学美容"、"服饰舞台"、"饮食文化"、"美食天地"等),便可知道这是有关美容、服装、饮食文化的期刊。

3. 栏目是吸引稿源的磁石

作者向一家期刊投稿,往往是因为被它的栏目所吸引,从而引起写作的冲动。杂志社向作者寄发约稿信,或编辑上门约稿,几乎不约而同地介绍本刊的栏目。因为,栏目是期刊对来稿要求的具体化、形象化的说明。

二、栏目的设计

期刊栏目的设计，要注意以下几个问题。

1. 体现办刊宗旨和特色

在创刊之初，就要根据本刊的宗旨，对栏目设置通盘考虑，努力体现自身的特色。如中华书局的《文史知识》，是以中学文史教师、大专文科学生以及广大文史爱好者为读者对象的知识性刊物。就“知识性”而言，它是普及的；但它的读者对象毕竟是大学生和中学教师，又要注意提高。因此，栏目设计应体现雅俗共赏这一特色。该刊在1981年创刊时，除专论以外，设置的栏目有：“治学之道”、“文学史百题”、“历史百题”、“诗文欣赏”、“青年园地”、“文史书目答问”、“中国名著在国外”、“文史研究动态”等。最早出版的几期，“治学之道”有夏承焘、朱东润、余冠英等专家撰稿；“文学史百题”和“历史百题”有王季思、罗尔纲等专家撰稿；“青年园地”则专门发表在校学生或知识青年的文章。结果，该刊引起强烈反响，大中学生不嫌其深，爱读；专家学者不嫌其浅，也爱看，真正做到了雅俗共赏。

2. 稳定性与灵活性相结合

一家期刊应当有几个稳定的栏目，重点策划，有计划地组稿，力求内容的全面和系统。这样，读者连续订阅后，就能得到比较系统的知识。成功的例子是《文史知识》的几个重点栏目，自创刊至今一直保留，成为特色栏目。从横向看，栏目覆盖了文史领域的主要知识点；从纵向看，各栏目自成系列，可以单独抽出成为专书。中华书局陆续出版的《文史知识文库》丛书，就是将几个重点栏目的文章分别汇编而成的，已出版了《文史专家谈治学》、《中国文学史百题》、《学史入门》、《古典文学研究动态》等。又如《辞书研究》杂志，“释义探讨”是其中一个稳定而有特色的栏目，后来该刊将这栏目中的文章抽出，修订补充，编成《疑难字词辨析集》，作为《辞书研究丛书》中的一种。

期刊的栏目，又要根据读者的需要和客观形势的变化，灵活组织。对此又有两种处理方式：(1) 在保留部分传统栏目的基础上，推出一批新栏目。如《中国出版》月刊，1997年为了更好地体现“面向广大出版、印刷、发行工作者”这一思路，新辟“学者专家访谈录”、“编辑你我他”、“优秀图书诞生记”、“名编辑与名书”、“畅销书的奥秘”等栏目。(2) 临时组织的阶段性栏目。如20世纪80年代中期,《文史知识》收到一位读者来信,提出新时期应当怎样治学的问题。编辑部认为这个问题很有现实意义,就在1985年第10期上开辟"八十年代我们怎样治学"专栏,刊登了这封读者来信,同时发表一组文章,加了编者按,号召大家展开讨论。另外,又分别召开青年学者和中老年专家会议,听取各种意见。结果收到大量来稿,使讨论不断深入,取得了良好的效果。过了一年,编辑见讨论已达到预期目的,便取消了此栏目。

3. 注意专栏名称的修辞

期刊的专栏名称有不同的语言风格。有的质朴,如"邓小平理论研究"、"东北亚区域文明"、"国外辞书界"等;有的用回环反复的方式强调本刊的主题,如《政策》杂志的栏目"政策与实践"、"政策科学"、"外省政策"、"省内政策"、"政策问答";有的运用比喻、套用等手法,如"青春驿站"、"心理魔方"、"拍案惊奇"等。

期刊专栏的名称可以采用多种修辞方法,百花齐放,各显神通,但必须掌握几个基本原则:明确、贴切、生动。近来期刊专栏名称有追求"四字格"的趋向。四字格整齐划一,容易记忆,有它的长处;但有时为了凑四个字,搞得不伦不类,晦涩难懂,那就弄巧成拙了。

第三节 期刊的风格

前述有关期刊的定义、特点、种类,通过与报纸、图书等其他传媒的比较,已经描绘了期刊所具有的独特的个性。这里着重讲述期刊的风格、期刊编辑的风格等问题,以观照编辑在期刊风格的形成过程中所起的作用以及如何才能形成这种风格。

一、关于风格

风格,主要指作品的艺术特色,也指一个人的风度品格。《世说新语·德行》说:"李元礼风格秀整,高自标持。"《晋书·和峤传》也说:"峤少有风格,慕舅夏侯玄之为人,厚自崇重。"刘勰《文心雕龙·议对》在评论陆机的作品时说:"及陆机断义,亦有风颖;而腴词弗剪,颇累文骨:亦各有美,风格存焉。"现代文艺理论认为,风格是一个作家、艺术家全部作品中一以贯之的、经常出现的思想、艺术特点的总体构成,是作家、艺术家在创作中所表现出来的艺术特色和创作个性。作家、艺术家由于生活经历、立场观点、艺术素养、个性特征的不同,在处理素材、驾驭题材、描绘形象、采用表现手法和运用语言等方面都各有特色,这就形成了作品的风格。

每个人的风格是各不相同的。从这个意义上可以说,风格就是人。因此,人们不仅往往以风格量人,而且也以风格衡文。例如,南唐后主李煜和宋代词人李清照都以抒发愁苦悲伤的真情实感而饮誉词坛,他们的作品都具有十分感人的艺术力量,且都属于歌词的婉约一派,但两人的不同风格又是明显可辨的。其原因,就在于两人的生活经历、个性特征乃至立场观点等都存在着较大的差异。"四十年来家国,三千里地山河"、"小楼昨夜又东风,故国不堪回首月明中"这样的词句,只有出诸李后主之手而不会出于李清照的笔下。而"寻寻觅觅,冷冷清清,凄凄惨惨戚戚"、"只恐双溪舴艋舟,载不动,许多愁"这样的词句,也只有出诸李清照之手而不会出于李后主笔下。据《琅嬛记·卷中》引《外传》载:"易安(即李清照)以《重阳·醉花阴》词函致明诚(李清照丈夫赵明诚)。明诚叹赏,自愧弗逮,务欲胜之。一切谢客,忘食忘寝者三日夜,得五十阕,杂易安作,以示友人陆德夫。德夫玩之再三,曰:'只三句绝佳。'明诚诘之。曰:'莫道不消魂,帘卷西风,人比黄花瘦。'政易安作也。"这则故事是否属实,研究者早就存疑,但从中却可以看出,要把自己的风格与他人的风格糅合在一起,实在是勉强不来的。正如王闿运在《湘绮楼词选前编》中评论李清照这三句词时所说的:"此语若非出女子自写照,则无意致。"

论作品的风格是如此,论人的风格也是如此,而评论一种期刊的风格,评论一个期刊编辑的风格,又何尝不是这样呢?

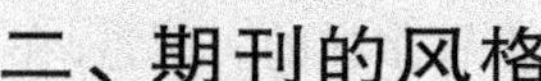

二、期刊的风格

有关期刊的风格，范军在《期刊风格简论》一文中作了如下界定：期刊风格"是指期刊在整体上表现出来的相对稳定的成熟的编辑特色"，并认为，期刊风格的这个界定，说明"作为期刊风格的编辑特色应具有整体性、相对稳定性和成熟性等特点"①。

风格的相对稳定性和成熟性是易于理解的。一种期刊只有长期保持一种成熟而稳定的风貌和格调，才能形成自己独特的风格。风格是持久、稳定、成熟这些独特性的内在表现。但是，风格的整体性则比较复杂。这种整体性指的是一种期刊全部内容、所有形式在总体上的和谐统一，内容与形式紧密结合，相得益彰，缺一不可。

期刊的风格是期刊灵魂的体现。某一种期刊的风格，是这种期刊始终保持的或经常出现的思想性和艺术性等方面所独有的特点，从而在总体上所构成的风度和格调。这种特有风格的形成和保持，同时也是某一种期刊成熟的表现。当然，风格并不代表着"永远是一副老面孔"，更不意味着"一律"。如果是那样，就既无特色，也说不上风格。"文革"时期的一些刊物，内容一律，形式相同，甚至连开本、印张、字体、字号也彼此相类，各省、市的文艺刊物一律都是《××文艺》，自然也就很难说各自有什么独特风格了。

期刊的风格主要体现在内容和形式两个方面。

从内容上讲，一种期刊的风格可涉及很多方面，如稿件的选取，基本栏目的设置，卷首语、编后语以及读者来信的刊登，广告的安排，补白的处理，等等。有人分析《读者》的成功经验和借鉴意义，认为其最重要的一条，就是形成了自己的风格，并指出："惟有如此，才能把读者吸引到自己周围，拥有稳定而庞大的读者群。"②

那么，《读者》在内容上的风格是什么呢？作家刘心武说："它的主要构成元素，就是从并不那么沉重的但多少有些离奇的凡人小事中，开掘出也许

① 范军.期刊风格简论.编辑学刊，1993(4)

② 李玮.有风格才有"读者"——论读者杂志的风格.未来编辑谈编辑.北京：北京出版社，1999.197

不够深刻但味道颇为醇厚的人情味来。”①梁晓声对《读者》内容的风格又是这样评价的：“据我看来，《读者》所容纳的风格是多种多样的。但是，在它的现代的下面，我始终能感受到一种古典性的律动；在它的轻松活泼的下面，我始终能感受到一种庄重性的坚持。”②因此，有人总结出《读者》的风格是大雅大俗。所谓“大雅”，是因为它有宁静清淡的古典美，有不媚世俗的庄重美，有饱含哲理的深邃美，有智慧幽默的灵秀美。如季羡林的《清塘荷韵》，是篇精致淡雅的美文；邓一光的《狼行成双》，是歌颂动物界感人爱情的凝重之作；沙叶新的《大人们的谎言》、余光中的《开你的大头会》，则都是既尖刻至极，又幽默至极的小品佳构；而中野孝次的《袋里有米，炉边有柴，还要什么》，又充满了佛教的智慧；甚至连几篇卷首语和几个笑话，也都是极富哲理且极具睿智的精品。所谓“大俗”，是因为《读者》有直面社会人生的真实，有贴近并热爱生活的朴素，有与读者心灵相通的亲切，有浓浓的温情与人情。如《读者》上刊登的《一个北京姑娘的激情漫游》、《嫂子，你是天上派来的妈妈》、《孝女绳》、《丹顶鹤的故事》等，讲述的都是并不普通的普通人的真实故事。每读这些文章，都会让人心灵感到震颤，体会到人性的真善美，感受到人与人之间那份浓郁的亲情、温情和人情味。

《读者》之“雅”，绝非孤傲艰涩，脱离生活，没有让人感到雅得可望不可及，没有让人感到雅得牙酸。《读者》之“俗”，也断不是鄙俗琐屑，浅薄无聊，没有让人感到为了招揽买主而俗得降低了身价。

就形式而言，期刊所涉及的范围也是很广泛的。无论是开本、用纸、印刷、封面装帧，还是题字、插图、尾花、版式设计，都和某种期刊形式方面的风格有关。但是，无论如何广泛，每一种期刊在形式上的风格都应有一个总的原则，这就是形式必须为内容服务，形式方面的风格应该恰如其分地反映内容上的风格，形式上的外在形态要与内容上的内在质量和谐协调，相得益彰。

还以《读者》为例。该刊的一位负责人曾用“清新雅”三字概括《读者》的风格，说它“不以动荡而移神，不求媚丽而争宠”③。这一风格定位，既是就内容而言的，也包含了对形式方面的评价。而当我们翻阅各期《读者》时，也确有这样的感觉。比如，《读者》的封面装帧就颇有特色，或采用摄影

① 读者，1988(2)
② 读者，1994(4)
③ 读者，1994(4)

作品,或选取油画、国画、水彩画等绘画佳作。1997 年 7 月,正值香港回归之际,那一期《读者》的封面是一个头戴中国传统样式头巾的女孩期盼回归的头像;1998 年第一期的封面则以红色为主色调,腊梅和绒布虎突出了迎春和虎年的主题。《读者》封面更多选用的是风格淡雅别致或有浓郁人情味的作品,紧密结合了《读者》雅俗共赏的内容风格。如 1999 年第 4 期的封面采用的是油画,反映的是温馨的农家生活场景。另外,《读者》的封面设计长期保持了一种基本格式,即以白色为底色;"读者"刊名置封面上方,且多用红色表现;刊名下方安排长方形图片,图片外用直线框起;小巧的期号则位于右下角。虽然《读者》已办了二十多年,又经过一次更名(原为《读者文摘》),但它的这种封面设计始终如一,从而形成了自己的风格,为广大读者所熟识。

在版式设计上,《读者》以雅致为特色,有一种恬静的美感。1998 年年初,《读者》确定了自己的刊徽——标准色为绿色的蜜蜂图案,放在封面红色刊名的上方,有时又将其作为尾花,用以象征《读者》在为人们采集蜂蜜,传播知识,提供精神食粮。这个刊徽设计简洁,也使封面和版面活泼了许多,成为在形式方面形成《读者》风格的一个组成部分。

三、期刊编辑的风格

某种期刊的编辑者,犹如一幢大楼的工程建筑师;而形形色色的文稿,则好像沙石、钢筋、水泥、木材等建筑材料。要把大楼建成一流的优质工程,当然要有高质量的建筑材料。但是,有了高质量的建筑材料后,到底要用这些建筑材料建成一幢什么样的大楼,却取决于建筑师的设计和施工。建筑师的修养、学识、经验、能力等不同,竣工的建筑物的工程质量之优劣也就不同;建筑师的兴趣、爱好、审美观念、设计思想等不同,建成的大楼的风格也会大有区别:典雅的、凝重的、呆板的、怪异的、古典主义的、现代派的等等。高楼大厦的建筑师是如此,期刊的建筑师——编辑也当是如此。

期刊的风格不是自然形成的,也不是一蹴而就的,更不是靠某个人想当然就能产生的。期刊风格的形成,是期刊社几代编辑人员持之以恒、共同努力的结晶。如果说期刊风格是春日下一盆争艳怒放的花朵,那么,期刊编辑就是这盆花朵的园丁和护花神。编辑要精心地选种、育苗、浇灌、栽培,不断地予以呵护,且需要不断地去除病害和虫害。当然,期刊风格这种花朵还与植物界的花朵不同。植物界的花朵大多年年开放年年谢，而期刊风格这种花朵则要求它能够常开不败，永不凋零。因此，期刊编辑这样的护花使者便比一般的园丁增添了另一层含义：多了一份辛劳，多了一份责任。

期刊编辑者的风格与期刊作者的风格往往是不一致或不完全一致的。一千个作者可能有一千种写作风格，正如刘勰所说："各师成心，其异如面。"而期刊的编辑虽然也有各自独特的风格，但就某一种具体的期刊来说，它之所以能够形成自己特有的风格，就是因为它在内容和形式上都有与其他期刊明显的不同之处，从整体上来说具有稳定而持久的编辑特色。这就要求这一期刊的所有编辑都必须围绕该期刊的特有风格去组织、录用稿件，围绕该期刊的特有风格去开展编辑加工（包括该期刊各期的版式设计、封面装帧、栏目、色彩等）。但对单个编辑来说，其具有个性的编辑风格仍应得到承认和保持。

承认和保持编辑具有个性特征的编辑风格，就是为了鼓励和发挥每个期刊编辑的创造力和开拓意识，而这种创造力和开拓意识与形成和保持期刊的风格是并不矛盾的，甚至可以更好地使期刊办出特色，完善风格。因此，每一个期刊编辑要有能力把一些优秀的文章组合起来，通过文章的编选和安排，体现出自己的审美情趣，创造出独特的个性风格。

从大的方面来讲，各类期刊应该有各类期刊的风格。这就要求期刊编辑根据所编期刊类型的基调，创造出自己的风格。一般来说，青年刊物要紧紧扣住"青年"二字做文章，内容要富有思想性、知识性和时代性，形式上应新颖活泼。哲学社会科学类期刊要突出学术性，提高理论性，处理好重点与综合的关系，并努力提倡创新意识。文摘类期刊要体现选者的眼光，充分发挥潜在的创造性，所选文章要突出精、新、韵，给人以无穷的回味。

就具体的某种刊物来说，期刊编辑更要在形成自己期刊特有的风格上下功夫，既要与不同类型的期刊形成不同的风格，又要与相同类型的期刊形成风格上的反差。只有形成了自己独特的而又为广大读者喜闻乐见的风格，期刊才能办成精品，真正拥有读者，从而具有竞争优势。原《读者文摘》改名《读者》后，仍然一如既往地保持了原有成熟而稳定的风格，赢得了很好的口碑。白色恐怖下的20世纪30年代，《生活》周刊被查封后改以《新生》周刊名义出刊，《新生》周刊被查封后改以《大众生活》名义出刊，《大众生活》被查封后又改成《永生》、《生活星期刊》，可谓几多曲折，历经磨难，但几种名虽不同实则为一的期刊仍保持了基本一致的风格，突出地反映了一

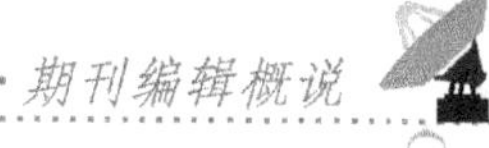

以贯之的个性，人民群众就是愿意买，就是喜欢看，连反动派也无可奈何。这些，不正体现了期刊编辑为维护期刊的编辑风格所作出的辛勤劳动和无私无畏的精神么？

第四节 期刊编排的规范化问题

期刊编排规范化涉及许多方面的问题，本节只是略述编排规范化的意义，并列举规范化的若干规定，以便对规范化的意义有比较具体的认识。

一、期刊编排规范化的意义

20 世纪 80 年代以来，我国颁布了一系列与期刊编辑有关的国家标准(GB)，如：

GB3179—82　科学技术期刊编排规则
（1992 年修订为：GB3179—92　科学技术　期刊编排格式）
GB3259—82　中文书刊名称汉语拼音写法
GB3468—83　检索期刊编辑总则
GB3793—83　检索期刊条目著录规则
GB6447—86　文摘编写规则
GB7713—87　科学技术报告、学位论文和学术论文的编写格式
GB7714—87　文后参考文献著录规则
GB788—87　图书杂志开本及其幅面尺寸
GB9999—88　中国标准刊号
GB/T13417—92　科学技术期刊目次表

此外，中国高等学校自然科学学报研究会参照有关的国际标准(ISO)、

国家标准和法规,于1988年制订了《中国高等学校自然科学学报编排规范(试行稿)》。

1990年,全国高等学校文科学报研究会制订了《中国高等学校社会科学学报编排规范(试行稿)》。1996年11月,又印发了修订稿。

以上一系列文件的发布,有力地推动了期刊编排的规范化。期刊编排规范化的意义在于:(1) 提高期刊编辑工作的科学性、严密性;(2) 促进期刊质量的提高;(3) 便于读者的利用;(4) 有利于国内和国际的学术交流;(5) 便于计算机管理。

二、期刊编排规范化内容举要

下面以高等学校学报的编排为例,列举规范化的若干规定(普及性期刊不受这些规定的限制),并对这些规定的重要性略加说明。

刊名与目次 公开发行的学报,除用规范汉字标示刊名外,应在版权页用英文著录刊名全称及主要的版权事项。目次页应有中文目次表和英文目次表(后者可以只列出主要文章的题目、作者姓名)。这是为了便于进行国际学术交流。

刊眉 在正文部分,各篇论文首页应排刊眉,标出中英文刊名、卷次、期次、出版年月。这样做,既便于印制抽印本,又可以让读者在复印时不必费心记录论文的出处。(刊眉相当于书眉,参阅第四章第二节及图4-7。)

收稿日期 收稿日期指编辑部收到文稿的日期。收稿日期可排在篇首页地脚位置,必要时加注修改稿收到日期。

期刊上标注各篇稿件的收稿日期,便于读者了解著作权人完成科研成果的日期(或某一观点提出的日期),也便于了解刊物的出版周期。

作者署名及工作单位 作者姓名置于篇名下方。应标明作者的工作单位全称、所在城市及邮政编码。这样做,便于读者咨询和学者间的交流。

摘要 作者署名的下方,应有摘要,客观地反映出论文的主要信息,采用第三人称表述,一般在200字左右。公开发行的学报,可以附英文摘要。

摘要便于读者在最短的时间内获知该论文的主要内容,也便于录入计算机数据库。

关键词 摘要下方应列出关键词3~8个。所谓关键词,是从论文的题目、摘要或正文中抽取的,对于揭示论文的主要内容具有实质意义并具有检

索意义的词语。这对于编制索引(尤其是用计算机编制索引和进行文献检索)极其有用。

注释与参考文献 注释一般排在当页地脚(即脚注),也可采用文末注(篇后注)或夹注方式。参考文献集中排在文末(若有篇后注,则参考文献排在注释之后)。关于参考文献的著录格式及其意义,见本书第三章第一节。

需要说明的是:(1)以上仅仅是举例,而不是规范化的全部内容。与期刊编辑有关的标准、规范,绝大部分已收入中国标准出版社1993年出版的《作者编辑出版常用国家标准》,编辑工作者应注意参考。(2)以上所讲的规范化,着重在编排形式方面,还不是内容和形式的全面质量标准。关于全面质量标准,还有其他重要文件。例如,新闻出版署1996年下发了《社科期刊质量标准及评估办法》,该文件包括政治标准、业务标准、编辑标准、出版标准等。(3)目前已有不少期刊实施上述标准、规范,但不规范、不统一的情况时有发生。这一方面是因为有些杂志社对此重视不够;另一方面是因为各个文件的规定有时不尽一致。如关于文后参考文献的著录格式,《科学技术期刊编排格式》(GB3179—92)和《文后参考文献著录规则》(GB7714—87)就有细节上的出入。这些问题,有待有关主管部门统筹解决。

各种期刊的规范化要求有些是共同的、一致的,有些则是特殊的、不完全一致的。各期刊编辑部有责任把有关规范化要求告诉作者,让作者知道有关规范化要求的具体内容,并按照这些规范化要求来写稿和投稿。下面是某大学学报哲学社会科学版和自然科学版关于执行新编排规范敬告来稿者的注意事项,可作为参考。

《××大学学报》(哲学社会科学版)

关于执行新编排规范敬告来稿者注意事项

根据国家新闻出版署有关文件精神和《中国高等学校社会科学学报编排规范》,特向本刊投稿的作者告知应注意的若干事项。

一、来稿应标明作者工作单位全称,所在省(区)、城市名,邮政编码,加圆括号置于作者署名下方。来稿应附200字以内的文章摘要和3~5个关键词,与题目、作者姓名一并译成英文,中文置于正文之前,英文附在文末。

二、获得基金资助的文章应以“基金项目:”作为标识注明基金项目名称,并在圆括号内注明项目编号。例如,基金项目:国家社会科学基金资助项目(59637050)。

三、文章的第一作者应写明出生年月、性别、民族(汉族可省略)、籍贯、职称和学位等项目。其前以“作者简介:”作为标识,置于篇首页地脚。

四、参考文献的类型以单字母方式标识:M—专著,C—论文集,N—报纸文章,J—期刊文章,D—学位论文,R—报告,S—标准,P—专利;对于专著、论文集里的析出文献,采用字母“A”标识;对于不属于上述的文献类型,采用字母“Z”标识。凡引文出处一律列入“参考文献”,文中引文处的序号(上标)与参考文献的序号须对应,用“[ ]”标示。其格式为:

(一) 专著

示例 [1] 张忠建.严复思想研究[M].桂林:广西师范大学出版社,1989.

[2] 马克思恩格斯全集:第1卷[M].北京:人民出版社,1956.

[3] [英]蔼理士.性心理学[M].潘光旦译注.北京:商务印书馆,1997.

(二) 论文集

示例 [1] 伍蠡甫.西方文论选[C].上海:上海译文出版社,1979.

[2] 别林斯基.论俄国中篇小说和果戈里君的中篇小说[A].伍蠡甫.西方文论选:下册[C].上海:上海译文出版社,1979.

凡引专著的页码,加圆括号置于文中序号之后。

(三) 报纸文章

示例 [1] 李大伦.经济全球化的重要性[N].光明日报,1998-12-27(3).

(四) 期刊文章

示例 [1] 郭英德.元明文学史观散论[J].北京师范大学学报(社会科学版),1995(3).

(五) 学位论文

示例 [1] 刘伟.汉字不同视觉识别方式的理论探讨和实证研究[D].北京:北京师范大学心理学系,1998.

(六) 报告

示例 [1] 白永秀,刘敢,任保平.西安金融、人才、技术三大要素市场培育与发展研究[R].西安:陕西师范大学西北经济发展研究中心,1998.

五、对论文正文中某一特定内容的进一步解释和补充说明性的注释,置于本页地脚,前面用圈码(如①②)标识。

六、来稿字迹务必规范、工整、清楚。手抄稿请用300字方格稿纸誊写,打印稿请用A4纸,排四号字,并留有适当行距,注明全文字数。

七、请在稿件首页左上角注明“未投他刊”字样,请勿一稿两投。由于本刊人手有限,来稿一般不退,请作者自留底稿。如需退稿,请在来稿时说明,并付足邮资。作者在投稿后六个月内未收到本刊答复,即可自行处理。

《××大学学报》(自然科学版)

关于执行光盘版编排规范敬告来稿者注意事项

一、来稿应标明作者工作单位全称,所在省(区)、城市名,邮政编码,加圆括号置于作者署名下方。

二、来稿应附300字以内的摘要和3~8个关键词,与题目、作者姓名一并译成英文,中文置于正文之前,英文附在文末。摘要应具有独立性和自含性,是一篇独立的完整的以光盘出版者的口气写成的短文,不分段,不用图表、冗长的数学公式、非公制公用的符号和缩略语,不得引用正文中及参考文献中的各类序号。

三、获得基金资助的文章应以"基金项目:"作为标识注明基金项目名称,并在圆括号内注明项目编号。例如,基金项目:国家自然科学基金资助项目(59637050)。

四、文章的第一作者应写明出生年月、性别、民族(汉族可省略)、籍贯、职称或学位、研究方向等项目,其前以"作者简介:"作为标识,置于篇首页地脚。例如,作者简介:张振中(1962-),男(回族),江苏无锡市人,教授,博士,主要从事泛函研究。

五、论文各层次标题一律用阿拉伯数字连续编号;不同层次的数字之间用小圆点"."相隔,末位数字后面不加点号,如"1","1.2","3.1.2"等,"引言"前用序号"0";层次标题序号均顶格书写,后空一个字距离。

六、参考文献的类型以单字母方式标识:M—专著,C—论文集,J—期刊文章,D—学位论文,R—报告,S—标准,P—专利,N—报纸文章;对于专著、论文集里的析出文献,采用字母"A"标识;对于不属上述的文献类型,采用字母"Z"标识。凡引文出处一律列入"参考文献",文中指明引文出处的符号(上标)与参考文献的序号须对应,用"[ ]"标示。其格式示例如下:

(一)专著

[1] 朱光庭,李亚杰.建筑材料[M].北京:水利电力出版社,1993.

(二)论文集

[1] 徐道远,符晓陵,寿朝辉.混凝土三维复合型断裂的FCM和GR[M].涂传林.第五届岩石、混凝土断裂和强度学会议论文集[C].长沙:国防科技大学出版社,1993.19~24.

[2] KAYEYAMA M,Incompatible displacement methods[A].Speriet J A.Numerical and Computational Methods in Structural Mechanics[C].New York:Academic Press,1973.43~57.

（三）期刊文章

［1］吴利生. 6-C-散布的 M3-空间是 M1-空间［J］. 苏州大学学报（自然科学版），1999，15（3）：1～4.

［2］OU J P，YOSHIDA O，SOONG T T，et al. Recent advance in research on applications of passive energy dissipation systmems［J］. Earthquack Eng，1997，38（3）：358～361.

（四）学位论文

［1］陶建人. 动接触减振法及其应用［D］. 大连：大连理工大学，1988.

（五）报告

［1］隋允康，王希诚. DDDU（2）程序原理和结构的简要说明［R］. 大连：大连工学院工程力学研究所，1984.

（六）国际、国家标准

［1］GB50023/95，建筑抗震鉴定标准［S］.

（七）专利

［1］王杏林. 建筑砌块联接件［P］. 中国专利：CN 1036800，1997-09-27.

七、来稿字迹务必规范、工整、清楚。本刊 2000 年开始试行接受以磁盘为载体的稿件，2001 年开始只收以磁盘为载体的稿件。来稿一律不退，六个月内未收到本刊答复，即可自行处理。

第十一章 期刊的装帧设计

内容提要：

期刊的封面设计与图书近似；而期刊的版面设计，在操作上介乎图书与报纸之间。

本章着重谈期刊封面的主要类型，选择封面图片的基本原则，期刊的开本与目录，以及期刊的版面设计。

第一节 期刊封面设计

一、期刊封面的作用

期刊封面是期刊的门面，是留给读者的第一印象。因此，封面设计一向受到期刊编辑部和编辑的重视。但是，早期的许多期刊，却像报纸那样，只在第一页的上端像印报名一样印上期刊的名称、期号、日期、编辑者等，其余的地方就像内页一样印文字了。1920年创刊于上海的中国共产党机关报《共产党》月刊，在第一页上部占三分之一的位置上印刊名和出版日期等，下半部的三分之二位置就开始编印文章。1922年创刊的中国共产党机关刊物《向导》，其第一页的设计与《共产党》的形式大致相同。20年代后期，邹韬奋编的《生活》周刊、30年代编的《抗战》三日刊及《全民抗战》，乃至1941年皖南事变后复刊的《大众生活》等，也都是这种形式。这些载有刊名的期刊第一页，其用纸和内页用纸一样，是和内页一起印刷的，所以，既可以把这些期刊的第一页看作期刊的封面，也可以说它们没有封面。自然，这些期刊也就更没有封底、封二和封三了。

这种形式的长处是可以充分利用纸张，成本低廉，且易于印制。所以，直到抗日战争时期，由于物资匮乏，条件困难，许多期刊的封面设计仍然沿用这种形式。但是，这种形式的封面存在着较大的缺陷，它的前后几页很容易污损，以致影响阅读。从艺术角度和美观角度而言，这种形式也是无法与现代的期刊封面相提并论的。

不过，在早期的各类期刊中，相对而言，有些期刊的封面还是比较考究的。例如，清末梁启超办的《时务报》（旬刊），封面上只印刊名、出版年月、期号、馆址、价格，并不刊载文章，文字部分都置于内页。另外，封面的用纸

和内页的用纸也有所区别了。1915 年,梁启超主撰的《大中华》(月刊)出版,其封面形式与《时务报》基本一致。同年,科学社出版的《科学》(月刊)和《新青年》等期刊在封面上都加排了"本期要目"。再后来,随着时代的发展和造纸、印刷技术的进步,也由于人们阅读需求和审美情趣的提高,期刊封面的装帧设计越来越向高档化发展,封面用纸的规格也越来越高。

那么,期刊封面的作用主要是什么呢?

首先,期刊封面对期刊起保护作用。一般来说,期刊不像报纸那样,翻阅一遍之后便没有什么价值了。期刊需要较长时间的保存,以利于不断查找和翻阅。尤其是刊期较长、篇幅较多的期刊,利用的频率更高一些。如果没有较好的封面,就容易破损,出现卷角、脏污等情况,进而损坏内页,影响阅读。因此,期刊封面最基本的和最直接的作用,就是对整本期刊的保护。

其次,期刊封面有提示本期内容、突出重点文章的作用。现在,不少期刊在封面上都印有本期要目之类的内容,即将每一期所刊登的重点文章及吸引力较强的文章的标题整理出来,既在目录中予以登录,也在封面上予以特别介绍。读者还未翻阅内页,便可在封面上大致了解到本期刊登的主要内容。这种做法,既方便了读者,也可起到吸引读者的作用,还能使封面显得活泼和充实。《新华文摘》、《警方》、《父母必读》等期刊都是这么做的。

第三,期刊封面有美化期刊和吸引读者的作用。当然,一本期刊主要要靠内容的充实来赢得读者,而不是仅靠门面的打扮。但是,读者首先接触到的,或者说是第一眼看到的,正是期刊的封面。在当今琳琅满目的书刊海洋里,封面能否"抢眼",在很大程度上影响着读者的购买和阅读兴趣。"充内形外之谓美。"①美的事物总是既有美的内容,也有美的形式。很难设想,一本封面粗劣的期刊会有闪亮的卖点。当然,不同类型、不同性质的期刊,其封面的美化标准是各不相同的;即使是相同类型、相同性质的期刊,其封面的美化也可有各自不同的追求,不可一概而论。这又涉及前面所讲的风格问题了。

期刊封面大体可分为稳定型与变动型两大类。

学术性期刊的封面设计多采用稳定型,即每期的封面设计基本一样,只是颜色和期数有改变,但每年一般要更换一次。文艺性、娱乐性期刊,尤其是电影、电视期刊,封面设计多采用变动型,即每期封面的照片或绘画都不

---

① 张载. 张子正蒙

同，但刊名字样、基本构图一般是固定的，即所谓动中有静，静中有动。

封面设计要根据期刊的性质、内容而定，要从经济能力和发行方针方面来考虑。美国塞拉寇斯大学杂志系主任华斯莱（Roland E. Wolseley）在《杂志事业窥奥》（*Understanding Magazine*）中谈到，杂志的封面设计，也因发行政策的不同而异。他说："编辑人倘若希望他的杂志由读者订阅，便应当设计某一种封面；希望读者零买的，又应当设计另一种封面。"①领会他这话的意思，是说供读者长期订阅的杂志，要多考虑各期封面的联系性；供读者零买的，独立性较强，可多从吸引读者方面考虑。

封面设计涉及构图、用色、图片选择等问题。

二、封面的基本构图

关于封面的图文比重，可以有三种选择：(1) 纯文字的，主要考虑刊名（包括汉语拼音）、刊期的字体和排列，或者再加上要目的安排。不用图片，但每期的底色或色块要变换。如《新华文摘》的封面设计，基本采用纯文字式。(2) 以文字为主，以图片、花边为辅。(3) 以图片为主，旨在以图片吸引读者，但刊名仍然是醒目的。

根据刊名在封面上的不同位置，可将封面分为下列三种基本构图：

1. 横分割

横分割又可分为上横分割、中横分割、下横分割等（见图 11-1，××表示刊名）：

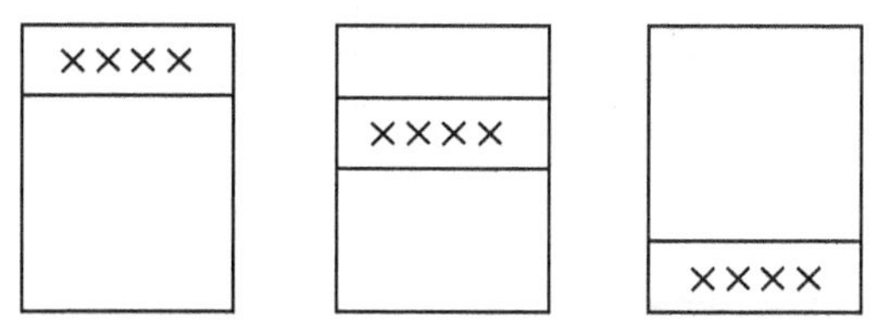

图 11-1　横分割

2. 纵分割

纵分割又可分为左纵分割、中纵分割、右纵分割等（见图 11-2）。

① 转引自张觉明.现代杂志编辑学.台北"商务印书馆"，1980.272

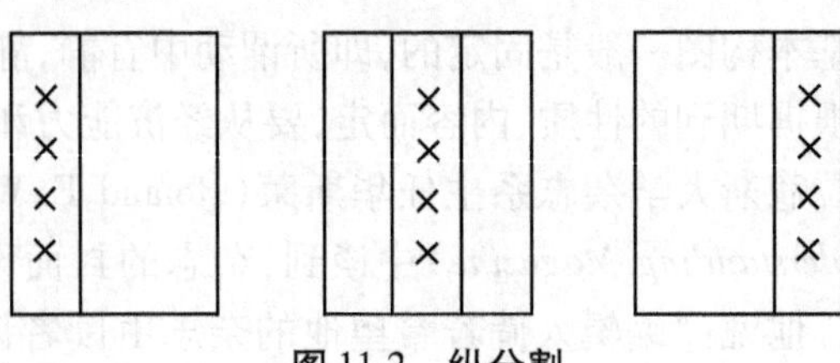
图 11-2 纵分割

3. 方阵组合

这种构图,刊名突出。方阵可以居中,也可以偏向一侧或一角(见图 11-3)。

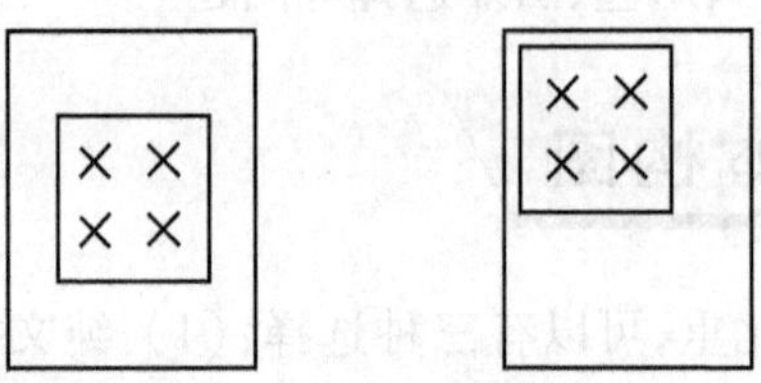
图 11-3 方阵组合

图片在封面上的处理,可以围框,也可以“出血”。出血有多种方式,可以两边出血(见图 11-4),也可以一边出血、三边出血(参阅图 6-6)。四边出血也很常见,又称满版图。

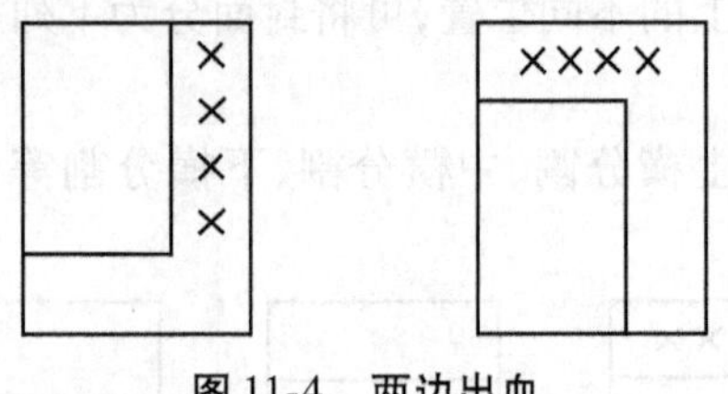
图 11-4 两边出血

三、封面的用色

封面的用色,也可以有三种选择:单色、套色或彩色。

1. 单色

指在封面上只印一种颜色。这虽然比较单调,但如果巧妙地利用各种线条和网纹,表现出深浅层次,也能取得较好的视觉效果。例如,选用一张成功的照片,印成黑色,期刊名称借图片黑色较深部分作底来反衬白字,将期数等文字用深色印在图片较浅部分,若纸张和印刷技术均好,效果肯定是

不错的。

2. 套色

将封面的图、文分成两块或两块以上的版,各用一色,逐次套印而成。例如,先用一种颜色印图案,再用另一种颜色印刊名与刊期(或刊名与刊期用不同的颜色)。

3. 彩色

指用分色制版等技术印成的彩色封面(复制彩色照片或彩色美术作品)。

我国目前出版的期刊,学术性期刊的封面采用套色居多,文艺性刊物采用彩色居多。

四、封面图片的选择

封面图片的选择,应掌握三条基本原则:(1) 图片与期刊的内容相一致,或与期刊风格、气氛相协调;(2) 图片内容健康,艺术品位高;(3) 图片要有特色,避免雷同。

封面的图片可以直接服务于该期的某篇文章,也可以是相对独立的。成功地配上优秀图片的封面,本身就是很好的艺术品,令人爱不释手。

可供选择的图片的题材是很丰富的,但常见的毛病是过多地选用"女郎"作封面,形成一种新的公式化。香港余也鲁在《杂志编辑学》中幽默地说:"不只男人喜欢看女人,女人也喜欢看女人,难怪女人的图片成了封面图片的热门。可是,我们若以为封面图片只有用女人才能吸引读者,那便犯了以偏概全的毛病。我们只需把中外有悠久历史而又有价值的刊物封面拿来统计一下,便可以知道用女人的图片的毕竟并不太多。而能吸引读者并受到读者重视的封面题材,除了女人之外,还有许许多多。"①接着,他列举了读者所喜爱的图片类型,如中外名画、知名人物、各地风光、儿童、花木鸟兽、日常生活、新发明等。

除封面(封一)以外,封二、封三、封四也要巧安排。由于封皮纸张比正文好,用来刊登有价值的图片或书法作品最相宜,也可用来刊登目录、广告。

---

① 余也鲁. 杂志编辑学. 香港: 海天书楼,1980. 290 ~ 292

第二节 期刊的开本与目录

一、期刊的开本

我国当代期刊的开本,主要有16开和32开两种。前者占多数,后者也占一定比重。画报则多采用8开本。

16开本比较有气派,大型理论性刊物、大学学报一般采用16开本。又由于16开本给封面设计和版面设计提供了更为广阔的天地,所以图文并茂的文艺期刊也多采用16开本。但页数少的16开本不便于上架和查找,32开本则便于携带和上架。《半月谈》、《读书》、《书与人》、《辞书研究》等杂志采用32开本,颇受欢迎。少年儿童杂志多数采用小开本。

20世纪90年代初,《女友》、《海上文坛》等期刊采用了国际标准大开本,幅面略大于我国传统的16开,纸张好,印刷质量也相应提高。目前,这种大开本有日渐增多的趋势。

二、期刊目录的编排

期刊的目录,又称"目次表"。科学技术期刊和社会科学理论期刊的目次表比较严格、庄重。1992年4月,国家技术监督局批准发布了《科学技术期刊目次表》(GB/T13417-92),对科技期刊目次表的编排格式作了统一规定,包括目次表内容和结构、基本规则、位置、细则等。其他期刊则不受此约束,比较自由。

读者决定是否要借阅或购买一本期刊,多数是先看目录。详细的目录多数印在期刊的开头两页,也有印在封二或正文最后的。要目常印在封

面上。

目录的编排顺序,可以与正文的排列顺序一致,也可以不一致。

目录可以按文章的重要程度为顺序编排,也可以分类编排。分类编排有“明分”和“暗分”。前者标明类别(栏目);后者不标明类别,但每类文章之间空一行。一本杂志,可以“明分”和“暗分”兼用,如《新华文摘》即如此。此外,还有一些比较特别的排列方式,如《文学遗产》,是根据文章所论及的时代为序排列的。

目录的字体和字号可以从头到尾一样,也可以采用不同的字体和字号。重点文章一般用黑体字。

总之,目录的安排较为灵活,但灵活不等于随便。目录的重要性决不亚于封面,要醒目,有条理,让读者把目录“扫描”一下,便可知道本期的主要内容。

正因为目录如此重要,所以当代许多期刊把目录(多为要目)印到封面上,讲究视觉冲击力。美国著名的《读者文摘》(*Reader's Digest*)杂志除了在封一印出全部目录之外,还另外贴上一张要目,让读者很远就能够看到。读者买了该刊以后,可以撕去这张要目,而不损及封面。譬如该刊的 1986 年 7 月号,除了将本期 20 余篇文章的目录印在封面上以外,还另外贴上一张要目,用大字印出三个标题及其页码:

A KNIFE IN THE HEART!　　P. 29
UNLOCK YOUR OWN CREATIVITY　　P. 24
EXPO 86: MAN IN MOTION　　P. 119

以上三个标题是《刺入心脏的刀!》、《开发你自身的创造力》、《1986 年博览会:人们的活动》。这说明,《读者文摘》在半个多世纪的实践中(该刊创刊于 1922 年),日益体会到目录的重要性。

目前我国期刊的目录编排形式日趋多样。例如,将重点文章中的图片缩小,置于目录之侧,“左图右题”或“左题右图”。又如,目录页上重点文章附有简明的摘要或导语。再如,目录页上排印有本期内容的概括说明和要点提示等,不拘一格,不断创新。

第三节 期刊版面设计

期刊的版面设计，要求将标题、作者姓名、正文、插图作恰当的处理。学术性杂志比较庄重，并不要求版式作过多的变化，也不宜过多地加题花、尾花。文艺性、知识性杂志则有所不同，在版面美化上有更高的要求。

一、基本分割法

绘画和工艺美术设计中惯用的分割方法，可供期刊版面设计借鉴。主要有黄金分割、井型定律和四分律。

1. 黄金分割律

如图 11-5 所示，如果 P 将线段 AB 分为长短两段，使短段与长段之比恰好等于长段与全长之比，即 BP∶AP = AP∶AB，这样的分割称为“黄金分割”，亦称“黄金律”、“中外比”，P 点便是“黄金分割点”。这是古希腊人发现的分割法，并认为这样的分割最美。

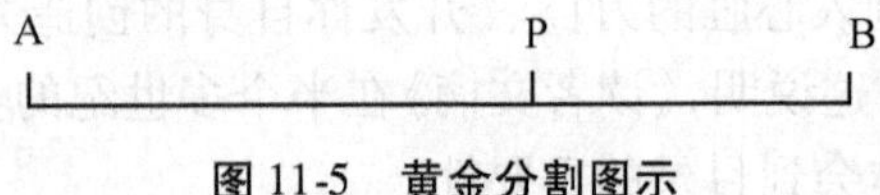

图 11-5　黄金分割图示

在舞台上，节目主持人出场站定的位置，往往在黄金分割点，给观众以美的印象。在设计版面时，编辑也常常捕捉黄金分割点，用以安排花饰或作者的署名。

用代数解方程的方法，可以求得中外比的比值为 0.618，这个值被称为“黄金数”、“宇宙的美神”。在实际运用上，最简单的方法是按照数列 2，3，5，8，13，21……得出 2∶3；3∶5；5∶8；8∶13 等比值，作为近似值。

在古代，人们就注意到矩形两边之比符合黄金数 0.618 时，能引起美

感。这种矩形被称为“黄金矩形”。黄金矩形有个奇特的性质：在它内部截去一个正方形后，余下的矩形仍然是一个黄金矩形。用同样的方法辗转分割，可以得到一系列的黄金矩形。如果弧线依次通过各边的黄金分割点，则形成一条十分美丽的线条，如同花样滑冰滑过的轨迹（见图 11-6）。

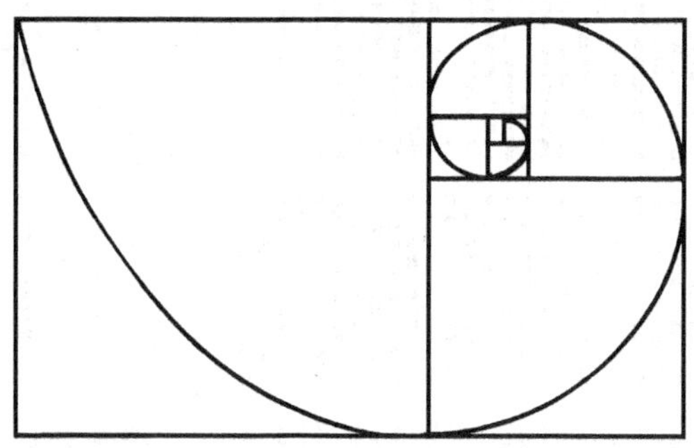

图 11-6　黄金矩形

我们在设计版面，安排文章、图片时可以从中得到启发。例如，围框尽量接近黄金矩的形状。又如，期刊插页相对两面的版心接近黄金矩，安排图片时，图文的组合和分布可以借鉴黄金矩切割法（见图 11-7）。

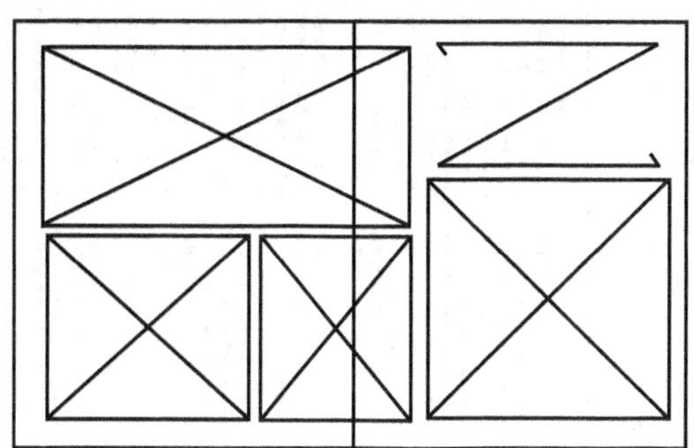

图 11-7　借鉴黄金矩分割法设计版面举例

当然，不能将黄金分割的手法绝对化。如果处处追求黄金律，有时则难以操作，而且千篇一律，又造成平淡。

2. 井型定律

井型定律又叫三三律，即用纵横各两条平行线将版面三等分。

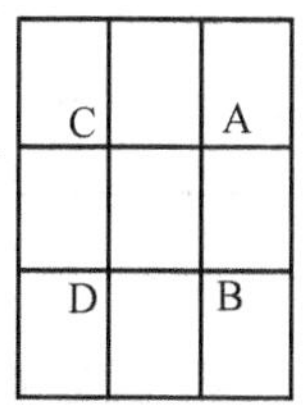

图 11-8　井型分割

按井型定律划分的版面，有两个特性：(1) 版面中 A、B、C、D 四个交点，对读者有较强的吸引力(见图 11-8)；(2) 按井型的比例来构图，比较和谐。所以，编辑人员常以井型作为期刊版面的基本栏(见图 11-9)。

图 11-9　期刊版面样页(相对的两版)

3. 四分律

这是从三三律变化而来的，就是将版面作纵三横四的分割。它的特点是：无论将哪几个相邻的小方块连在一起，都能和其余方块协调。因此，可根据这一原理，处理标题与正文的搭配关系，或正文与插图的搭配关系（见图 11-10）。

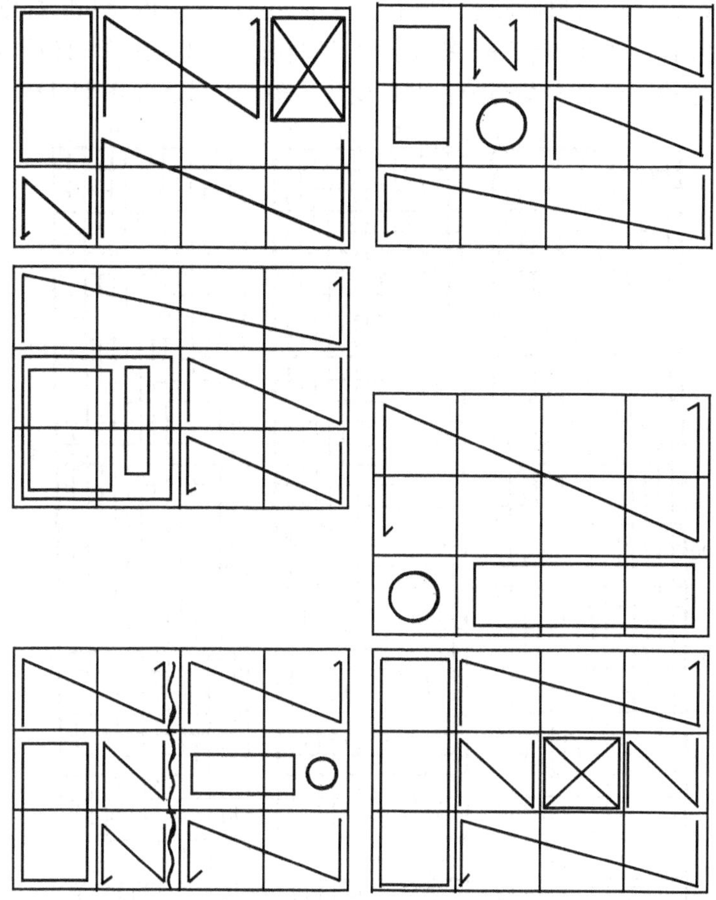

图 11-10　利用四分律设计版面举例

以上介绍的分割法，只是为期刊版面设计提供一些思路，并不是说只能采用这些分割法。版面设计并无固定的程式，需要大家在实践中不断创新。

二、画版样

和报纸一样，期刊画版样需要有版样纸。目前常见的期刊版样纸有两栏和三栏两种。两栏较庄重，多用于学术期刊；三栏的版样纸，设计时便于按“井型定律”或“四分律”进行切割，变化较多、较活泼（见图 11-11）。

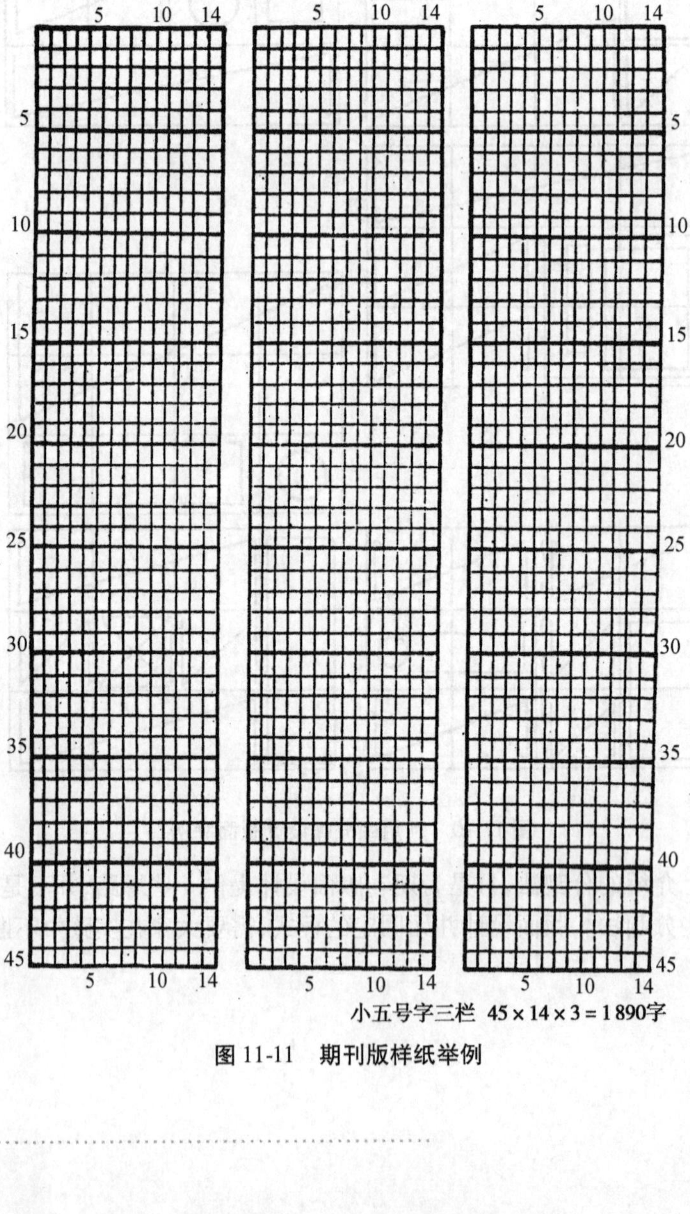

小五号字三栏 45×14×3＝1 890字

图 11-11　期刊版样纸举例

期刊画版样的原则与方法和报纸大同小异，但也有比较特殊的问题，如“双版”就是其中一个重要的问题。

画版样时，不能孤立地着眼于一个版面。因为读者打开期刊时，展现在其面前的是相对的两版，这就是所谓“双版”。

“双版”又有两种情况：

一种是“文同版对”，即左右两版是同一篇文章。这时要注意把左右两版作为一个整体来安排标题、正文和插图（参见图 11-9）。

另一种是“文异版对”，即左右两版不是同一篇文章。这时要注意：（1）标题在形状、大小、位置方面，都要避免雷同。例如，左版用横题，右版最好用直题。（2）正文的分栏，也要避免一样。例如，左版分三栏，右版最好分两栏。（3）左右两版要呼应、配合。例如，左版左上角有一幅图片，右版就不宜再将图片安排在左上角，最好安排在右下角，以求均衡，否则就会有重心倾斜之感。

应尽量减少“下转”、“上接”，以免给读者带来不便。具体方法是尽量把每篇文章的字数计算准确，适当调整标题的占位。

要注意“文尾”的处理。如果文章排到一页的末尾还有少量文字排不下，可安排在下一页的下方，而把下一页的上方（强位）留给下一篇文章。

第十二章 计算机与编辑出版

内容提要：

计算机技术和互联网络的飞速发展，使编辑出版工作发生了一系列革命性的变化。本章选择其中五个方面予以述评：写稿投稿与编辑工作方式的变化；报纸的电子排版与采编网络化；电子出版物；利用网络查询出版信息与其他资料；网络出版。

第一节 写稿投稿与编辑工作方式的变化

一、写稿方式的变化

多少年来，作者用笔写稿、改稿，在方格稿纸上誊清，俗称“爬格子”。随着电子计算机的蓬勃发展与普及，“桌面印刷系统”进入了办公室与家庭，使传统的写稿方式起了变化——作者纷纷“换笔”、“换纸”了。

“桌面印刷系统”一词源于电脑业，其涵义为：以个人计算机和打印机为硬件，配以文字处理等软件，便可在家中或办公室一角完成录入、编排和印刷工作。它区别于传统的铅印、誊印、胶印等。

许多作者学起了电脑，用键盘作“笔”，用显示器屏幕作“纸”。起先，最令初学者头疼的是汉字输入。五笔字型输入法难学难记，拼音输入速度又嫌慢。后来慢慢悟出一个道理：作者用电脑写稿与打字员录入文稿有所不同。打字员录入文稿力求快捷，又是面对文稿上具体的字形，当然以选用“形码”（尤其是重码少的五笔字型法）为上策；而写稿（创作）是边想边写，不必刻意求快，何况语言是思维的外壳，用“音码”录入便于与思维“同步”。于是，“音码”受到作者（尤其中老年作者）的青睐，他们纷纷学起“全拼”、“双拼”、“智能ABC”或其他以音为主、以形为辅的输入法，再加上自定义词组等方法的使用，输入速度日渐加快。

作者们扫除了汉字输入的障碍之后，很快就迷上了电脑。因为：

第一，用电脑写稿便于修改，增删字句或移动段落顷刻可就，且字字眉清目秀，页页井然有序，无“满纸涂鸦”之弊，不必重新誊清，这实在令饱受誊稿之苦的人们惊喜不已。

第二，电脑中的文字处理软件，有丰富的字体字号，又可编排成各种格式,可以在家里打印成预想的样子,不必像过去那样,要在原稿上作批注,求助于他人排印。

第三,电脑能把写过的稿子一篇篇井然有序地贮存好,日后要找出哪篇加工、打印,或是汇编成册,或是复制,易如反掌。

第四,作者们学电脑之初,往往仅把电脑作为打字机用,未免“大材小用”。后来,部分作者学会了建立数据库,陆续输入各种资料,或购买与本专业有关的数据库,利用电脑进行文献资料的检索和统计。这样,可以边写稿边调阅数据库资料,电脑兼有图书馆和“秘书”的功能。

第五,随着因特网的兴起与普及,作者们的电脑纷纷上网。这样,写作就可以充分利用网上资源。

现在,编辑部收到作者自写、自录、自印的“三自”稿件越来越多,于是过去《稿约》中习见的一句话“稿件请用方格稿纸誊清”,不得不作相应的变动。

二、投稿方式的变化

电脑不仅带来了写稿方式的变化,而且也使投稿方式发生了变化。“三自”稿件可以说是投稿方式的变化之一,但它毕竟只是从手写件变成电脑打印件,载体依然是纸张。投稿方式发生根本性的变化,主要体现在载体的变化和传递方式的变化:

将电子文本存入软磁盘或刻录在光盘中,将软磁盘或光盘寄给编辑部;

将电子文本以电子函件(E-mail)方式通过互联网络传输给编辑部。

如今,后一种投稿方式已相当普遍,而不少编辑部的稿件录用通知也是用 E-mail 告知作者的。

用电子文本投稿不仅方便,而且可以减少差错。以往递交手写稿,难免因字迹不清造成手民误植;即使交的是打印稿,字迹清晰,但录入人员还要重新录入,录入过程难免出错。如果作者递交的电子文本是经本人仔细校阅的,出版者不必重新录入,就可减少一个产生差错的环节。

当然,电子文本在转换过程中或传输过程中也可能发生差错,这是另一种性质的差错。因此,有些编辑部要求作者既递交打印件,又递交电子文本,两相对照,尽量减少差错。

以上谈的是文字稿。至于图稿(这里主要指插图,包括绘制的墨线图、

摄制的照片、名家书画之类），其处理方式也起了根本性变化。

铅印时代，作者投寄图文并茂的书稿，插图的处理是比较麻烦的。出版社要求作者将插图的复印件（或副本）贴在文字稿的相应部分，而插图的原件必须按章节顺序另外装袋。因为那时候文字排版和图像制版分属两个部门，如果作者将插图原稿粘贴在文字稿中，插图很容易污损，而且书稿下厂时还得将插图与正文分离。现在情况不同了，许多用电脑写稿的作者添购了扫描仪，不必再将插图的原件交出版社，只要将插图扫描，把软磁盘或光盘交出版社就可以了。如果插图数量不多，用 E-mail 投稿更为方便。

三、无纸编辑

编辑人员用笔在纸（稿件）上批改加工，是传统的编辑工作方式。计算机进入编辑出版领域后，出现了“无纸编辑工作方式”①，编辑用计算机阅读作者递交的电子文本，操作键盘在显示器上对稿件进行编辑加工。如果需要查对资料，可随时用计算机调出。必要时，可以开启两个或多个窗口，在显示器上同时显示相关的稿件或资料，进行比较、分析。编好的稿件，可存入计算机，根据需要转发或再次调阅修改。若干台计算机联成网络，可实现稿件的快速送审、签发。

第二节 报纸的电子排版与采编网络化

计算机进入报业，首先解决的问题是“告别铅与火”，用计算机技术编辑排版。互联网络的兴起和发展，为进而解决采编网络化的问题创造了条件。下文分述之。

① 参见中国大百科全书·新闻出版“无纸编辑工作方式”条。

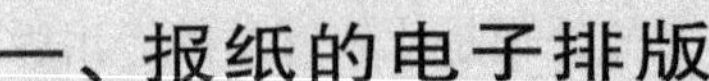

一、报纸的电子排版

报纸的幅面大，版面图文结构错综复杂，因而，用计算机编辑排版要比书籍复杂得多。

1970 年前后，美国报界开始用计算机排版。但当时的计算机终端显示器只能编排小样，整个版面还得靠人工将小样剪贴拼接。到 80 年代初，才实现了整版编排和输出。

与英文报纸相比，中文报纸的电子排版面临的困难更多。因为汉字不是拼音文字，又有简体、繁体、异体等复杂问题。

我国在 70 年代开始研制中文报纸的电子排版。起先，文字和图片要分别处理，不能做到图、文整版编排和输出。后来，实现了图文合一、整版输出，又逐步发展为自动分色，印出精美的彩色报纸。

《经济日报》社于 1987 年 5 月开始用"华光Ⅲ型"计算机—激光汉字编辑排版系统出版日报。1987 年 12 月，国家经委主持对《经济日报》使用的激光照排系统进行国家级验收，验收报告说："《经济日报》是世界上第一家采用计算机—激光屏幕组版、整版输出的中文日报。"1988 年 5 月，"华光Ⅳ型"推向市场，被许多报社、印刷厂所采用。到 1990 年，我国中央和省市级报纸除《西藏日报》外，全部采用了国产激光照排系统。1992 年，《西藏日报》用藏、汉两种文字编排的激光照排机也投入使用。①

1991 年，北京大学计算机研究所与北京大学新技术公司推出"北大方正"彩色照排系统，这是世界上首家中文彩色激光照排系统。1992 年 1 月 21 日，该系统在《澳门日报》正式投产使用，出版了世界上第一张图文合一、自动分色、整版输出的彩色中文报纸。该系统的工作流程示意图见图 12-1。

---

① 张劲夫. 我国印刷技术的第二次革命. 光明日报，2002－6－29(A3)

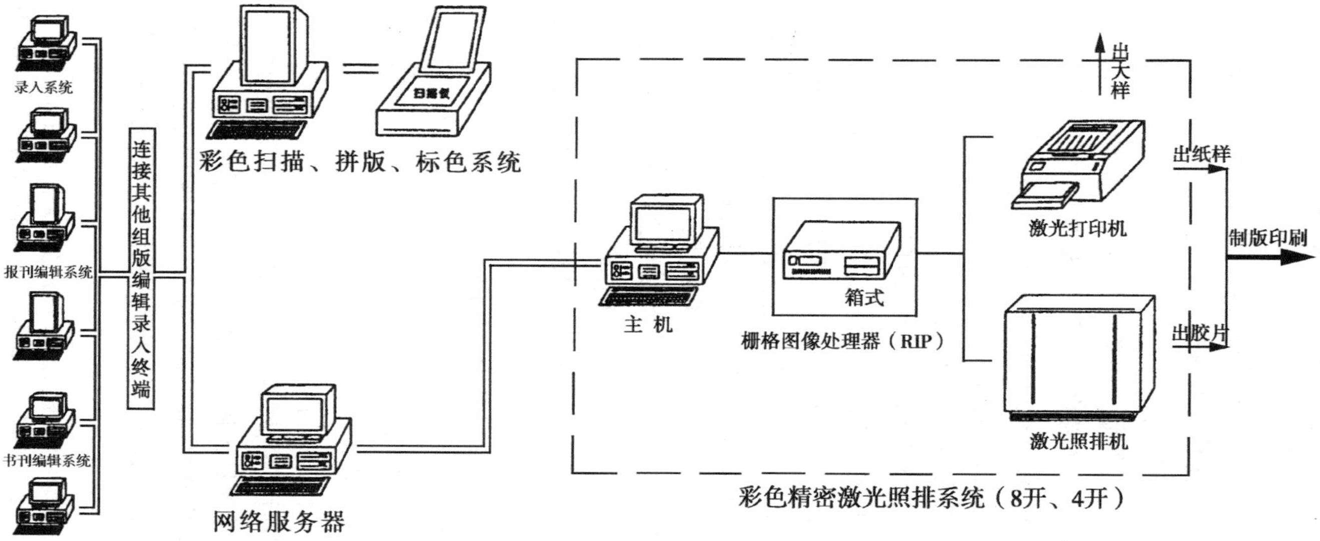

图 12-1 彩色电子出版系统（北大方正 -91）工作流程示意图

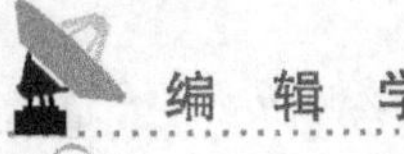

各报社采用的电子排版系统，档次和功能不完全相同，但基本原理和工作过程大体一致：

1. 用录入终端机录入和修改文稿。必要时用打印机打出小样，送有关人员审改，然后再在终端机上修改。

2. 用扫描仪输入图片。

3. 用组版终端机拼版。组版终端机的屏幕比普通的电脑屏幕大，呈直长形。操作员将录入终端的小样调入，根据版样的设计要求进行拼版。如果该版有图片，在拼版时把它插入，并对整个版面各个区域的标题、正文、说明文字逐一进行加工，完成拼版。

4. 用激光印字机印出大样，校对。

5. 用激光照排机拍出胶片，制版胶印。

电子排版大大改善了劳动条件，提高了工作效率和质量。有关资料说明：过去铅字排版，一个熟练的工人每小时最多排 3 000 来字；后来用电脑排字，每小时可达6 000 字以上。过去拼一块新闻版要三四个人忙上两个半小时；后来用组版终端机组版，一个操作员用 45 分钟即可完成。① 而且，印出的报纸美观而富于变化，色调柔和，照片尤为清晰。

自 1992 年世界上第一张用计算机处理的图文合一、自动分色、整版输出的彩色中文报纸问世以来，科技工作者对电子排版技术继续深入研究，产品不断更新。如青鸟华光公司的“易捷网络组版系统”就是其中较有代表性的一种。

“易捷网络组版系统”是定位在出版资源共享基础上的网络组版系统，可以实现排版过程中的小样、版面、排版结果、补字库等各类出版资源的共享，使报纸出版工作中的相关人员，如总编、编辑、广告部工作人员以及操作员等协同作业，从而规范整个报社的工作流程，而且实现了家庭办公、移动办公以及远程办公。该软件既可单人组版，又可多人协同组版。文字稿和图片签发至版面后，“易捷”提供一个对象纳入窗来进行统一管理。在对象纳入窗中，可清楚地见到稿件标题以及内容，编辑可依据这些信息来决定稿件在版面上的相应位置，并可通过拖拉式排版方式进行排版。这比传统软件单选某文件置入版面再进行调整的操作方法简易快捷。②

---

① 参考张子让. 标题制作与版面设计. 上海：复旦大学出版社，1991. 133

② 青鸟华光科技股份有限公司. 网络组版——印前技术的新宠. 中国传媒科技，2002(5)

二、采编网络化

1995 年,全国已有 1 500 多家报社采用了激光照排系统。① 到了 90 年代后期,我国报业又向新的目标——采编网络化迈进。

为了适应报业高新技术发展的需要,我国部分高校对新闻专业的教学作了相应改革,增加了利用计算机和网络进行新闻采编的内容。例如,复旦大学新闻学院建成了电子采编实验室,由 24 台新闻采编用计算机和一台服务器组成一个局域网,实现从写稿、改稿、编审、排版到输出报纸大样等采编全过程的一体化。②

对一家报社来说,实现采编网络化,首先要根据报社的规模、编制、财务等实际情况,建设好报社内部实用的计算机网络系统,包括网络主干、网络分支、网络互联与网络管理等。为满足编辑记者在外向报社传送稿件和远程办公的需要,在整个网络中须设立拨号访问服务器。

选择优良的网络采编应用系统,是顺利实现采编网络化的关键。著名的采编系统有北大方正文韬采编系统、清化紫光采编系统等。

据不完全统计,截至 2002 年上半年,我国已有百余家报社实现了采编网络化。试列举采编网络化的几个场景:

● 记者可以在任何地方将采写的文稿或摄制的照片通过计算机网络传输给报社。

● 采编系统与新闻机构(国内外的通讯社)连接,接收新闻稿和其他资料。

● 编辑人员通过计算机对收到的稿件进行审阅、筛选和编辑加工。

● 版面编辑利用组版系统进行版面设计、组版。

● 总编或室主任通过采编系统实时监控组版情况、审阅大样,可随时签署修改意见。组版人员根据修改意见实时修改。

● 总编可以在任何地方用计算机在网上对大样进行终审、签发。

● 经签发的大样可通过网络传输到印刷厂。

● 采编系统能存储已出版的报纸的内容,包括文字稿、图片、版式及其

---

① 张劲夫. 我国印刷技术的第二次革命. 光明日报,2002-6-29(A3)

② 谢军. 复旦建成电子采编实验室. 光明日报,1999-6-24(1)

他资料，实现累积资源的再利用。①

第三节 电子出版物

一、电子出版物概说

新闻出版署制定的《电子出版物管理规定》(1998 年 1 月 1 日起施行)，对电子出版物定义如下：

> 本规定所称电子出版物，是指以数字代码方式将图文声像等信息编辑加工后存储在磁、光、电介质上，通过计算机或者具有类似功能的设备读取使用，用以表达思想、普及知识和积累文化，并可复制发行的大众传播媒体。媒体形态包括软磁盘(FD)、只读光盘(CD-ROM)、交互式光盘(CD-I)、照片光盘(Photo-CD)、高密度只读光盘(DVD-ROM)、集成电路卡(ICCard)和新闻出版署认定的其他媒体形态。

在西方，电子出版物的出版发行始于 20 世纪 60 年代，载体以磁带、软磁盘为主，内容主要是书目、文摘。80 年代中后期，随着高密度新型信息载体“只读光盘”的兴起和普及，全文型的电子图书大量涌现，如《美国学术百科全书》光盘、《国际医学生物学词典》光盘等，语种以英文居多。

我国全文型电子图书的出版发行起步于 80 年代末 90 年代初。如武汉大学出版社 1991 年发行的《国共两党关系史》(150 余万字)，1993 年发行

① 参见刘延军. 沈阳日报实现采编网络化管理一体化. 中国传媒科技，2002(5)

的《中国名胜诗词词典》(70 余万字),均以软磁盘形式发行。其后,以光盘形式发行的电子出版物大量涌现。

为了加强对电子出版物的管理,促进电子出版物的健康发展和繁荣,新闻出版署于 1996 年 3 月发布《电子出版物管理暂行规定》,1997 年 12 月发布《电子出版物管理规定》,又于 1999 年 6 月发文部署首届国家电子出版物奖评选工作。2000 年初,公布评奖结果:《中国学术期刊》(光盘版)等 5 种获国家电子出版物荣誉奖;《中国大百科全书》(图文数据光盘)等 10 种获国家电子出版物奖;《中国书法大典》等 20 种获提名奖。这一活动有力地推动了我国电子出版物的制作和出版。截至 1999 年底,我国出版的电子出版物总数已超过 5 000 种,其中 1999 年一年就出版了 1 804 种。①

目前我国电子出版物的出版形式,主要有光盘型和网络型两种。它们与传统的印刷型出版物相比,有如下优点:

一是省去了传统出版物生产过程中的浇铸铅字、拣字排版、翻制纸型、浇铸铅版、印刷装订等工艺环节,缩短了出版周期,净化了工作环境。

二是体积小,容量大,易于携带和收藏。例如《中国大百科全书》字数达 1.2 亿,图片 5 万幅,印刷版有 74 厚册,而光盘版(1.1 版或 1.2 版)只有 4 张光盘。

三是可供读者迅速查到所需的篇章或知识单元;如果具备相应的全文检索系统,还可以逐字检索和统计。

四是便于打印、复制或修改再版。

五是可以通过互联网络实现异地的高速传输与检索。

当然,电子出版物也有局限——要借助硬件设备才能阅读,这就需要一笔可观的经费投入。时下我国光盘型电子出版物的价格和上网浏览的收费标准都偏高,经济不富裕的个人用户难以承受。再说,阅读电子出版物对视力的影响较大。总之,阅读印刷型出版物所获得的独特感受和情趣,并不是电子出版物能全部给予的。正因为印刷型、光盘型、网络型三类电子出版物各有千秋,就出现了同一出版物三足鼎立的景观。如国外的《不列颠百科全书》,分别有印刷版、光盘版和网络版,我国的《人民日报》也有印刷版、光盘版(《人民日报》合订本光盘)和网络版,读者可以各取所需。

---

① 毛小茂.新的高度——我国电子出版业的成果回顾.新闻出版报,2000-2-15

二、电子图书

电子图书绝大多数以光盘形式发售，大体可分为三类：一为纯文字的，如“青苹果”制作的《全唐诗》、《全宋词》、《全元曲》光盘；二是图文型的，如《中国大百科全书》（图文数据光盘）；三是多媒体的，如《改革开放二十年重要文献库》多媒体光盘。下面分别举例说明。

1.《全宋词》光盘

青苹果数据中心制作，北京电子出版物出版中心出版。光盘 2 张。它和《全唐诗》、《全元曲》均采用美国 Adobe 公司推出的 PFD 制作技术及 Acrobat Reader 平台（图 12-2）。其主要特点是既保留纸质书刊版式，又具备全文检索功能。可对查询结果进行编辑、引用、打印、粘贴。

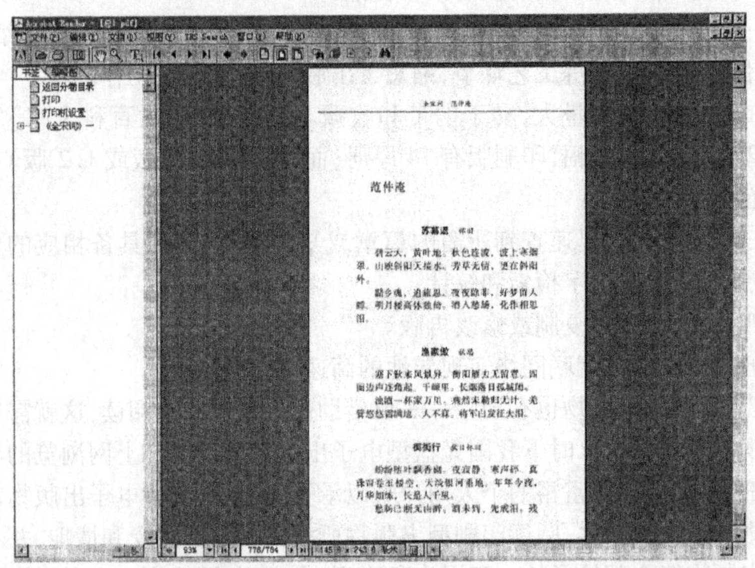

图 12-2 电子图书《全宋词》之一页

2.《中国大百科全书》（图文数据光盘）

北京东方鼎电子有限公司制作，中国大百科全书出版社 1999 年 1 月出版。这是 74 卷本《中国大百科全书》的电子版。1.2 亿字，彩图和黑白图片共 5 万幅。24 张光盘（第 24 张为总索引），定价 2 980 元。读者可以根据学科归属从相应的光盘中查找自己需要的条目。如果学科归属不明，可通过

总索引查找。该光盘采用超文本数据库结构揭示各条目之间的复杂逻辑关系,相关条目之间可跳转检索。读者可将查得之内容保存或打印。

2000 年 10 月出版 1.1 版,仅 4 张光盘,定价降至 50 元,内容不变,但不能保存或打印。

2001 年出版 1.2 版,光盘 4 张,定价 60 元。补充了部分新资料和新图片,新增全文检索功能,并可打印。(见图 12-3)

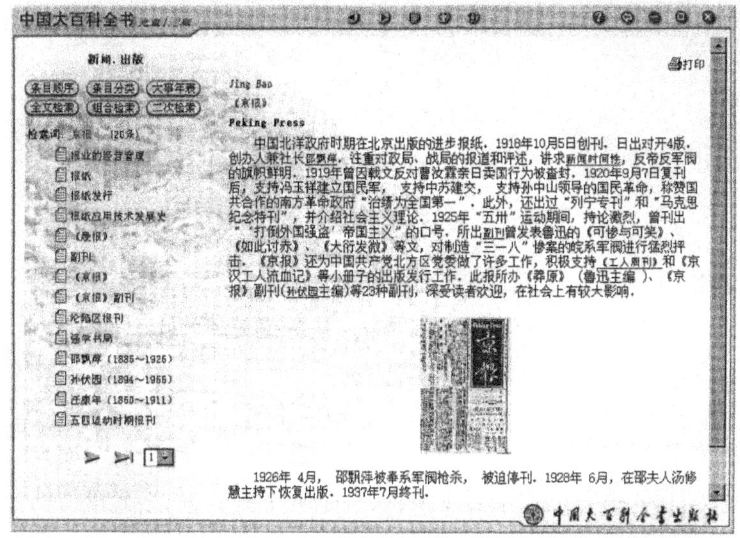

图 12-3 《中国大百科全书》光盘(1.2 版)《京报》条

3.《改革开放二十年重要文献库》(多媒体光盘)

中共中央文献研究室、中共福建省委编,福建教育出版社 1998 年出版,光盘 3 张。收录了 1978 年中共十一届三中全会至 1998 年 10 月十五届三中全会二十年间党和国家的重要文献、领导人的重要著作、重大历史事件纪要,共计 1 400 多万字,1 000 余幅照片,60 多段影视镜头,以及邓小平等领导人的重要讲话录音。分两大部分编排:(1)《重要文献库》,是全文数据库,读者可以按目录浏览,也可以键入自由词进行逐字检索。(2)《辉煌的历程》,是用多媒体技术制作的 1978 ~ 1998 年大事纪。(见图 12-4)

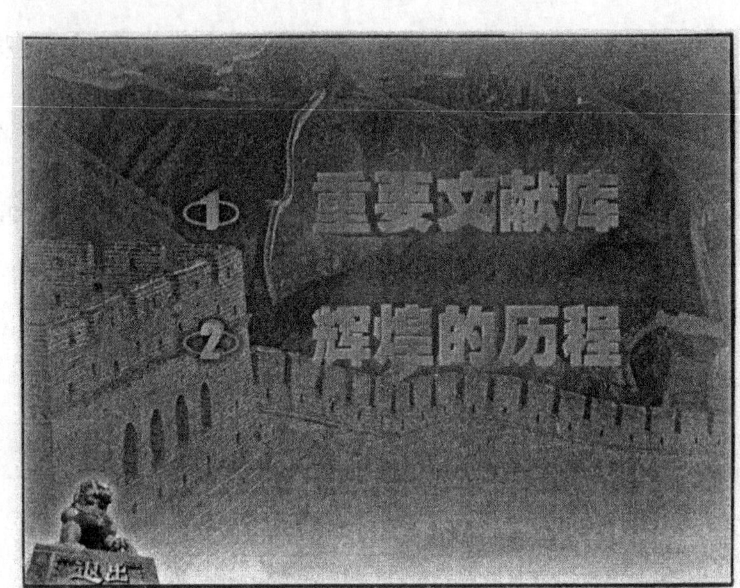

图 12-4 《改革开放二十年重要文献库》多媒体光盘主界面

三、电子期刊

电子期刊的出版形式主要有两种,一是网络型的,二是光盘型的。

1. 网络型

主要指在因特网上出版的期刊,又叫网上杂志,读者必须用已经上网的计算机才能阅读。网络期刊在 20 世纪 90 年代逐渐成熟,并迅速显示出传统的纸质期刊无法比拟的特点:

首先,网络型期刊具有超文本链接功能。不仅期刊内部各知识单元可以链接,还可以与因特网上其他信息资源链接。读者只要用鼠标轻轻点击,即可获得其他相关信息,检索快捷。

其次,交互性强。作者、编者、读者可以通过网络快速交流。

第三,各种印刷型期刊的开本和页数是定量的,而网络型期刊的篇幅不受限制,可多可少,十分灵活。

中国教育和科研计算机网(CERNET)发行的《神州学人》(http://www.chisa.edu.cn),是我国首家网上中文期刊,现予简介,以见一斑。

《神州学人》创刊于 1995 年 1 月 12 日,刊物内容和编排形式不断改进。

至2001年，有如下版块和栏目：

● CHISA周刊　截至2001年2月1日，已出版418期。栏目有：留学新闻、学人萍踪、学者论坛、留学生文学、服务资讯。

●《神州学人》月刊　栏目有：留学视野、走进中国、学人园地、留学服务。

● 中文报刊阅览室　列举近期要闻，并链接《人民日报》、《光明日报》、《经济日报》、《科技日报》、《中国青年报》等报纸的网站。

● 招聘信息　各大学招聘特聘教授的启事。

● 人才计划　介绍"长江学者奖励计划"。

● 资助项目　介绍资助留学人员的项目，如"回国博士后启动经费"、"国家杰出青年科学基金"等。

● 政策法规　有关留学生工作的文件。

此外，还有"读者信箱"、"网站检索"、"网站链接"等栏目。

值得一提的是，1998年1月，美国《科学》杂志网络版——"科学在线"(Science Online)中国服务器正式开通，成为我国从国外引进并向全国用户开放的第一个大型网络版杂志。①《科学》杂志于1880年由著名科学家托马斯·爱迪生创办，是国际上享有崇高声誉的综合性科学周刊，内容包括科学新闻、研究论文、研究报告、书评等。它的网络版(http://www.science.org)除了包括与印刷版相同的内容外，还增添了许多印刷版无法涵盖的特色内容，如"科学此刻"栏目发布每日科学新闻，"电子市场"及时发布产品信息并开展网上购书服务等。

2. 光盘型

这种电子期刊制作成光盘出售，用户用装有光盘驱动器的计算机即可阅读。我国目前规模最大的光盘型期刊是《中国学术期刊》(光盘版)。

光盘版《中国学术期刊》(CAJ-CD)是我国第一个大规模集成化学术期刊全文检索系统，由清华大学光盘国家工程研究中心和北京清华信息系统工程公司联合创办。1996年12月创刊。它的基本面貌如下：

(1) 是全国主要学术期刊的全文的集合体。1997年收期刊2 000余种，1998年收3 000余种。

(2) 是"现刊"的集成。各期刊编辑部将本刊当期的定稿或已录制的软磁盘、光盘交CAJ-CD中心，由CAJ-CD中心入编、制作成光盘。每张光盘

① 聂华.《科学》杂志电子版的引进及使用.大学图书馆学报，2002(1)

录入期刊数百种。各家期刊的印刷版与光盘版几乎同步出版。

(3) 学科覆盖面广。选入自然科学、工程技术、人文社会科学领域的重要期刊。1997 年至 1998 年,分为 8 个专辑:

A 理工 A 专辑(数理科学与电子技术) 月刊

B 理工 B 专辑(化学化工能源与材料) 月刊

C 理工 C 专辑(工业技术) 月刊

D 农业专辑 月刊

E 医药卫生专辑 月刊

F 文史哲专辑 双月刊

G 经济政治与法律专辑 月刊

H 教育与社会科学综合专辑 月刊

从 1999 年开始,改为 9 个专辑,即新辟"电子技术与信息科学"专辑,内容包括:电子、无线电、激光、半导体、通信、计算机、自动化、新闻、出版、图书、情报、广播、电视、科学研究。原 8 个专辑的内容相应作了局部调整。

(4) 检索途径多。包括期刊检索(含整刊检索与期刊简介)、专项检索(含篇名检索、作者检索、摘要检索、关键词检索、分类检索等)、全文检索。全文检索是 CAJ-CD 的一大特色:用户任意输入一词,即可检索出包孕该词的所有文章。

(5) 不论用何种方式检索到的文章,都可以按原版方式在屏幕或打印机上输出。

CAJ-CD 适宜于追踪新发表的文献,却不便于进行回溯性检索(需要逐张光盘查找)。为此,自 1998 年以来,采取了以下改进措施:① 出版《索引盘》。一张索引盘揭示半年或一年间若干专辑收录的文献。② 出版《专题文献数据库》。按年度出版,细分为 82 个专题,每专题 1 ~ 3 张光盘。如 1997 年度企业经济专题,收文献 4 393 篇,光盘 1 张。③ 出版网络版。读者可通过"中国期刊网"分专辑进行题录检索或全文检索,免去逐张翻阅光盘之劳。

光盘型的电子期刊,多数是印刷型期刊的累积版。如 2000 年 8 月出版的《人民画报》光盘版(共 25 张),收录了 1950 年创刊号至 2000 年 7 月号共 625 期画报的内容,采用高比率图像扫描压缩技术,真实记载期刊原貌,并可缩放、检索。又如 2000 年年底出版的《大学图书馆学报》光盘版(1 张),收录了该刊自 1981 年创刊号至 2000 年二十年间的全部内容。

四、电子报纸

电子报纸也有网络型与光盘型之分。

1. 网络型

20 世纪 90 年代,报纸上网成为一股热潮。美国的《纽约时报》、英国的《泰晤士报》、日本的《朝日新闻》等争先恐后走上因特网。截至 1997 年 9 月底,全球上网的报纸总数已超过 3 600 家。我国截至 1998 年底,已有 127 家报纸上网。①

报纸的网络版与纸质母报可以是原版原式,也可以花样翻新。

所谓原版原式,是把纸质母报的内容原封不动地搬到网上。制作者通常采用 PDF 技术,使网络版成为纸质母报的翻版。②

所谓花样翻新,是指网络版不论内容与编排形式都不是纸质母报的翻版,而是增加了许多相关的图文信息和超文本链接,甚至发展为大型的综合性信息平台。《人民日报》社建设的人民网就是突出的例子。

人民网的前身是《人民日报》网络版(网络版于 1997 年 1 月 1 日正式进入国际互联网)。2000 年 7 月,人民日报社成立网络中心。同年 9 月,人民网 106 兆专线开通;10 月,人民网正式启用新域名 people. com. cn。

人民网是拥有中、英、日、法、西班牙五种语言的大型网上新闻发布平台,也是互联网上最大的中文新闻网站。人民网有近千名记者,遍布全球 70 余个记者站,合作媒体超过 500 家。该网每天提供 24 小时滚动新闻,日更新量超过 3 000 条。有时政、国际、观点、经济、科教、社会、IT、环保、军事、文娱、体育、生活、图片等 13 个新闻频道。读者通过"人民日报报系"的链接,可选择阅读人民日报社属下的《人民日报》、《环球时报》、《证券时报》、《新闻战线》等十余种报刊;通过"人民网地方网站"的链接,可进入 30 多个地方网站。读者还可以使用"检索"按钮进行全文检索(关键词检索或高级检索)。

2. 光盘型

光盘的电子报纸,绝大多数是一年或多年报纸的合订本。仍以《人民

---

① 据李吉庆. 网上读报手记. 光明日报,1999-3-3(13)

② PDF 是 Portable Document Format(便携文件格式)的缩写,由 Adobe 公司开发。网上的 PDF 文件能再现纸质印件的原版原式。

日报》为例。

《人民日报》图文数据光盘由《人民日报合订本光盘》(98 张)和《人民日报索引光盘》组成,是人民日报社和中国教育图书深圳进出口公司合作研制的,包括《人民日报》从 1946 年 5 月 15 日创刊号至 1995 年 12 月 31 日所有发行版全部版面。该光盘提供字段浏览、分类浏览、日期版别浏览和条件输入四种检索方式,并可按原版面貌显示、打印。

近几年的《人民日报》,每年出版一次光盘。例如,1999 年度《人民日报》光盘版(2 张),约 2 600 万字,5 000 余幅图片,采用 PDF 技术制作,读者既能看到纸质《人民日报》图文并茂的原版原式,又能全文检索。

五、电子书刊的检索功能

近几年,我国许多大型丛书、多卷本工具书或报刊合订本,已陆续制作成只读光盘(CD-ROM)。这些电子书刊以其体积小、容量大而深受读者青睐。然而,随着电子书刊的日渐增多,读者对它的要求也越来越高。人们已不满足于书刊光盘仅以"体积小、容量大"取胜,还要求它具有完备的检索系统和强大的检索功能。如果我们从检索功能的角度对已出版的书刊光盘进行分类,大体可分为以下四个基本类型。

1. 单一浏览型

主要指那些用图像扫描方式制成的光盘,如武汉大学出版社出版的文渊阁《四库全书》图像版光盘、超星公司早期推出的《中国古典文学经典系列》光盘。这类光盘实际上只是印刷型图书的载体转换,是原书的"翻版",其优点是保存原书面貌,缺点是检索途径单一。由于它提供的检索途径仅仅是书名、册次、页次,或书名、卷次等外表特征,所以只适合于按册或按篇卷浏览,无法深入其内容进行专指性检索。

2. 词目检索型

这种光盘以书中的词目为检索对象,比上述"单一浏览型"细致。电子辞书一般采用这种制作方式。如《汉语大词典》光盘 1.0 版就是词目检索型的,该光盘根据印刷版《汉语大词典》(正文共 12 卷)制作,将印刷版的绝大部分内容浓缩在一张光盘上①,1998 年由汉语大词典出版社、商务印书馆

① 光盘 1.0 版将印刷版各词条的例证(书证)大量删削,是一重大缺陷。

(香港)有限公司出版。

《汉语大词典》光盘的查询项目主要分字头、复词、成语三大类。

字头的查询,可以直接输入汉字查询,也可以通过部首、音读、笔顺等检索方式查询。每个字头均可发声(可选择女声或男声)。

复词和成语的查询,可以直接输入复词、成语查询,也可以通过词目首字的部首、音读、总笔画数查询。

直接输入词目时,可以加"通配符"("?"或"*")进行匹配查询。"?"代表一个汉字,"*"代表一个或多个汉字。

例如,输入"?爱",可以查得"博爱"、"偏爱"、"割爱"、"敬爱"、"恩爱"、"错爱"等一连串双音节词;如果输入"*爱",除了查得上述双音节词之外,还可查得"屋乌之爱"、"洁身自爱"等多音节词。又如,输入"?雷*耳",可查到"如雷灌耳"、"捷雷不及掩耳"、"疾雷不及塞耳"等等。

不过,《汉语大词典》光盘不具备逐字检索的功能,读者不能通过它了解某字某词在全书出现的次数和位置。

3. 逐字检索型

这类光盘可满足读者逐字检索的需求,是严格意义上的全文检索数据库。如北京潮海电子文献处理中心研制的《国学宝典》光盘,收中国古籍400余种、中国现代著作和外国典籍100余种,所收图书均支持逐字检索和统计。例如,选定《清史稿》的查找功能,键入人名"方苞",计算机屏幕即可依次显示含有"方苞"的段落;如果选择统计功能,即可统计出"方苞"在《清史稿》中共出现44次。可见,这种电子图书以检索细密见长,它可以统计出每个字词在某书中出现的次数(词频),并显示所处位置。但是,仅有逐字检索的功能还不够,因为它"主次不分"。例如,它可以统计出"方苞"在《清史稿》中出现44次,但不能立即显示各次的重要程度或信息量的多少。也就是说,它不能立即告诉读者,何处出现方苞的完整传记或较完整的事迹,何处仅是在他人的传记中提及。

4. 综合型

这类光盘几乎兼有上述光盘的各种检索途径,可满足读者进行分类检索、专题检索、逐字检索等要求。《中国出版年鉴(1980~2000)》光盘版就是这类光盘的代表。下文重点对该光盘的检索功能作一介绍。(图12-5)

《中国出版年鉴(1980~2000)》光盘版由金报兴图公司研制,中国出版年鉴社出版,将20册年鉴近4 000万字的资料压缩在一张光盘之中。该年鉴虽创刊于1980年,但有许多回溯性的内容(如大事纪、统计资料等),所以它反映的内容实际上跨越半个世纪,成为我国出版行业的大型资料库。如何将分散在20册年鉴中的近4 000万字资料巧妙地组织起来,便于读者查找,需要有独具匠心的设计思路。思路是顺着"族性检索"和"特性检索"两大系列展开的,以下分述之。

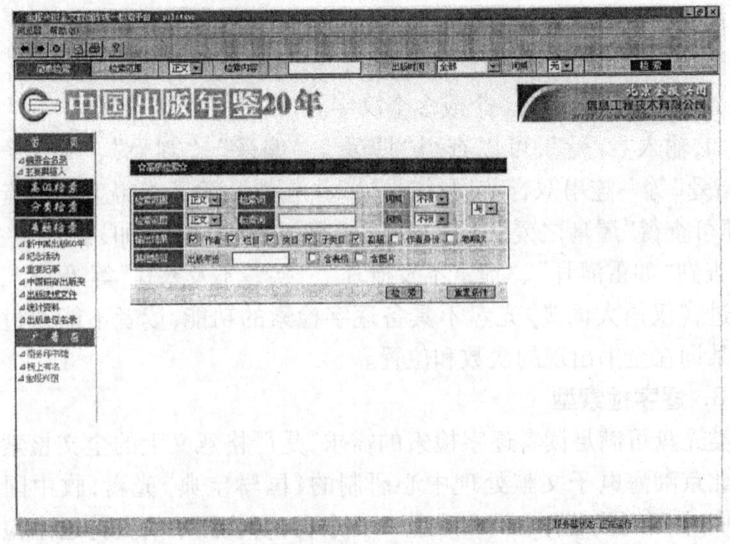

图12-5 《中国出版年鉴》光盘的检索对话框

第一,族性检索。

这是指研制人员按类别或专题组织资料,便于读者分类浏览并获取所需资料。《中国出版年鉴》光盘的"分类检索"和"专题检索"部分,便是为满足读者族性检索的需求而设的。

读者用鼠标点击"分类检索",屏幕即显示"特载"、"概况"、"人物"、"出版工作论点摘编"、"图书评介"、"出版工作报刊资料索引"等16大类的类目,这些类目以各年度年鉴的栏目为基础设定,读者点击所需类目,屏幕即显示该类目的子目,点击子目,便可获得所需资料。至于"专题检索",包括"新中国出版50年"、"中国韬奋出版奖"、"出版单位名录"等7个专题,供读者选择。

第二,特性检索。

这是专指性很强的检索途径。《中国出版年鉴》光盘的"简单检索"和"高级检索"部分,便是为满足读者特性检索的需求而设的。

(1) 简单检索。读者输入一个关键词,并选定检索范围,计算机即显示包含该关键词的文献。例如,读者需要查找有关"电子出版物"的资料,先输入关键词"电子出版物",再选定检索范围("栏目"、"标题"或"正文"),点击"检索"按钮,计算机即统计出命中的文献数量,并详细列出检索结果。列表说明如下:

序次	检索内容[关键词]	检索范围	命中记录数	检索结果举例
Ⅰ	电子出版物	栏目	55	全国光盘复制工作会议在广州举行 卷期次:中国出版年鉴 1997 年 栏目:纪事 类目:音像与电子出版物
Ⅱ	同上	标题	21	国家电子出版物评奖办法 卷期次:中国出版年鉴 2000 年 栏目:法规文件 类目:音像、电子
Ⅲ	同上	正文	324	第五届北京国际图书博览会 卷期次:中国出版年鉴 1995 年 栏目:纪事 类目:书展、书市 作者:张延华

(注:为节省篇幅,表格中"检索结果举例"一栏以简省方式表示)

如果在检索结果中点击所需文章(或条目)的标题,即可显示正文,并可打印。

上表序次Ⅱ说明,在《中国出版年鉴》近 4 000 万字的资料中,标题中出现"电子出版物"五字的文章或条目共 21 篇(条)。当然,标题中并未出现"电子出版物"而内容实与电子出版物有关的资料还有许多,这从序次Ⅰ和Ⅲ中可以看出。

最有意思的是序次Ⅲ,它表明,在正文中出现关键词"电子出版物"的文章或条目共有 324 篇(条)。在这 324 篇(条)中,"电子出版物"出现的次数(词频)并不一样,有的可能只出现 1 次,有的可能出现 10 次以上。例如,在《第五届北京国际图书博览会》一文中,"电子出版物"仅出现 1 次;而在《加强管理,促进繁荣》一文中,则出现 25 次之多。显然,有关"电子出版物"的信息量,后文比前文大得多。由此可见,词频分析在全文检索中具有区分主次的作用。《中国出版年鉴》光盘的研制者考虑及此，特意设置了“词频”选择功能，实为高明之举。在“词频”对话框中，读者可以选择“无”（对关键词出现次数不作限定，1 次及 1 次以上都需要），也可以选择“2”（必须出现 2 次及 2 次以上），直至选择“10”。

例如，以“电子出版物”为关键词，以“正文”为检索范围，依次选择不同的词频，命中记录数量如下表：

关键词	电子出版物				检索范围			正文		
词频	无	2	3	4	5	6	7	8	9	10
命中记录	324	178	117	83	62	52	36	31	26	22

随着词频的逐步增大，命中文献的篇数越来越少，但与检索目标“电子出版物”的相关程度（即切题程度）却越来越大。现列出词频为 10（含 10 以上）的文章或条目的标题，略作分析：

[1] 迎接电子出版物的挑战（概况）
[2] 关于加强电子出版物管理的通知（法规文件）
[3] 加强管理，促进繁荣（概况）
[4] 1995 年“扫黄”“打非”工作综述（概况）
[5] 新闻出版署党组举办电子出版讲座（纪事）
[6] 我国电子出版物的发展现状与前景（论点摘编）
[7] 1996 年音像电子出版工作概述（概况）
[8] 电子出版物管理暂行规定（法规文件）
[9] 关于对出版和复制境外电子出版物和计算机软件进行著作权授权合同登记和认证的通知（法规文件）
[10] 电子出版须解决的重要问题（论点摘编）
[11] 音像、电子出版工作（报刊资料索引，1996）
[12] 山东省（概况，1997）
[13] 电子出版物管理规定（法规文件）
[14] 音像、电子出版工作（报刊资料索引，1997）
[15] 1998 年音像和电子出版工作综述（概况）
[16] 河北省（概况，1998）

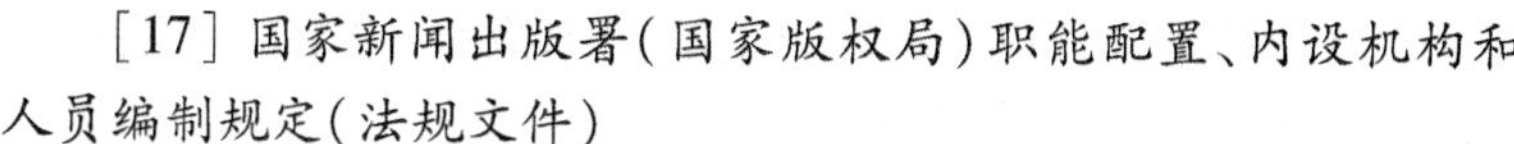

［17］国家新闻出版署（国家版权局）职能配置、内设机构和人员编制规定（法规文件）

［18］回眸新中国的音像电子出版业（专文）

［19］1999年音像和电子出版物出版工作综述（概况）

［20］福建省（概况，1999）

［21］国家电子出版物评奖办法（法规文件）

［22］音像、电子出版工作（报刊资料索引，1999）

以上22篇（条），正文出现关键词“电子出版物”都在10次以上，对我们开展电子出版物研究都有重要参考价值。但在这22篇（条）的标题中，完整出现“电子出版物”五字的只有8篇。由此可见，标题虽是正文内容的高度概括，但标题不可能全部反映正文的主要内容。因而，当读者需要查找某一方面的资料时，不能将检索范围仅限于标题，还要深入到正文之中。标题检索与正文检索互补，才能提高查全率。《中国出版年鉴》光盘支持正文的全文检索，同时又用词频选择的方法（实即“加权法”）区分文献内容与检索目标的相关程度，这是考虑得很周到的。

该光盘还有“二次检索”的功能，即当读者进行简单检索之后，如果感到检索结果过于宽泛，可以对已有的检索结果给出限定条件，进行二次检索，使检索结果细化。“二次检索”可以重复多次，形成逐次检索。

（2）高级检索。高级检索又称“复合检索”或“跨字段检索”。《中国出版年鉴》光盘支持读者在不同的检索范围（字段）输入检索词，并按一定的逻辑关系（“与”、“或”）进行检索。例如，读者提出两个检索条件：（A）要求从《中国出版年鉴》中找出吴道弘写的文章；（B）要求文章正文中出现“出版史”，且必须出现两次或两次以上。以上两个条件要求同时满足，逻辑关系是“与”。上述检索意图，可用下表表示：

条件（A）	检索范围	作者	检索词	吴道弘	词频	不限	逻辑
条件（B）	检索范围	正文	检索词	出版史	词频	2	与

将上述检索意图输入计算机后，即找出《出版史研究类获奖论文综述》等两篇文章。如果将条件B的词频改为“不限”，则找出的文章增至4篇。如果把上述例子中的逻辑关系改为“或”，则表达的意图变成满足（A）、（B）两个条件中的任何一个都可以，如按这样的要求输入计算机，找出的文章达69

篇。可见,“高级检索”表达的检索意图比“简单检索”更复杂、更细致,操作起来也繁复些,适合专业人员选用。

第四节 利用网络查询出版信息与其他资料

编辑人员在策划选题、审稿、编辑加工等工作环节中,常需要查询出版信息和其他资料。在本书第三章第二节“善于查找文献资料”中,已介绍过用手工检索文献资料的方法,本节则介绍网络检索的常用方法。

一、利用网上的“馆藏目录”

馆藏目录,是揭示一个图书馆所藏文献的检索工具。对编辑人员来说,它的用途主要有两个方面:第一,便于找书。当我们需要查阅某一种书时,首先通过本单位图书馆的馆藏目录查找,如果本馆缺藏,则通过其他图书馆的馆藏目录查找。第二,便于调研。当我们想了解某一选题是否已出版过同类书籍时,可通过一家或多家图书馆的馆藏目录搜集信息。

传统的馆藏目录的物质载体主要有两大类,一是书本式目录,二是卡片式目录。书本式目录的优点是可以大量印制,广泛传播,便于携带;缺点是不能及时反映新入藏的文献。卡片式目录的优点是可以随编随用,及时反映新入藏的文献;缺点是体积庞大,不便挪动,读者必须亲临其馆才能使用,而且翻检卡片十分费时。

随着计算机技术的发展,出现了机读目录(MARC),即利用计算机识读和处理的目录,它的载体是磁盘、磁带或光盘。许多图书馆将编目数据转换为机读记录,于是馆藏目录由传统的书本式、卡片式发展为机读型,这是馆藏目录的一次革命。

机读型馆藏目录的发展,大体经历了三个阶段:(1) 仅供馆内使用;

(2) 以光盘等形式批量生产、发行;(3) 上网,出现了网上的馆藏目录。这里要介绍的就是网上的馆藏目录。

近几年,许多图书馆纷纷上网。各图书馆的网站,除了介绍本馆概况、服务项目、专题资料以外,多有“馆藏目录检索”一项。如果你办公室或家中的电脑已上网,并且已经知道若干图书馆的网址,那么,“秀才不出门”便可迅速知道远方的图书馆是否有自己所需要的图书。由于不少图书馆及时补充新的编目数据,这就让你能不断获得新的出版信息。这一切,是传统的书本式或卡片式目录无法比拟的。

但是,已上网的图书馆很多,难以一一记清它们的网址;再说,一长串的网址,输入时不胜其烦。是否有简便的方法呢? 有,利用清华大学的“国内上网图书馆”最方便。它的网址是: http://www. lib. tsinghua. edu. cn/chinese/otherlib(见图 12-6)。

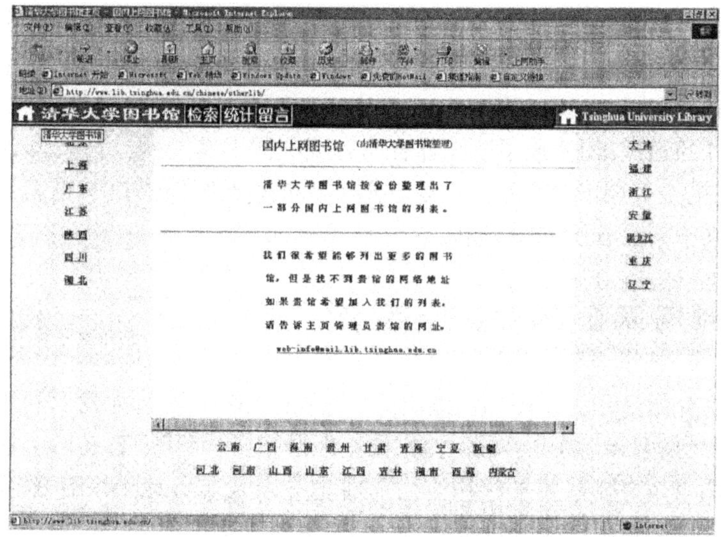

图 12-6 “国内上网图书馆”主页

“国内上网图书馆”由清华大学图书馆编制,它是 205 家图书馆网址的集成(截至 2000 年 7 月的统计)。当用户进入它的主页,便可见到 30 多个省(市、自治区)的标目。用鼠标点击其中任何一个地名,屏幕即显示该地已上网的图书馆一览表。假设点击“北京”,即显示北京地区已上网的 25 家图书馆的馆名:

1. 清华大学图书馆
2. 北京图书馆(中国国家图书馆)
3. 中国科学院文献情报中心
4. 北京大学图书馆及其英文版主页
5. 北京化工大学图书馆
6. 中国人民大学图书馆
7. 北京邮电大学图书馆
8. 北方交通大学图书馆
9. 北京医科大学图书馆
10. 北京语言文化大学图书馆

……

如果再点击"北京图书馆(中国国家图书馆)",便进入该馆的主页。在主页上点击其馆藏目录,便出现检索对话框,你可以通过书名、作者、主题词等途径查找图书。

同样的道理,假使想了解江苏省已有哪些图书馆上网,可在"国内上网图书馆"的主页点击"江苏",屏幕即显示江苏省上网图书馆一览表。然后再选择其中需要利用的图书馆。

二、利用网上的"联合目录"

上文介绍清华大学图书馆编制的"国内上网图书馆",为我们利用各图书馆的"馆藏目录"提供了很大的方便。但是,它只能让读者在网上逐一检索某某图书馆有哪些藏书,却不能了解某种书被全国各地哪些图书馆收藏。要了解某种书被哪些图书馆收藏,须利用"联合目录"。

揭示单个图书馆所藏文献的检索工具,称馆藏目录;能够揭示多个图书馆所藏文献的检索工具,称联合目录。详细反映文献收藏处所,是联合目录的重要特征。它让读者迅速知道某书被哪些图书馆收藏,为资源共享提供方便。过去的联合目录,是手工编制的书本式目录,如《上海市外文新书联合目录》、《中国地方志联合目录》等。

随着计算机技术的发展,世界上许多图书馆开展计算机联合编目,建立了联机目录数据库。例如美国"联机图书馆中心"(OCLC)的 WorldCat,是

当前全球最大的联机目录数据库,已有世界各地 40 102 个图书馆参加,拥有书目记录 4 000 多万条,馆藏记录 8 亿多个,可供网上检索。① 我国网上的"联合目录"(中文)起步较晚,近几年才陆续问世,其中最有影响的是由 CALIS(中国高等教育文献保障体系)主办的联机公共数据库,网址为: http://162.105.138.230。

CALIS 联机公共数据库的成员馆主要是全国百余所"211 工程"高校的图书馆。其主页列出"中文期刊目次"、"联合目录(中文)"、"联合目录(英文)"等项,供用户选择(见图 12-7)。现以"联合目录(中文)"为例,说明其用法。

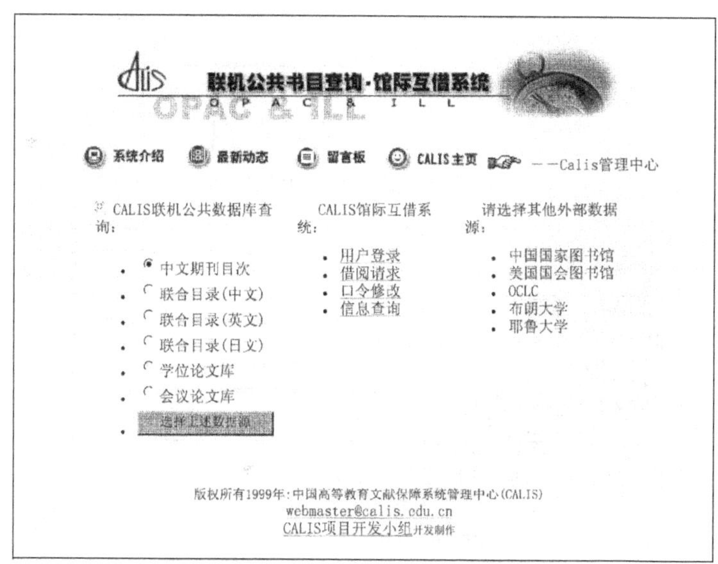

图 12-7　CALIS 联机公共数据库主页

联合目录数据库分"简单查询"和"高级查询"。

1. 简单查询

先看图 12-8,自左至右,共有 4 列对话框,依次为检索途径、匹配规则、检索词语、逻辑关系。现分别作一说明:

(1) 检索途径。又称检索区域或检索点。若点击"▼"按钮,即弹出下

① 这是截至 2001 年 11 月 3 日的统计。见蔡蓉华等. 国外联机编目系统研究. 大学图书馆学报,2001(6)

拉列表,列出“著者”、“题名”、“主题”、“ISBN”(国际标准书号)、“ISSN”(国际标准连续出版物号)、“全面检索”6 个选项。

(2) 匹配规则。若点击“▼”按钮,即列出“开头为”(前方一致)、“结尾为”(后方一致)、“严格等于”(完全一致)、“模糊匹配”等 4 种匹配方式以供选择。

(3) 检索词语。供用户直接输入检索词。

(4) 逻辑关系。若点击“▼”按钮,即列出“并且”(逻辑与)、“或者”(逻辑或)、“非”(逻辑非)3 个选项。

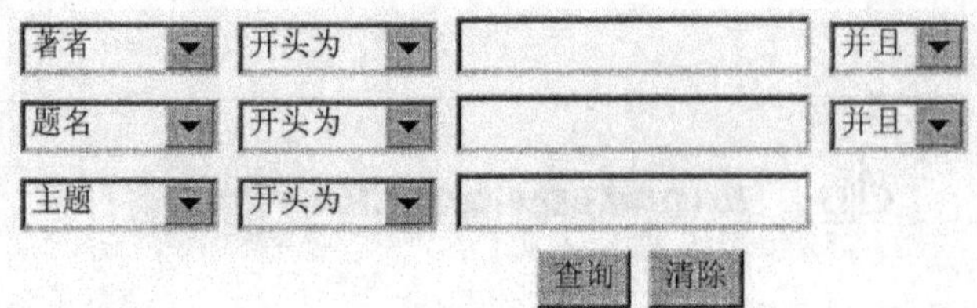

图 12-8 简单查询对话框

记录标识号	CAL 012000505802
国际标准书号	7-5068-0009-8,CNY14.00
作品语种	汉语
题名与责任说明	实用编辑学,阙道隆主编
版本说明	2版
出版发行等	北京,中国书籍出版社,1995
载体形态项	403页,21cm
从编	出版知识丛书
从编连接项	出版知识丛书 chu ban zhi shi cong shu
编目员补充的附加题名	编辑学
名称主题	编辑学
中国分类号	G213,3
个人名称-等同知识责任	阙道隆

馆藏信息:

馆藏号	流通状态	索书号
北京师范大学图书馆	文献传递	
华东石油大学图书馆(东营)	返回式馆际互借	
武汉大学图书馆	文献传递	
华东石油大学图书馆(东营)	返回式馆际互借	
四川大学文理图书馆	返回式馆际互借	

馆际互借

图 12-9 CALIS 联合目录(中文)检索结果示例

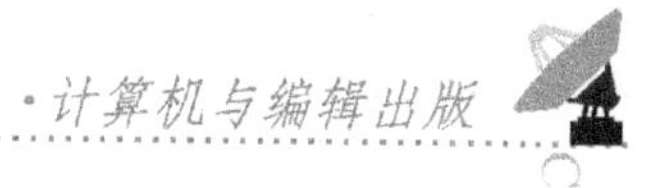

例如,通过“题名”途径查“编辑学”,屏幕即显示一批在书名中有“编辑学”三字的书籍的题名、作者名、出版年。假设想了解其中阙道隆主编的《实用编辑学》的出版情况和收藏情况,点击该书书名,屏幕显示如图 12-9。

2. 高级查询

高级查询主要在检索途径对话框增加了团体名称、会议名称、丛编题名等多个选项,并增加了限制性检索条件(见图 12-10):

限制性检索条件

资料类型: 无 ▼　　语言: 无 ▼

出版年:

图 12-10　高级查询中的限制性检索条件对话框

“资料类型”的选项有:“无”(不作限制)、“文字资料印刷品”、“文字资料手稿”、“乐谱印刷品”、“测绘资料印刷品”、“测绘资料手稿”、“放映和视频资料”、“非音乐性录音资料”、“音乐性录音资料”、“二维图形”、“电脑存储介质”、“多媒体”、“三维制品和教具”。

“语言”的选项有:“无”(不作限制)、“汉语”、“英语”、“法语”、“德语”、“日语”、“西班牙语”、“俄语”。

“出版年”的对话框,由用户输入出版年。

例如,查询我国 1933 年出版了哪些中国文学史。先在“题名”键入“中国文学史”,再在“出版年”键入“1933”,按“查询”按钮,屏幕即显示(图 12-11):

记录编号	题名
1	中国文学史概要 胡怀琛 1933
2	中国文学史纲 童行白 1933
3	中国文学史表解 刘宇光 1933

图 12-11　高级查询返回结果示例

表示查到 3 种。如果读者想了解其中某书的详细信息和收藏情况,点击该书书名即可。

CALIS 联机公共数据库尚处于起步阶段,成员馆的数量过少,部分检索功能尚未完善,著录不统一、冗余记录等问题时有发生。而且,多数成员馆提供的书目数据只是近一二十年甚至近几年的入藏情况，尚未实现回溯转换（即把各图书馆原有的手工书目记录转换为机读记录），未能全面反映这些图书馆的收藏情况。这一工作目前正在逐步完善中。

三、利用数字图书馆

以上介绍的网上“馆藏目录”和“联合目录”，用户查询的结果都是书目，而不能查到书籍的正文。如果想查到书籍的正文，就需要利用数字图书馆（Digital Library）。

我国创办较早、影响较大的数字图书馆，是北京世纪超星信息技术公司的“超星数字图书馆”（见图 12-12）。

图 12-12　超星数字图书馆主页

该馆于 2000 年 1 月正式开通，同年 6 月入选“国家 863 计划中国数字图书馆示范工程”，网址为 www. ssreader. com. cn。截至 2001 年下半年，已拥有数字图书约 8 000 万页，20 余万册，并以每天 10 余万页的速度递增。读者可以在网上免费下载“超星图书阅览器”，并在“用户注册”之后浏览图书，但不能下载、打印，必须进行“读书卡注册”之后才能下载、打印。读书卡分 10 元（1 个月）、30 元（3 个月）、100 元（12 个月）三种。读者还可以从超星数字图书馆中选定自己喜欢的图书，定制光盘。每张光盘 100 元，约可

刻录40本书。

读者进入超星数字图书馆网站,可以用分类途径或书名关键词查书浏览。图书是用PDG格式生成的,这是一种图像格式,优点是保存了图书原貌,但不知何故,仅录入书籍的目录和正文,没有封面,也没有序言。众所周知,图书封面极具观赏性,而序言具有阅读指导的意义。把封面和序言删去,实在是重大缺陷。

超星数字图书馆还主办《读书生活》。这是一个月左右出版一次的电子期刊,栏目有"上架新书"、"书界风云"、"精彩点击"等。

其他著名的数字图书馆如:

中国数字图书馆　http://www.d-library.com.cn/in-dex.php

书生之家数字图书馆　http://www.21dmedia.net/de-fault.asp

超星数字图书馆的工作重点,是旧书回溯制作;书生之家数字图书馆主要与出版社合作,制作电子新书;中国数字图书馆则旧书、新书并重。

四、利用搜索引擎

因特网上的信息量高速增长,用户查找资料常感茫无头绪,需要有引路的工具,这种工具就是搜索引擎(search engine)。

各语种的搜索引擎种类繁多。其实,每个搜索引擎都是一个万维网网站。与普通网站不同的是,其主要资源是它的索引数据库。搜索引擎搜索了网上大量信息,主页显示所获取的满足用户需求的各种链接资源信息,供用户进一步选择、调阅。通俗地说,搜索引擎就是网上的功能强大的索引。

现以"网易"为例,说明搜索引擎的一般用法。

网易搜索引擎的网址为:http://search.163.com

图12-13即为网易搜索引擎的主页,提供分类检索和关键词检索两种查询方式。

页面展开的开放式目录,如娱乐休闲、电脑网络、文学、艺术、新闻出版等,就是供分类检索用的。用户可以点击相关的大小标题,逐级深入,浏览所需资料。

页面上方的搜索框,供用户进行关键词检索。用户将查询内容以关键词概括,输入搜索框,然后点击搜索按钮,搜索引擎将返回四个不同方面的结果:

相关目录——是指用户的查询内容(关键词)与网易开放式目录中的类目匹配所返回的结果。

相关网站——是指用户输入的关键词与在网易数据库中注册的网站信

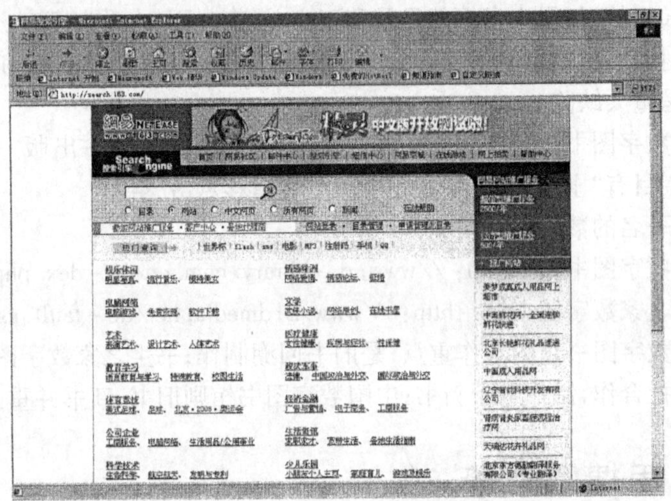

图 12-13 网易搜索引擎主页

息匹配所返回的结果。

相关网页——是指用户输入的关键词与网易的合作伙伴 Google 的全文数据库中的信息匹配所返回的结果。相关网页又分为“中文网页”和“所有网页”。

相关新闻——是指在新闻频道中,用户用指定的关键词得到的相关信息。

用户可以自由切换上述四个域。

例如,需要查找有关网络出版的信息,可以选择“相关网站”,并在检索框内输入“网络出版”,此时(查询时间为 2002 年 6 月 18 日)屏幕显示:

> > 相关网站 1-5 of 5

● 人民时空**网络**科技有限公司

人民时空**网络**科技有限公司-由人民**出版**社发起组建的人民时空**网络**科技有限公司,以中国**出版**界为基础建立了“人民时空”网站。该网站是一个**网络出版**、网上图书、电子**出版**物和音像制品

的综合性销售平台。

http://www.peoplespace.net/

类别：新闻出版：出版发行经销：图书公司

● 人民时空**网络**科技有限公司

一个**网络出版**、网上图书、电子**出版**物和音像制品的综合性销售平台。

http://www.peoplespace.net/

类别：公司企业：文化/艺术/科技/教育：图书报刊类公司：电子书籍出版

● 北京财经电子音像**出版**社

北京财经电子音像**出版**社的前身是北京财经音像**出版**社，是1993年经国家新闻**出版**署批准成立的国家级**出版**社，由财政部主管，中国财政经济**出版**社主办。2001年1月，为了增强北京财经音像**出版**社的实力、加快北京财经音像**出版**社的发展，中国财政经济**出版**社将所属**网络**电子**出版**中心的资产、业务和人员，整体注入北京财经音像**出版**…

http://www.cdef.com.cn/

类别：经济金融：经济教育：财经出版社 & 书店

（下略）

共查得5个网站（其中有重复者，是因为同一网站被归入不同的类别）。

如果选择“中文网页”，并在检索框内输入“网络出版”，此时（查询时间为2002年6月18日）屏幕显示：

> >相关网页（中文）1-10 of 7 610

● 早报网 Zaobao.com

Zaobao.com 提供优质中英**网络出版**服务. Zaobao.com 不但是世界最大的华文入门网站之一，也提供优质中英**网络出版**服务。我们为公司客户提供一站式的服务，包括网站制作、网站存放、网站促销和网页翻译等等。…

www.zaobao.com.sg/pages/web publishing.html-6k-网页快照-类似网页

● 广东出版信息网——**网络出版**信息资源网

|处室业务.|法律法规.|广东报刊.|粤海书评.|广东新书.|版权知识.|更早版本.广东省新闻出版局◇网上办公业务◇.*局长室.*办公室.*图书处,*报刊处.*版权处,*音像处,*印发处,*人教处.法律法规,…

www.gdprese.gov.cn/-101k-网页快照-类似网页

● 网络出版=中国电子图书网

…我要投稿.**网络出版**流程.投稿(登录网站-投递稿件).↓.编辑审稿(审查稿件质量,决定能否发表).↓.编辑加工(对待用稿件进行文字上、思想内容上的加工整理).↓.发表(将您的稿件在"原创精品廊"发表)……

www.cnbook.com.cn/epub/-26k-网页快照-类似网页

● **网络出版**=中国电子图书网

…**网络出版**面面观.一、**网络出版**的概念 **网络出版**(ePublish)的定义:通过互联网传播数字内容的过程,称为**网络出版**。完整的**网络出版**流程包括三阶段:获取原始材料、制作数字内容和传播数字内容……

www.cnbook.com.cn/epub/second/talk/es-ee.htm-27k-网页快照-类似网页

[在 www.cnbook.com.cn 搜索更多结果]

(下略)

所查得的与"网络出版"相关的网页,有 7 610 页之多。如果想缩小搜索范围,可以将检索目标更明确化,即输入更多的关键词,就匹配对象作更为具体的限定。例如,想查询网络出版中的版权问题,可以同时输入"网络出版 版权",此时,查询结果缩小为 2 190 页。

值得一提的是,网易搜索引擎的"网页快照"非常实用。当网页所在的服务器暂时中断时,网易已经暂存的网页可以救急。也就是说,此时用户点击"网页快照",仍可浏览到该网页的内容,而且速度要比常规链接快。但是,所看到的网页是不久之前贮存的,而不是最新的。

以上仅以网易为例,介绍了搜索引擎的一般用法。著名的搜索引擎还有很多,如:

Yahoo！　http://www.yahoo.com　这是英文搜索引擎的“元老”。

Yahoo！中文(雅虎中文)

简体版网址为 http://gbchiness.yahoo.com

繁体版网址为 http://chinese.yahoo.com

搜狐　http://www.sohoo.com.cn

新浪　http://search.sina.com.cn

常青藤　http://www.tonghua.com.cn　由长通飞华信息技术公司开发,汇编了中国大陆、港台以及新加坡等地的网站。

悠游　http://www.goyoyo.com.cn　由香港和北京共同开发。

哇塞中文网　http://www.whatsite.com.tw　哇塞中文网是台湾著名的搜索站点,1996 年初建立。

各种搜索引擎的使用方法有同有异,在使用前应阅读该引擎的“帮助”。

此外,使用各种搜索引擎所获得的信息多寡不一。为了获取更多的信息,依次使用多个引擎固然是个办法,但那样很费时。这时,不妨使用“引擎的引擎”。

例如,“飓风搜索通”就是一种“引擎的引擎”。它整合近百个各类搜索引擎,采用多线程并行运作,可以根据用户的需要同时开动多个搜索引擎,搜索所需要的资料。该软件可在以下网址下载:http://newhua.ruyi.com。

第五节　网络出版

一、网络出版的涵义

网络出版,是指具有合法出版资格的机构,以国际互联网为载体和流通渠道,出版与发行数字化出版物的行为。①

与传统的纸质图书出版相比,网络出版具有如下三个显著特点:

其一,产品数字化。网络出版物是借助数字化技术生产并在网络上运行的精神产品,当读者需要的时候,必须利用计算机把数字代码转换为图文声像等形式,才能阅读和欣赏。

其二,流通网络化。网络出版物以数字形式通过国际互联网进行传送,可以快速送抵用户面前,以下载形式完成流通过程。这一特点,与传统的纸质图书出版有本质的区别,也不同于FD(软磁盘)、CD-ROM(只读光盘)、DVD-ROM(高密度只读光盘)等电子出版物。

其三,交易电子化。网络出版物的交易,以在线支付为主要支付手段,即用户采用信用卡,通过网上银行实时付款,才能下载,完成交易过程。网络出版物的销售,实现了电子商务化,这是网络出版的又一显著特征。

网络出版是随着Internet的发展而逐步兴起的"无纸出版"。20世纪90年代,美国的一些出版商从事网络出版中获得巨大效益,引起作者、出版商、书商、读者的广泛注意。2000年以来,网络出版发展迅猛,成功的事例不胜枚举。突出的例子如:2000年3月14日,美国畅销小说作家史蒂芬·金(Stephen King)发表了一本小说《骑弹飞行》(Riding the Bullet),讲述一个旅行者一天的恐怖遭遇。该小说由出版商Simon & Schuster出版,只在网上发行电子书(eBook),不发行纸质书。小说发行的第一天,就被下载40万本,每本售价2.5美元。到4月初,史蒂芬的收入已达45万美元。此例说明,网络出版对作者、出版商、读者三方都有利:就作者而言,如果这本小说以印刷版(纸质书)发行,史蒂芬只有1万美元的收入,而现在至少有45万美元的收入;就出版商而言,以前发行新小说的印刷版,第一天的销售记录是7.5万本,而现在是40万本;就读者而言,以往印刷版小说的售价平均在30~40美元之间,而史蒂芬这本网络版小说只售2.5美元。

我国的网络出版自2000年以来渐成气候,如北大方正Apabi(阿帕比)网络、博库公司中文图书网站、辽宁出版集团的中国电子图书网等,在网络出版方面都取得了显著的成绩。

---

① 参见石毅. eBook引发出版革命. 2000－11－16. http:// ccidnet. com/html/focus/tr.../73_1133. htm

二、网络出版的流程

网络出版的工作流程大体如下。

1. 征集稿件

“稿源”有三种类型：

(1) 以往出版的纸质书,俗称“旧书”。对此,需要用扫描等方式使之转化为电子文档。

(2) 出版社提供的电子文档。近几年各出版社普遍采用电脑排版,图书印刷之前已形成电子文档,将这类电子文档用于网络出版是理想的选择。

(3) 作者的原创性稿件,即尚未公开发表者。

2. 审稿及编辑加工

这主要是针对原创性稿件而言的。

3. 制作电子书

网络出版商需要根据预先制定的最终文档格式,对原材料进行加工。例如,PDF 是网络出版的主流格式,在欧美、港台处于主导地位。如果采用 PDF 格式,就需要用 Adobe 公司的软件对原材料进行加工。又如,PDG 格式是我国开发的电子书格式,北京世纪超星信息技术公司制作的电子书就是用 PSG 格式生成的。PDG 是一种图像格式,保持了图书的原貌。再如,方正 Apabi 的电子书采用 CEB(Chinese eBook)格式,这是高保真的中文电子书格式。

4. 上载加密

通过加密技术、信息安全传递技术,防止盗版,保护版权,并可精确统计所售电子书的数量。

5. 发行

通过电子网上书店或数字图书馆发行电子书。读者须付费方能下载(指定免费下载者除外),用网络出版商提供的图书阅览器阅读(阅览器一般免费下载)。

三、网络出版的优越性

1. 实现无纸出版，有益环境保护

网络出版是真正意义上的无纸出版，节约了社会资源，减少了造纸、印刷、运输过程中产生的环境污染。

回顾我国出版业近20年的发展，接连发生了三次重大的变革。20世纪80年代末至90年代前期，由于计算机—激光汉字编辑排版系统的问世和逐步推广，出版印刷行业陆续“告别铅与火，迎来光与电”，这是出版印刷的第一次重大变革。这次变革主要体现在图书的生产环节上，即生产过程采用电子计算机等技术手段，使得工作效率大幅度提高，生产环境大为改善，但其最终产品依然是印刷型出版物，载体仍然是纸张。第二次重大变革，发生在20世纪90年代，以电子出版物的大量涌现为标志。电子出版物不仅在生产过程中采用计算机等技术手段，而且最终产品也变为软磁盘、光盘等载体。但是，光盘等电子出版物的出版，仍需用塑料、纸张等材料作包装，仍有库存、运输等管理环节。第三次重大变革，即20世纪末21世纪初网络出版的勃兴。网络出版实现了真正意义的无纸出版，所以有“绿色出版”之称。

2. 简化出版程序，节省出版成本

与传统出版相比，网络出版可省却印刷、库存、运输等环节，工作效率大幅度提高，而费用则大幅度下降。而且，网络出版物的增补、修订可以随时进行，十分方便，省时省钱。

3. 产量可多可少，降低经营风险

传统出版的印数，与盈亏密切相关。如果订数大，印数多，销售量大，则利润可观；如果印数少，则无利可图，甚至亏本；如果预测失误，印数多而销售不畅，则造成大量积压。由此带来的另一问题是，具有重要学术价值或文化积累价值的图书由于印数少而难以出版。网络出版则不同，由于它成本低，运作灵活，完全可以按需生产，经营风险小。那些发行量少的学术著作，可以通过网络出版与世人见面。

4. 进行二次开发，获得双重效益

历年来出版的纸质书数量巨大，其中很多有价值的图书已绝版，读者欲购而不可得。出版社可以利用网络出版，将已经出版的纸质图书进行二次

开发,既可满足社会需求,又能培育新的赢利点。

四、网络出版面临的问题

我国网络出版所面临的突出问题,是网上著作权诉讼不断发生。

网络出版商利用受著作权法保护的他人作品制作数字化制品并上网发行,必须尊重并保护著作权人的正当权益,事先取得著作权使用许可。网络出版商可以直接向著作权人取得许可,也可以通过著作权集体管理组织取得许可。但事实上,有些网络出版商并没有这样做,结果是既侵犯了著作权人的正当权益,引起版权纠纷,也损害了网络出版的声誉。

1999 年 12 月 9 日,国家版权局发布《关于制作数字化制品的著作权规定》(2000 年 3 月 1 日起施行)。接着,中国版权保护中心制定了《制作数字化制品著作权使用费标准(试行)》(2000 年 7 月 1 日起施行)。2001 年 10 月 27 日修正的《中华人民共和国著作权法》明确规定,著作权包括“信息网络传播权,即以有线或者无线方式向公众提供作品,使公众可以在某个人选定的时间和地点获得作品的权利”。并在附则中指出:“计算机软件、信息网络传播权的保护办法由国务院另行规定。”有关法律法规正在逐步完善。采取有效措施认真落实国家有关法律法规,是推动网络出版健康发展的根本保证。

网络出版面临的另一问题,是消费市场尚小。

截至 2001 年底,我国网民已达 3 370 万人。① 这个数字并不算小,但对于拥有 13 亿人口的中国来说,这个数字又不算大。而且,“网络免费”的观念盛行,网上电子书付费下载的销售额很低。据中国电子图书网报道,颇具影响力的博库网站(bookoo.com)免费图书可以达到 40 万的下载量,但付费下载的统计数字“不好意思公布”②。

影响网络出版消费市场发展的另一原因,是目前有相当多的读者仍钟情于读纸质书,不习惯于上网读电子书。有专家分析认为,人类阅读书籍的角度、远近、光线,是在几千年的不断发展进化中形成的,要改变人们的阅读

---

① 这是中国互联网络信息中心(CNNIC)2002 年 1 月 15 日在北京发布第九次《中国互联网络发展状况统计报告》中发布的数字。见光明日报,2002-1-16(A4)

② http://www.cnbook.com.cn/epub/second/talk/seesee.htm

习惯困难重重。加上电子书影响视力、不便携带等因素，致使电子书的读者队伍发展缓慢。为此，科技工作者正不断研究改进“手持阅读器”，专门用于网上下载和离线阅读电子书，并努力使其外观符合人们的阅读习惯。

五、网络出版前景预测

2000 年初，部分网络出版业内人士对今后 30 年网络出版的发展前景曾作出如下预测：

2000 年，北大方正推出 Apabi 中文网络出版整体解决方案，出版社开始在网上试出电子图书。

2001 年，大部分出版社和网上书店将开始电子图书业务。

2002 年，电子课本、电子书包在北京等少数大城市开始被接受。

2003 年，由于技术的改善，在屏幕上看电子书感觉将很清晰、舒服。

2004 年，“你的图书”成为出版界的新宠，通过网络为每个读者提供个性化图书。

2006 年，拥有手持阅读器成为时尚。

2008 年，随处可以买到电子图书。

2015 年，图书馆新增图书的一半是电子图书。

2020 年，电子图书的销售额超过传统图书。

2030 年，电子图书将全面超过传统图书。①

经过一段时间的检验，可以看出，以上预测有一部分已经实现，大部分预测是可信的，少数预测则过于乐观。

笔者认为：第一，网络出版已成为新的出版产业，新的经济增长点，尽管在其发展过程中会遇到各种困难和问题，但总的趋势是逐步完善和壮大。第二，网络出版和传统出版将长期共存，优势互补，互动发展。

六、方正Apabi及其他

在这里，我们介绍几家有一定代表性的网络出版机构及其网站。

---

① http://www.cnbook.com.cn/epub/second/talk/seesee.htm

1. 方正 Apabi(阿帕比)

网址：http://www.apabi.com(见图 12-14)

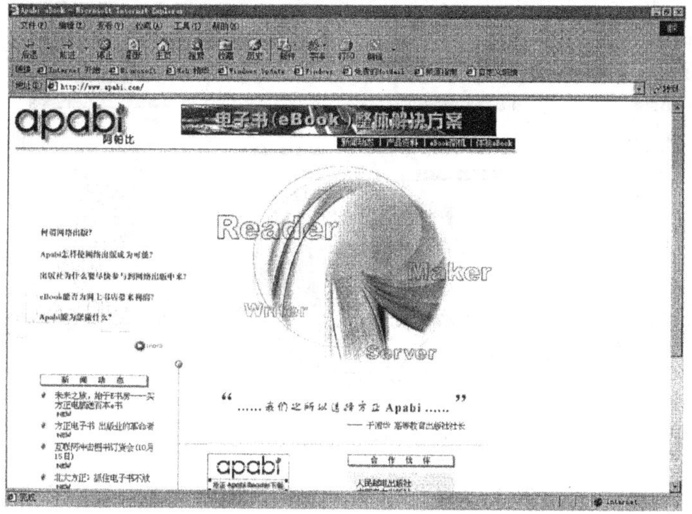

图 12-14　方正 Apabi 主页

方正 Apabi 是由北大方正技术研究院网络传播事业部创办的中文网络出版整体解决方案的推广网站。A 代表 Author(作者),P 代表 Press(出版社),A 代表 Artery(分销渠道),B 代表 Buyer(买者),I 代表 Internet(因特网)。整合起来的意思是：以互联网为纽带,将传统出版的供应链接起来,eBook(这里特指以网络为传播媒介的电子书)是贯穿始终的元素。

方正 Apabi 接受作者的原创作品,将其制作成电子图书在网上出版,或与出版社合作,出网络版图书。在实现版权保护的同时,通过电子图书的销售增加市场份额。

为保证网络出版顺利运作,北大方正研制了基本数字版权保护一系列软件:“电子书制作出版软件”、“电子书安全发行软件”、“电子书交易处理软件”、“电子书阅读软件”、“数字图书馆支持软件”、“按需印刷支持软件”等。

2. 博库公司中文图书网站

网址：http://www.bookoo.com.cn(图 12-15)

图 12-15　博库主页

博库是由中国留学生创办的中文图书网站，它为海内外中文作家、作者提供多元化出版方式，为国内出版机构提供在线环境下多元化出版平台及信息发布平台的整体解决方案，并合作开展网上各类相关服务，试图建立完整的商务电子出版体系。

博库网运营机构包括：调研部、技术部、编辑部、市场部、版权部、数字化图书制作中心、美编部、财务部、行政人力资源部。总部设在美国硅谷，在北京、上海、台湾设有分部。

3. 中国电子图书网

网址：http://www.cnbook.com.cn（图 12-16）

中国电子图书网由辽宁出版集团电子图书部创办，2001 年 6 月开通。他们的《征集版权公告》，将电子图书网的创建目的、操作规则作了具体说明，有助于我们了解当前网络出版的一般情况。今转录如下：

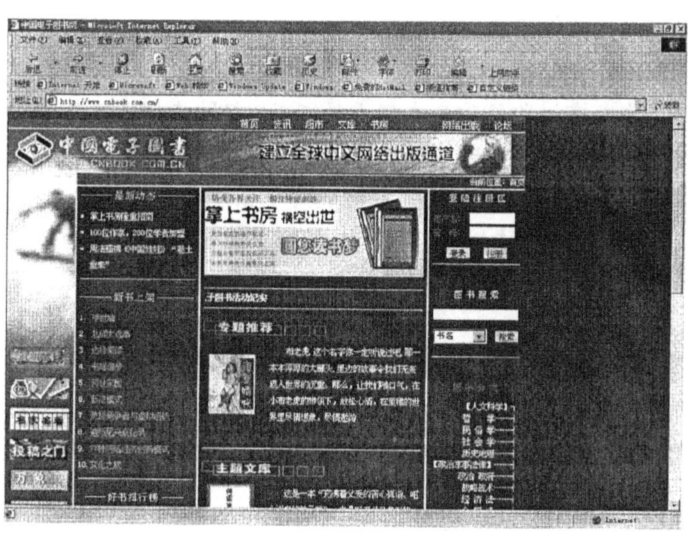

图 12-16　中国电子图书网主页

征集版权公告

中国电子图书网立志于在出版业内创建中国最大的电子图书和电子杂志的出版和销售平台。任何拥有作品电子版权的个人或机构，其中包括已经出版纸质版作品，但没有授让电子版权的作品或没有授让给他人专有电子版权的以及希望以电子出版的方式首次出版的，都可以与我们联系。我们将在中国电子图书网上出版您的电子版作品，以合法的形式扩大作品的传播范围。我们承诺以最完备的数字化网络出版的技术手段和网络营销方案，向广大读者推广您的作品，充分保证著作权人的合法权益，以先签约后上载的方式，尊重和保护作者、出版机构的相关权利。

具体操作规则如下：

1. 签订规范的授权协议，取得作品的非专有形式或专有形式的电子版使用权。

2. 作品在中国电子图书网上的销售收入，按分成比例支付作者的电子版权使用费。

3. 鉴于网络的特性，作者许可使用作品的范围应为全球范围，作品许可使用的期间经双方协商确定。

4. 未经作者同意,使用时不会擅自变更作品名称,不会对作品进行修改、删节、增加。

5. 作者有权监督作品在网上的经营,有权获得作品下载量的相关资料。

与本公司签约的作者,将自动成为中国电子图书网(www.cnbook.com.cn)的特许用户,特许用户使用专有的用户名和密码登录中国电子图书网站,可随时监督所授权电子图书的最新下载数量。

我们希望能与所有的优秀作者保持密切的联系,以便在权利许可的具体操作上达到最大限度的便捷和高效。

有电子版权商谈意向的著作权人、出版机构请与我们联系。

E-mail:right@cnbook.com.cn

著名的网络出版机构及其网站还有北京人民时空网络科技有限公司的"人民时空"、北京书生科技有限公司的"书生之家"等。

关于网络出版,在理论和实践上都在不断探索之中。目前,各网络出版机构的运作各有千秋,理论界对网络出版的性质、内涵和发展路向也有不同的见解。总体来看,网络出版尚未成熟。但可以预见,网络出版必将成为朝阳行业,并在发展中不断完善。

附　录

中华人民共和国著作权法

（1990年9月7日第七届全国人民代表大会常务委员会第十五次会议通过　根据2001年10月27日第九届全国人民代表大会常务委员会第二十四次会议《关于修改〈中华人民共和国著作权法〉的决定》修正）

第一章　总　则

第一条　为保护文学、艺术和科学作品作者的著作权，以及与著作权有关的权益，鼓励有益于社会主义精神文明、物质文明建设的作品的创作和传播，促进社会主义文化和科学事业的发展与繁荣，根据宪法制定本法。

第二条　中国公民、法人或者其他组织的作品，不论是否发表，依照本法享有著作权。

外国人、无国籍人的作品根据其作者所属国或者经常居住地国同中国签订的协议或者共同参加的国际条约享有的著作权，受本法保护。

外国人、无国籍人的作品首先在中国境内出版的，依照本法享有著作权。

未与中国签订协议或者共同参加国际条约的国家的作者以及无国籍人的作品首次在中国参加的国际条约的成员国出版的，或者在成员国和非成员国同时出版的，受本法保护。

第三条　本法所称的作品，包括以下列形式创作的文学、艺术和自然科学、社会科学、工程技术等作品：

（一）文字作品；

（二）口述作品；

（三）音乐、戏剧、曲艺、舞蹈、杂技艺术作品；

（四）美术、建筑作品；

（五）摄影作品；

（六）电影作品和以类似摄制电影的方法创作的作品；

（七）工程设计图、产品设计图、地图、示意图等图形作品和模型作品；

（八）计算机软件；

（九）法律、行政法规规定的其他作品。

第四条 依法禁止出版、传播的作品，不受本法保护。

著作权人行使著作权，不得违反宪法和法律，不得损害公共利益。

第五条 本法不适用于：

（一）法律、法规，国家机关的决议、决定、命令和其他具有立法、行政、司法性质的文件，及其官方正式译文；

（二）时事新闻；

（三）历法、通用数表、通用表格和公式。

第六条 民间文学艺术作品的著作权保护办法由国务院另行规定。

第七条 国务院著作权行政管理部门主管全国的著作权管理工作；各省、自治区、直辖市人民政府的著作权行政管理部门主管本行政区域的著作权管理工作。

第八条 著作权人和与著作权有关的权利人可以授权著作权集体管理组织行使著作权或者与著作权有关的权利。著作权集体管理组织被授权后，可以以自己的名义为著作权人和与著作权有关的权利人主张权利，并可以作为当事人进行涉及著作权或者与著作权有关的权利的诉讼、仲裁活动。

著作权集体管理组织是非营利性组织，其设立方式、权利义务、著作权许可使用费的收取和分配，以及对其监督和管理等由国务院另行规定。

第二章 著 作 权

第一节 著作权人及其权利

第九条 著作权人包括：

（一）作者；

（二）其他依照本法享有著作权的公民、法人或者其他组织。

第十条 著作权包括下列人身权和财产权：

（一）发表权，即决定作品是否公之于众的权利；

（二）署名权，即表明作者身份，在作品上署名的权利；

（三）修改权，即修改或者授权他人修改作品的权利；

（四）保护作品完整权，即保护作品不受歪曲、篡改的权利；

（五）复制权，即以印刷、复印、拓印、录音、录像、翻录、翻拍等方式将作品制作一份或者多份的权利；

（六）发行权，即以出售或者赠与方式向公众提供作品的原件或者复制件的权利；

（七）出租权，即有偿许可他人临时使用电影作品和以类似摄制电影的方法创作的作品、计算机软件的权利，计算机软件不是出租的主要标的的除外；

（八）展览权，即公开陈列美术作品、摄影作品的原件或者复制件的权利；

（九）表演权，即公开表演作品，以及用各种手段公开播送作品的表演的权利；

（十）放映权，即通过放映机、幻灯机等技术设备公开再现美术、摄影、电影和以类似摄制电影的方法创作的作品等的权利；

（十一）广播权，即以无线方式公开广播或者传播作品，以有线传播或者转播的方式向公众传播广播的作品，以及通过扩音器或者其他传送符号、声音、图像的类似工具向公众传播广播的作品的权利；

（十二）信息网络传播权，即以有线或者无线方式向公众提供作品，使公众可以在其个人选定的时间和地点获得作品的权利；

（十三）摄制权，即以摄制电影或者以类似摄制电影的方法将作品固定在载体上的权利；

（十四）改编权，即改变作品，创作出具有独创性的新作品的权利；

（十五）翻译权，即将作品从一种语言文字转换成另一种语言文字的权利；

（十六）汇编权，即将作品或者作品的片段通过选择或者编排，汇集成新作品的权利；

（十七）应当由著作权人享有的其他权利。

著作权人可以许可他人行使前款第（五）项至第（十七）项规定的权利，并依照约定或者本法有关规定获得报酬。

著作权人可以全部或者部分转让本条第一款第（五）项至第（十七）项规定的权利，并依照约定或者本法有关规定获得报酬。

第二节　著作权归属

第十一条　著作权属于作者，本法另有规定的除外。

创作作品的公民是作者。

由法人或者其他组织主持，代表法人或者其他组织意志创作，并由法人或者其他组织承担责任的作品，法人或者其他组织视为作者。

如无相反证明，在作品上署名的公民、法人或者其他组织为作者。

第十二条　改编、翻译、注释、整理已有作品而产生的作品，其著作权由改编、翻译、注释、整理人享有，但行使著作权时不得侵犯原作品的著作权。

第十三条　两人以上合作创作的作品，著作权由合作作者共同享有。没有参加创作的人，不能成为合作作者。

合作作品可以分割使用的，作者对各自创作的部分可以单独享有著作权，但行使著作权时，不得侵犯合作作品整体的著作权。

第十四条　汇编若干作品、作品的片段或者不构成作品的数据或者其他材料，对其内容的选择或者编排体现独创性的作品，为汇编作品，其著作权由汇编人享有，但行使著作权时，不得侵犯原作品的著作权。

第十五条　电影作品和以类似摄制电影的方法创作的作品的著作权由制片者享有，但编剧、导演、摄影、作词、作曲等作者享有署名权，并有权按照与制片者签订的合同获得报酬。

电影作品和以类似摄制电影的方法创作的作品中的剧本、音乐等可以单独使用的作品的作者有权单独行使其著作权。

第十六条 公民为完成法人或者其他组织工作任务所创作的作品是职务作品,除本条第二款的规定以外,著作权由作者享有,但法人或者其他组织有权在其业务范围内优先使用。作品完成两年内,未经单位同意,作者不得许可第三人以与单位使用的相同方式使用该作品。

有下列情形之一的职务作品,作者享有署名权,著作权的其他权利由法人或者其他组织享有,法人或者其他组织可以给予作者奖励:

(一) 主要是利用法人或者其他组织的物质技术条件创作,并由法人或者其他组织承担责任的工程设计图、产品设计图、地图、计算机软件等职务作品;

(二) 法律、行政法规规定或者合同约定著作权由法人或者其他组织享有的职务作品。

第十七条 受委托创作的作品,著作权的归属由委托人和受托人通过合同约定。合同未作明确约定或者没有订立合同的,著作权属于受托人。

第十八条 美术等作品原件所有权的转移,不视为作品著作权的转移,但美术作品原件的展览权由原件所有人享有。

第十九条 著作权属于公民的,公民死亡后,其本法第十条第一款第(五)项至第(十七)项规定的权利在本法规定的保护期内,依照继承法的规定转移。

著作权属于法人或者其他组织的,法人或者其他组织变更、终止后,其本法第十条第一款第(五)项至第(十七)项规定的权利在本法规定的保护期内,由承受其权利义务的法人或者其他组织享有;没有承受其权利义务的法人或者其他组织的,由国家享有。

第三节 权利的保护期

第二十条 作者的署名权、修改权、保护作品完整权的保护期不受限制。

第二十一条 公民的作品,其发表权、本法第十条第一款第(五)项至第(十七)项规定的权利的保护期为作者终生及其死亡后五十年,截止于作者死亡后第五十年的12月31日;如果是合作作品,截止于最后死亡的作者死亡后第五十年的12月31日。

法人或者其他组织的作品、著作权(署名权除外)由法人或者其他组织享有的职务作品,其发表权、本法第十条第一款第(五)项至第(十七)项规定的权利的保护期为五十年,截止于作品首次发表后第五十年的12月31日,但作品自创作完成后五十年内未发表的,本法不再保护。

电影作品和以类似摄制电影的方法创作的作品、摄影作品,其发表权、本法第十条第一款第(五)项至第(十七)项规定的权利的保护期为五十年,截止于作品首次发表后第五十年的12月31日,但作品自创作完成后五十年内未发表的,本法不再保护。

第四节 权利的限制

第二十二条 在下列情况下使用作品,可以不经著作权人许可,不向其支付报酬,

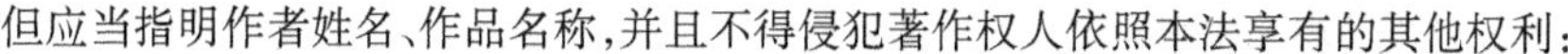

但应当指明作者姓名、作品名称，并且不得侵犯著作权人依照本法享有的其他权利：

（一）为个人学习、研究或者欣赏，使用他人已经发表的作品；

（二）为介绍、评论某一作品或者说明某一问题，在作品中适当引用他人已经发表的作品；

（三）为报道时事新闻，在报纸、期刊、广播电台、电视台等媒体中不可避免地再现或者引用已经发表的作品；

（四）报纸、期刊、广播电台、电视台等媒体刊登或者播放其他报纸、期刊、广播电台、电视台等媒体已经发表的关于政治、经济、宗教问题的时事性文章，但作者声明不许刊登、播放的除外；

（五）报纸、期刊、广播电台、电视台等媒体刊登或者播放在公众集会上发表的讲话，但作者声明不许刊登、播放的除外；

（六）为学校课堂教学或者科学研究，翻译或者少量复制已经发表的作品，供教学或者科研人员使用，但不得出版发行；

（七）国家机关为执行公务在合理范围内使用已经发表的作品；

（八）图书馆、档案馆、纪念馆、博物馆、美术馆等为陈列或者保存版本的需要，复制本馆收藏的作品；

（九）免费表演已经发表的作品，该表演未向公众收取费用，也未向表演者支付报酬；

（十）对设置或者陈列在室外公共场所的艺术作品进行临摹、绘画、摄影、录像；

（十一）将中国公民、法人或者其他组织已经发表的以汉语言文字创作的作品翻译成少数民族语言文字作品在国内出版发行；

（十二）将已经发表的作品改成盲文出版。

前款规定适用于对出版者、表演者、录音录像制作者、广播电台、电视台的权利的限制。

第二十三条　为实施九年制义务教育和国家教育规划而编写出版教科书，除作者事先声明不许使用的外，可以不经著作权人许可，在教科书中汇编已经发表的作品片段或者短小的文字作品、音乐作品或者单幅的美术作品、摄影作品，但应当按照规定支付报酬，指明作者姓名、作品名称，并且不得侵犯著作权人依照本法享有的其他权利。

前款规定适用于对出版者、表演者、录音录像制作者、广播电台、电视台的权利的限制。

第三章　著作权许可使用和转让合同

第二十四条　使用他人作品应当同著作权人订立许可使用合同，本法规定可以不经许可的除外。

许可使用合同包括下列主要内容：

（一）许可使用的权利种类；

（二）许可使用的权利是专有使用权或者非专有使用权；

（三）许可使用的地域范围、期间；

（四）付酬标准和办法；

（五）违约责任；

（六）双方认为需要约定的其他内容。

第二十五条 转让本法第十条第一款第（五）项至第（十七）项规定的权利，应当订立书面合同。

权利转让合同包括下列主要内容：

（一）作品的名称；

（二）转让的权利种类、地域范围；

（三）转让价金；

（四）交付转让价金的日期和方式；

（五）违约责任；

（六）双方认为需要约定的其他内容。

第二十六条 许可使用合同和转让合同中著作权人未明确许可、转让的权利，未经著作权人同意，另一方当事人不得行使。

第二十七条 使用作品的付酬标准可以由当事人约定，也可以按照国务院著作权行政管理部门会同有关部门制定的付酬标准支付报酬。当事人约定不明确的，按照国务院著作权行政管理部门会同有关部门制定的付酬标准支付报酬。

第二十八条 出版者、表演者、录音录像制作者、广播电台、电视台等依照本法有关规定使用他人作品的，不得侵犯作者的署名权、修改权、保护作品完整权和获得报酬的权利。

第四章 出版、表演、录音录像、播放

第一节 图书、报刊的出版

第二十九条 图书出版者出版图书应当和著作权人订立出版合同，并支付报酬。

第三十条 图书出版者对著作权人交付出版的作品，按照合同约定享有的专有出版权受法律保护，他人不得出版该作品。

第三十一条 著作权人应当按照合同约定期限交付作品。图书出版者应当按照合同约定的出版质量、期限出版图书。

图书出版者不按照合同约定期限出版，应当依照本法第五十三条的规定承担民事责任。

图书出版者重印、再版作品的，应当通知著作权人，并支付报酬。图书脱销后，图书出版者拒绝重印、再版的，著作权人有权终止合同。

第三十二条　著作权人向报社、期刊社投稿的，自稿件发出之日起十五日内未收到报社通知决定刊登的，或者自稿件发出之日起三十日内未收到期刊社通知决定刊登的，可以将同一作品向其他报社、期刊社投稿。双方另有约定的除外。

作品刊登后，除著作权人声明不得转载、摘编的外，其他报刊可以转载或者作为文摘、资料刊登，但应当按照规定向著作权人支付报酬。

第三十三条　图书出版者经作者许可，可以对作品修改、删节。

报社、期刊社可以对作品作文字性修改、删节。对内容的修改，应当经作者许可。

第三十四条　出版改编、翻译、注释、整理、汇编已有作品而产生的作品，应当取得改编、翻译、注释、整理、汇编作品的著作权人和原作品的著作权人许可，并支付报酬。

第三十五条　出版者有权许可或者禁止他人使用其出版的图书、期刊的版式设计。

前款规定的权利的保护期为十年，截止于使用该版式设计的图书、期刊首次出版后第十年的12月31日。

第二节　表演

第三十六条　使用他人作品演出，表演者（演员、演出单位）应当取得著作权人许可，并支付报酬。演出组织者组织演出，由该组织者取得著作权人许可，并支付报酬。

使用改编、翻译、注释、整理已有作品而产生的作品进行演出，应当取得改编、翻译、注释、整理作品的著作权人和原作品的著作权人许可，并支付报酬。

第三十七条　表演者对其表演享有下列权利：

（一）表明表演者身份；

（二）保护表演形象不受歪曲；

（三）许可他人从现场直播和公开传送其现场表演，并获得报酬；

（四）许可他人录音录像，并获得报酬；

（五）许可他人复制、发行录有其表演的录音录像制品，并获得报酬；

（六）许可他人通过信息网络向公众传播其表演，并获得报酬。

被许可人以前款第（三）项至第（六）项规定的方式使用作品，还应当取得著作权人许可，并支付报酬。

第三十八条　本法第三十七条第一款第（一）项、第（二）项规定的权利的保护期不受限制。

本法第三十七条第一款第（三）项至第（六）项规定的权利的保护期为五十年，截止于该表演发生后第五十年的12月31日。

第三节　录音录像

第三十九条　录音录像制作者使用他人作品制作录音录像制品，应当取得著作权人许可，并支付报酬。

录音录像制作者使用改编、翻译、注释、整理已有作品而产生的作品，应当取得改编、翻译、注释、整理作品的著作权人和原作品著作权人许可，并支付报酬。

录音制作者使用他人已经合法录制为录音制品的音乐作品制作录音制品，可以不经著作权人许可，但应当按照规定支付报酬；著作权人声明不许使用的不得使用。

第四十条 录音录像制作者制作录音录像制品，应当同表演者订立合同，并支付报酬。

第四十一条 录音录像制作者对其制作的录音录像制品，享有许可他人复制、发行、出租、通过信息网络向公众传播并获得报酬的权利；权利的保护期为五十年，截止于该制品首次制作完成后第五十年的12月31日。

被许可人复制、发行、通过信息网络向公众传播录音录像制品，还应当取得著作权人、表演者许可，并支付报酬。

第四节 广播电台、电视台播放

第四十二条 广播电台、电视台播放他人未发表的作品，应当取得著作权人许可，并支付报酬。

广播电台、电视台播放他人已发表的作品，可以不经著作权人许可，但应当支付报酬。

第四十三条 广播电台、电视台播放已经出版的录音制品，可以不经著作权人许可，但应当支付报酬。当事人另有约定的除外。具体办法由国务院规定。

第四十四条 广播电台、电视台有权禁止未经其许可的下列行为：

（一）将其播放的广播、电视转播；

（二）将其播放的广播、电视录制在音像载体上以及复制音像载体。

前款规定的权利的保护期为五十年，截止于该广播、电视首次播放后第五十年的12月31日。

第四十五条 电视台播放他人的电影作品和以类似摄制电影的方法创作的作品、录像制品，应当取得制片者或者录像制作者许可，并支付报酬；播放他人的录像制品，还应当取得著作权人许可，并支付报酬。

第五章 法律责任和执法措施

第四十六条 有下列侵权行为的，应当根据情况，承担停止侵害、消除影响、赔礼道歉、赔偿损失等民事责任：

（一）未经著作权人许可，发表其作品的；

（二）未经合作作者许可，将与他人合作创作的作品当作自己单独创作的作品发表的；

（三）没有参加创作，为谋取个人名利，在他人作品上署名的；

（四）歪曲、篡改他人作品的；

（五）剽窃他人作品的；

（六）未经著作权人许可，以展览、摄制电影和以类似摄制电影的方法使用作品，或

者以改编、翻译、注释等方式使用作品的,本法另有规定的除外;

(七)使用他人作品,应当支付报酬而未支付的;

(八)未经电影作品和以类似摄制电影的方法创作的作品、计算机软件、录音录像制品的著作权人或者与著作权有关的权利人许可,出租其作品或者录音录像制品的,本法另有规定的除外;

(九)未经出版者许可,使用其出版的图书、期刊的版式设计的;

(十)未经表演者许可,从现场直播或者公开传送其现场表演,或者录制其表演的;

(十一)其他侵犯著作权以及与著作权有关的权益的行为。

第四十七条 有下列侵权行为的,应当根据情况,承担停止侵害、消除影响、赔礼道歉、赔偿损失等民事责任;同时损害公共利益的,可以由著作权行政管理部门责令停止侵权行为,没收违法所得,没收、销毁侵权复制品,并可处以罚款;情节严重的,著作权行政管理部门还可以没收主要用于制作侵权复制品的材料、工具、设备等;构成犯罪的,依法追究刑事责任:

(一)未经著作权人许可,复制、发行、表演、放映、广播、汇编、通过信息网络向公众传播其作品的,本法另有规定的除外;

(二)出版他人享有专有出版权的图书的;

(三)未经表演者许可,复制、发行录有其表演的录音录像制品,或者通过信息网络向公众传播其表演的,本法另有规定的除外;

(四)未经录音录像制作者许可,复制、发行、通过信息网络向公众传播其制作的录音录像制品的,本法另有规定的除外;

(五)未经许可,播放或者复制广播、电视的,本法另有规定的除外;

(六)未经著作权人或者与著作权有关的权利人许可,故意避开或者破坏权利人为其作品、录音录像制品等采取的保护著作权或者与著作权有关的权利的技术措施的,法律、行政法规另有规定的除外;

(七)未经著作权人或者与著作权有关的权利人许可,故意删除或者改变作品、录音录像制品等的权利管理电子信息的,法律、行政法规另有规定的除外;

(八)制作、出售假冒他人署名的作品的。

第四十八条 侵犯著作权或者与著作权有关的权利的,侵权人应当按照权利人的实际损失给予赔偿;实际损失难以计算的,可以按照侵权人的违法所得给予赔偿。赔偿数额还应当包括权利人为制止侵权行为所支付的合理开支。

权利人的实际损失或者侵权人的违法所得不能确定的,由人民法院根据侵权行为的情节,判决给予五十万元以下的赔偿。

第四十九条 著作权人或者与著作权有关的权利人有证据证明他人正在实施或者即将实施侵犯其权利的行为,如不及时制止将会使其合法权益受到难以弥补的损害的,可以在起诉前向人民法院申请采取责令停止有关行为和财产保全的措施。

人民法院处理前款申请，适用《中华人民共和国民事诉讼法》第九十三条至第九十六条和第九十九条的规定。

第五十条 为制止侵权行为，在证据可能灭失或者以后难以取得的情况下，著作权人或者与著作权有关的权利人可以在起诉前向人民法院申请保全证据。

人民法院接受申请后，必须在四十八小时内作出裁定；裁定采取保全措施的，应当立即开始执行。

人民法院可以责令申请人提供担保，申请人不提供担保的，驳回申请。

申请人在人民法院采取保全措施后十五日内不起诉的，人民法院应当解除保全措施。

第五十一条 人民法院审理案件，对于侵犯著作权或者与著作权有关的权利的，可以没收违法所得、侵权复制品以及进行违法活动的财物。

第五十二条 复制品的出版者、制作者不能证明其出版、制作有合法授权的，复制品的发行者或者电影作品或者以类似摄制电影的方法创作的作品、计算机软件、录音录像制品的复制品的出租者不能证明其发行、出租的复制品有合法来源的，应当承担法律责任。

第五十三条 当事人不履行合同义务或者履行合同义务不符合约定条件的，应当依照《中华人民共和国民法通则》、《中华人民共和国合同法》等有关法律规定承担民事责任。

第五十四条 著作权纠纷可以调解，也可以根据当事人达成的书面仲裁协议或者著作权合同中的仲裁条款，向仲裁机构申请仲裁。

当事人没有书面仲裁协议，也没有在著作权合同中订立仲裁条款的，可以直接向人民法院起诉。

第五十五条 当事人对行政处罚不服的，可以自收到行政处罚决定书之日起三个月内向人民法院起诉，期满不起诉又不履行的，著作权行政管理部门可以申请人民法院执行。

第六章 附 则

第五十六条 本法所称的著作权即版权。

第五十七条 本法第二条所称的出版，指作品的复制、发行。

第五十八条 计算机软件、信息网络传播权的保护办法由国务院另行规定。

第五十九条 本法规定的著作权人和出版者、表演者、录音录像制作者、广播电台、电视台的权利，在本法施行之日尚未超过本法规定的保护期的，依照本法予以保护。

本法施行前发生的侵权或者违约行为，依照侵权或者违约行为发生时的有关规定和政策处理。

第六十条 本法自 1991 年 6 月 1 日起施行。

中华人民共和国国家标准

中 国 标 准 书 号

China standard book number

UDC 389.6(51)(083.73)

GB 5795—86

(国家标准局批准,1986 年 1 月 16 日发布,
1987 年 1 月 1 日实施)

本标准的目的在于使在中国注册的出版社所出版的每一种图书的每一个版本都有一个世界性的唯一标识代码,使利用计算机或其他现代化技术进行图书的贸易管理和信息交换得到更高的效率和可靠性,并为图书的分类统计和销售陈列工作创造方便条件。

1 中国标准书号的结构

一个中国标准书号由一个国际标准书号(International Standard Book Number,缩写为 ISBN)和一个图书分类——种次号两部分组成,其中国际标准书号(ISBN)是中国标准书号的主体,可以独立使用。

1.1 国际标准书号(ISBN)的结构

国际标准书号由分为以下四段的十位数字所组成:

第一段——组号

第二段——出版社号

第三段——书序号

第四段——校验码

1.1.1 组号:组号是国家、地区、语言或其他组织集团的代号。由国际书号中心(International ISBN agency)负责分配。中国组号为一位数字“7”。

1.1.2 出版社号:由国家标准书号中心负责分配,其位数视申请出版社图书出版量多少而异。出版社号的设置参见本标准第 2 章。

1.1.3 书序号:由出版社负责管理分配,每个出版社所出各种图书的书序号的位数 L 是固定的,计算公式如下:

L = 9 - (组号位数 + 出版社号位数) ………………………………………… (1)

1.1.4 校验码:为中国标准书号的第十位数字。其数值 C10 由中国标准书号的

前九位数字(C1～C9)依次以10～2加权之和并以11为模数按式(2)计算得到:

$$C10 = 11 - MOD[\sum_{i=1}^{9} Ci \times (11 - i), 11] \cdots\cdots (2)$$

式中:MOD——求余函数。

当MOD函数值为1(C10＝10)时,校验码以X表示;当MOD函数值为0(C10＝11)时,校验码仍以0表示。

1.2 图书分类——种次号的结构

图书分类——种次号由图书所属学科的分类号和种次号两段组成,其间用中圆点“·”隔开。如:

A·125;　　TP·301等等。

1.2.1 分类号:由出版社根据图书的学科范畴参照《中国图书馆图书分类法》的基本大类给出,其中工业技术类图书按二级类目给出(参见附录A)。因此本段代码为1～2个汉语拼音字母。

1.2.2 种次号:为同一出版社所出版的同一图书类号的不同图书的流水编号,由出版社自行给出。其最大数字不应超过国际标准书号第三段书序号(见1.1.3)的数字。

2 出版社号的位置

为使在相当长的历史时期内,满足申请中国标准书号的出版社的需要,并使各个出版社分配到与其出版量相适应的出版社号,本标准确定如下出版社号的分段范围设置表:

出版社号长度	出版社号范围	出版社数量
2位数字	00～09	10
3位数字	100～499	400
4位数字	5000～7999	3000
5位数字	80000～89999	10000
6位数字	900000～999999	100000

3 中国标准书号的印刷与存储格式

中国标准书号应印在图书的版权页和封底(或护封)上。国际标准书号前应冠以ISBN字样;书号的四段(组号、出版社号、书序号、校验码)之间要用一个连字符相连接。例如:

ISBN 7-01-134069-6

国际标准书号和图书分类——种次号之间应以水平线或斜线隔开。

例如：$\frac{\text{ISBN 7-144-11316-X}}{\text{TP·1064}}$

或：ISBN 7-144-11316-X/TP·1064

中国标准书号的印刷字体不应小于13级照排字（新五号铅字）。

当在计算机内部存储中国标准书号的ISBN部分时，可在相应字段内省略ISBN及连字符。如：7011340696，以节省存储空间。当由计算机内读出这种压缩形式的书号时，可借助本标准第2章所列出的出版社号分段范围设置表，打印ISBN分段格式。

附：《中国图书馆图书分类法》采用类目一览表（补充件）

A　马克思主义、列宁主义、毛泽东思想

B　哲学

C　社会科学总论

D　政治、法律

E　军事

F　经济

G　文化、科学、教育、体育

H　语言、文字

I　文学

J　艺术

K　历史、地理

N　自然科学总论

O　数理科学和化学

P　天文学、地球科学

Q　生物科学

R　医药、卫生

S　农业、林业

T　工业技术总论

　TB　一般工业技术

　TD　矿业工程

　TE　石油、天然气工业

　TF　冶金工业

　TG　金属学、金属工艺

　TH　机械、仪表工业

TJ 武器工业
TK 动力工程
TL 原子能技术
TM 电工技术
TN 无线电电子学、电讯技术
TP 自动化技术、计算技术
TQ 化学工业
TS 轻工业、手工业
TU 建筑科学
TV 水利工程
U 交通运输
V 航空、宇宙飞行
X 环境科学
Z 综合性图书

附加说明：

本标准的国际标准书号结构和国际标准 ISO 2108—1978《文献工作——国际标准书号（ISBN)》的规定完全相同。

本标准由全国文献工作标准化技术委员会第七分会提出。

本标准由第七分会“书号”起草小组负责起草。

本标准主要起草人万锦堃。

附：新闻出版署关于实施《中国标准书号》的补充通知

（1987 年 7 月 23 日）

按照(86)出综字第 603 号文《关于实施中国标准书号的通知》的规定，国家标准 GB 5795—86—《中国标准书号》已于 1987 年 1 月 1 日开始在全国出版社实施。在 1987 年，“中国标准书号”与“全国统一书号”并存，将于 1988 年取代“全国统一书号”。

为了使全国出版社、发行单位和图书统计管理部门在年内做好有关技术准备，以保证明年与书号有关的各项工作能顺利进行，现重申《关于实施中国标准书号的通知》中的有关规定，并做必要的补充。

一、1988 年 1 月 1 日起发稿的图书，一律取消“全国统一书号”，只用“中国标准书号”。请各出版社在 1987 年中，将以前所有仅用“全国统一书号”发稿的图书出版完毕，实在出不来的，请补编“中国标准书号”，以保证 1988 年 1 月 1 日以后出版的所有图书都使用“中国标准书号”。

二、“中国标准书号”不包括下列四类出版物：

（1）临时性印刷品：年画、年历画、挂历、台历等；（2）无书名页的单张美术印刷品或折页美术印刷品（图片）；（3）各级技术标准文献；（4）不另加封面的出版物，如：活页文选、活页歌篇等均列入此类。

上述不使用“中国标准书号”的图书，将继续使用“全国统一书号”。将“全国统一书号”中的出版社号，从 1988 年 1 月 1 日起改为所颁发的“中国标准书号”中的出版者号。

三、在“全国统一书号”取消之后，对“中国标准书号”的使用做如下补充规定：

（1）凡少数民族语种的出版物，在“中国标准书号”的“分类种次号”之后，加“民文”两字。

例：ISBN 7-105-×××××-X/I·×（民文）

或：$\dfrac{\text{ISBN 7-105-×××××-X}}{\text{I·×（民文）}}$

（2）凡是课本性质的出版物，在“中国标准书号”的“分类种次号”之后，加“课”字。其中少数民族语种的课本性质的出版物，加“民课”两字。

例 1：ISBN 7-04-××××××-X/O·××（课）

或：$\dfrac{\text{ISBN 7-04-××××××-X}}{\text{O·××（课）}}$

例 2：ISBN 7-5370-××××-X/K·××（民课）

或：$\dfrac{\text{ISBN 7-5370-××××××-X}}{\text{K·××（民课）}}$

（3）凡是少年儿童读物，在“中国标准书号”的“分类种次号”之后，加“儿”字。其中少数民族语种的少年儿童读物，加“民儿”两字。

例 1：ISBN 7-5007-××××-X/G·××（儿）

或：$\dfrac{\text{ISBN 7-5007-××××-X}}{\text{G·××（儿）}}$

例 2：ISBN 7-805257-×××-X/J·×（民儿）

或：$\dfrac{\text{ISBN 7-805257-×××-X}}{\text{J·×（民儿）}}$

（4）凡是外文出版物，在“中国标准书号”的“分类种次号”之后，加“外”字。

例：ISBN 7-119-×××××-X/Z·××（外）

或：$\dfrac{\text{ISBN 7-119-×××××-X}}{\text{Z·××（外）}}$

四、按照《中国标准书号使用手册》的规定，各出版社应建立“ISBN 使用登录帐”，每年向中国 ISBN 中心报送一次。登录帐包括：（1）中国标准书号；（2）书名。

请全国各出版社于 1988 年 1 月底之前，将 1987 年的 ISBN 使用登录帐报中国 ISBN

中心。

五、中国ISBN中心建有“中国ISBN出版者数据库”，每年向国际ISBN中心报送一次数据。请全国各出版社向中国ISBN中心提供本社社名、社址及电话号码、电传号的中、英文的准确写法。已经报过且无变化的，可不再报送；有所变更或没有报过的出版社，请及时报送。

明年是正式全面启用“中国标准书号”的第一年，请各单位接到本通知后，即着手检查今年的使用情况，进一步做好全面实施“中国标准书号”的各项工作。

我署为“中国标准书号”的全面实施，将组织发行单位有关人员培训，培训办法另行通知。（新闻出版署[87]新出标字第483号文件）

附：中国标准书号的出版者前缀与全国统一书号的出版社号对照表

中国标准书号的出版者前缀	出版者名称、地址	全国统一书号的出版社号
7-01	人民出版社（北京）	001
7-02	人民文学出版社（北京）	019
7-03	科学出版社（北京）	031
7-04	高等教育出版社（北京）	010
7-100	商务印书馆（北京）	017
7-101	中华书局（北京）	018
7-102	人民美术出版社（北京）	027
7-103	人民音乐出版社（北京）	026
7-104	中国戏剧出版社（北京）	069
7-105	民族出版社（北京）	049
7-106	中国电影出版社（北京）	061
7-107	人民教育出版社（北京）	012
7-108	生活·读书·新知三联书店（北京）	002
7-109	农业出版社（北京）	144
7-110	科学普及出版社（北京）	051
7-111	机械工业出版社（北京）	033
7-112	中国建筑工业出版社（北京）	040
7-113	中国铁道出版社（北京）	043
7-114	人民交通出版社（北京）	044
7-115	人民邮电出版社（北京）	045

中国标准书号的出版者前缀	出版者名称、地址	全国统一书号的出版社号
7-116	地质出版社(北京)	038
7-117	人民卫生出版社(北京)	048
7-118	国防工业出版社(北京)	034
7-119	外文出版社(北京)	050
7-120	水利电力出版社(北京)	143
7-200	北京出版社(北京)	071
7-201	天津人民出版社(天津)	072
7-202	河北人民出版社(石家庄)	086
7-203	山西人民出版社(太原)	088
7-204	内蒙古人民出版社(呼和浩特)	089
7-205	辽宁人民出版社(沈阳)	090
7-206	吉林人民出版社(长春)	091
7-207	黑龙江人民出版社(哈尔滨)	093
7-208	上海人民出版社(上海)	074
7-209	山东人民出版社(济南)	099
7-210	江西人民出版社(南昌)	110
7-211	福建人民出版社(福州)	173
7-212	安徽人民出版社(合肥)	102
7-213	浙江人民出版社(杭州)	103
7-214	江苏人民出版社(南京)	100
7-215	河南人民出版社(郑州)	105
7-216	湖北人民出版社(武汉)	106
7-217	湖南人民出版社(长沙)	109
7-218	广东人民出版社(广州)	111
7-219	广西人民出版社(南宁)	113
7-220	四川人民出版社(成都)	118
7-221	贵州人民出版社(贵阳)	115
7-222	云南人民出版社(昆明)	116
7-223	西藏人民出版社(拉萨)	170
7-224	陕西人民出版社(西安)	094
7-225	青海人民出版社(西宁)	097
7-226	甘肃人民出版社(兰州)	096
7-227	宁夏人民出版社(银川)	157
7-228	新疆人民出版社(乌鲁木齐)	098

中国标准书号的出版者前缀	出版者名称、地址	全国统一书号的出版社号
7-300	中国人民大学出版社(北京)	011
7-301	北京大学出版社(北京)	209
7-302	清华大学出版社(北京)	235
7-303	北京师范大学出版社(北京)	243
7-304	中央广播电视大学出版社(北京)	300
7-305	南京大学出版社(南京)	336
7-306	中山大学出版社(广州)	339
7-307	武汉大学出版社(武汉)	279
7-308	浙江大学出版社(杭州)	337
7-309	复旦大学出版社(上海)	253
	(下　略)	

中华人民共和国专业标准

校对符号及其用法

The proofreader's marks and their application

编号	符号形态	符号作用	符号在文中和页边用法示例	说明
一、字符的改动				
1		改正	增高出版物质量。　提	
2		删除	提高出版物物质质量。	
3		增补	要搞好校工作。　对	增补的字符较多，圈起来有困难时，可用线画清增补的范围。
4		换损污字	坏字和模糊字要调换。	
5		改正上下角	16＝42　2 H_2SO4　4 尼古拉·费新　· 0.25+0.25=0.5　· 举例：2×3=6　: X：Y＝1∶2　:	
二、字符方向位置的移动				
6		转正	字符颠倒要转正。	
7		对调	认真经验总结。 认真经验总验。	
8		转移	校对工作，提高出 版物质量要重视。	
9		接排	要重视校对工作。 提高出版物质量。	

续表

符号	符号形态	符号作用	符号在文中和页边用法示例	说　　明
10		另起段	完成了任务。明年……	
11	或	上下移	序号 名称 数量 01 ××× 2	字符上移到缺口左右水平线处。 字符下移到箭头所指的短线处。
12	或	左右移	要重视校对工作，提高出版物质量。 3 4 欢呼 5 6 歌 5 唱	字符左移到箭头所指的短线处。 字符左移到缺口上下垂直线处。 符号画得太小时，要在页边重标。
13		排齐	校对工作非常重要。 必须提高印刷质量，缩短印制周期。	
14		排阶梯形	RH_2	
15		正图		符号横线表示水平位置，坚线表示垂直位置，箭头表示上方。

三、字符间空距的改动

符号	符号形态	符号作用	符号在文中和页边用法示例	说　　明
16		加大空距	一、校对程序 校对胶印读物、影印书刊的注意事项：	表示适当加大空距。

续表

符号	符号形态	符号作用	符号在文中和页边用法示例	说明
17	∧ <	减小空距	二、校对程 序 校对胶印读物、影印 书刊的注意事项；	表示适当减小空距。 横式文字画在字头和行头之间。
18	#	空 1 字距 空 1/2 字距 空 1/3 字距 空 1/4 字距	第一章校对职责和方法	
19	Y	分　开	Goodmorning!	用于外文。

四、其　他

符号	符号形态	符号作用	符号在文中和页边用法示例	说明
20	△	保　留	认真搞好校对工作。	除在原删除的字符下画△外，并在原删除符号上画两竖线。
21	○=	代　替	机器由许多另件组成，有的另件是铸出来的，有的另件是锻出来的，有的另件是……。 ○=零	同页内，要改正许多相同的字符，用此代号，要在页边注明： ○=零
22	●●●	说　明	第一章 校对的职责 改三黑	说明或指令性文字不要圈起来，在其字下面圈，表示不作为改正的文字

使用要求：

1. 校样中的校对引线不可交叉。初、二、三校样中的校引线，要从行间画出。

2. 校样上改正的字符要书写清楚。校改外文，要用印刷体。

3. 校对校样，应根据校次分别采用红、纯蓝、绿三种不同色笔（墨水笔或圆珠笔）书写校对符号。

4. 作译者改动校样所用笔的颜色，要与校样上已使用的颜色有所区别，但不可用铅笔。

中华人民共和国国家标准

出版物上数字用法的规定

General rules for writing numerals in publications

GB/T 15835—1995

（国家技术监督局 1995 年 12 月 13 日批准，1996 年 6 月 1 日实施）

前　言

本标准是在国家语言文字工作委员会、原国家出版局、原国家标准局等中央七部门 1987 年 1 月 1 日颁布的《关于出版物上数字用法的试行规定》的基础上制定的。国家技术监督局在技监局标函［1993］390 号复函中建议：“鉴于该规定涉及面很广，各种出版物发行国内外，数量和范围都很大。为了使全国各行业都按此规定执行，建议将该规定内容制定为国家标准。”

本标准借鉴了国内多家有影响的出版社和报社的成功经验，参考了英国、前苏联、日本、新加坡的有关资料，多次召开座谈会，征求首都新闻界、出版界、教育界、科技界专家的意见，特别是新华社、广播电影电视部、人民日报、解放军报、人民出版社、商务印书馆、科学出版社、人民教育出版社和中国大百科全书出版社等单位的意见。

阿拉伯数字笔画简单、结构科学、形象清晰、组数简短，所以被广泛应用。本标准的宗旨在于：对汉字数字和阿拉伯数字这两种数字的书写系统在使用上作比较科学的、比较明确的分工，使中文出版物上的数字用法趋于统一规范。

本标准从 1996 年 6 月 1 日起实施，从实施之日起，《关于出版物上数字用法的试行规定》即行废止。

本标准由国家语言文字工作委员会提出并归口。

本标准起草单位：国家语言文字工作委员会语言文字应用研究所。

本标准主要起草人：王均、厉兵。

1　范围

本标准规定了出版物在涉及数字（表示时间、长度、质量、面积、容积等量值和数字代码）时使用汉字和阿拉伯数字的体例。

本标准适用于各级新闻报刊、普及性读物和专业性社会人文科学出版物。

自然科学和工程技术出版物亦应使用本标准，并可制定专业性细则。

本标准不适用于文学书刊和重排古籍。

2　引用标准

下列标准所包含的条文，通过在本标准中引用而构成为本标准的条文。本标准出版时，所示版本均为有效。所有标准都会被修订，使用本标准的各方应探讨使用下列标准最新版本的可能性。

GB/T 7408-94　数据元和交换格式　信息交换　日期和时间表示法

GB 3100-93　国际单位制及其应用

GB 3101-93　有关量、单位和符号的一般原则

GB 7713-87　科学技术报告、学位论文和学术论文的编写格式

GB 8170-87　数值修约规则

3　定义

本标准采用下列定义。

物理量　physical quantity

用于定量地描述物理现象的量，即科学技术领域里使用的表示长度、质量、时间、电流、热力学温度、物质的量和发光强度的量。使用的单位应是法定计量单位。

非物理量　non-physical quantity

日常生活中使用的量，使用的是一般量词。如30元、45天、67根等。

4　一般原则

4.1　使用阿拉伯数字或是汉字数字，有的情形选择是唯一而确定的。

4.1.1　统计表中的数值，如正负整数、小数、百分比、分数、比例等，必须使用阿拉伯数字。

示例：48　302　-125.03　34.05%　63%～68%　1/4　2/5　1∶500

4.1.2　定型的词、词组、成语、惯用语、缩略语或具有修辞色彩的词语中作为语素的数字，必须使用汉字。

示例：一律　一方面　十滴水　二倍体　三叶虫　星期五　四氧化三铁　一〇五九（农药内吸磷）　八国联军　二〇九师　二万五千里长征　四书五经　五四运动　九三学社　十月十七日同盟　路易十六　十月革命　“八五”计划　五省一市　五局三胜制　二八年华　二十挂零　零点方案零岁教育　白发三千丈　七上八下　不管三七二十一　相差十万八千里第一书记　第二轻工业局　一机部三所　第三季度　第四方面军　十三届四中全会

4.2　使用阿拉伯数字或是汉字数字，有的情形，如年月日、物理量、非物理量、代码、代号中的数字，目前体例尚不统一。对这种情形，要求凡是可以使用阿拉伯数字而且又很得体的地方，特别是当所表示的数目比较精确时，均应使用阿拉伯数字。遇特殊情形，或者为避免歧解，可以灵活变通，但全篇体例应相对统一。

5　时间（世纪、年代、年、月、日、时刻）

5.1　要求使用阿拉伯数字的情况

5.1.1　公历世纪、年代、年、月、日

示例：公元前8世纪　20世纪80年代　公元前440年　公元7年　1994年10月1日

5.1.1.1　年份一般不用简写。如：1990年不应简作"九〇年"或"90年"。

5.1.1.2　引文著录、行文注释、表格、索引、年表等，年月日的标记可按GB/T7408-94的5.2.1.1中的扩展格式。如：1994年9月30日和1994年10月1日可分别写作1994-09-30和1994-10-01，仍读作1994年9月30日、1994年10月1日。年月日之间使用半字线"-"。当月和日是个位数时，在十位上加"0"。

5.1.2　时、分、秒

示例：4时　15时40分（下午3点40分）　14时12分36秒

注：必要时，可按GB/T 7408-94的5.3.1.1中的扩展格式。该格式采用每日24小时计时制，时、分、秒的分隔符为冒号"："。

示例：04：00（4时）　15：40（15时40分）　14：12：36（14时12分36秒）

5.2　要求使用汉字的情况

5.2.1　中国干支纪年和夏历月日

示例：丙寅年十月十五日　腊月二十三日　正月初五　八月十五中秋节

5.2.2　中国清代和清代以前的历史纪年、各民族的非公历纪年

这类纪年不应与公历月日混用，并应采用阿拉伯数字括注公历。

示例：秦文公四十四年（公元前722年）　太平天国庚申十年九月二十四日（清咸丰十年九月二十日，公元1860年11月2日）　藏历阳木龙年八月二十六日（1964年10月1日）　日本庆应三年（1867年）

5.2.3　含有月日简称表示事件、节日和其他意义的词组

如果涉及一月、十一月、十二月，应用间隔号"·"将表示月和日的数字隔开，并外加引号，避免歧义。涉及其他月份时，不用间隔号，是否使用引号，视事件的知名度而定。

示例1："一·二八"事变（1月28日）　"一二·九"运动（12月9日）"一·一七"批示（1月17日）　"一一·一〇"案件（11月10日）

示例2：五四运动　五卅运动　七七事变　五一国际劳动节　"五二〇"声明　"九一三"事件

6　物理量

物理量量值必须用阿拉伯数字，并正确使用法定计量单位。小学和初中教科书、非专业科技书刊的计量单位可使用中文符号。

示例：8 736.80km（8 736.80千米）　600g（600克）　100kg～150kg（100千克～150千克）　12.5m^2（12.5平方米）　外形尺寸是400mm×200mm×300mm（400毫米×200毫米×300毫米）　34℃～39℃（34摄氏度～39摄氏度）　0.59A（0.59安[培]）

7　非物理量

7.1　一般情况下应使用阿拉伯数字。

示例：21.35 元　45.6 万元　270 美元　290 亿英镑　48 岁　11 个月　1 480 人　4.6 万册　600 幅　550 名

7.2　整数一至十，如果不是出现在具有统计意义的一组数字中，可以用汉字，但要照顾到上下文，求得局部体例上的一致。

示例 1：一个人　三本书　四种产品　六条意见　读了十遍　五个百分点

示例 2：截至 1984 年 9 月，我国高等学校有新闻系 6 个，新闻专业 7 个，新闻班 1 个，新闻教育专职教员 274 人，在校学生 1 561 人。

8　多位整数与小数

8.1　阿拉伯数字书写的多位整数和小数的分节

8.1.1　专业性科技出版物的分节法：从小数点起，向左和向右每三位数字一组，组间空四分之一个汉字（二分之一个阿拉伯数字）的位置。

示例：2 748 456　3.141 592 65

8.1.2　非专业性科技出版物如排版留四分空有困难，可仍采用传统的以千分撇“,”分节的办法。小数部分不分节。四位以内的整数也可以不分节。

示例：2,748,456　3.14159265　8703

8.2　阿拉伯数字书写的纯小数必须写出小数点前定位的“0”。小数点是齐底线的黑圆点“.”。

示例：0.46 不得写成.46 和 0・46

8.3　尾数有多个“0”的整数数值的写法

8.3.1　专业性科技出版物根据 GB 8170—87 关于数值修约的规则处理。

8.3.2　非科技出版物中的数值一般可以“万”、“亿”作单位。

示例：三亿四千五百万可写成 345,000,000，也可写成 34,500 万或 3.45 亿，但一般不得写作 3 亿 4 千 5 百万。

8.4　数值巨大的精确数字，为了便于定位读数或移行，作为特例可以同时使用“亿、万”作单位。

示例：我国 1982 年人口普查人数为 10 亿 817 万 5288 人；1990 年人口普查人数为 11 亿 3368 万 2501 人。

8.5　一个用阿拉伯数字书写的数值应避免断开移行。

8.6　阿拉伯数字书写的数值在表示数值的范围时，使用浪纹式连接号“～”。

示例：150 千米～200 千米　－36℃～－8℃　2 500 元～3 000 元

9　概数和约数

9.1　相邻的两个数字并列连用表示概数，必须使用汉字，连用的两个数字之间不得用顿号“、”隔开。

示例：二三米　一两个小时　三五天　三四个月　十三四吨　一二十个　四十五六岁　七八十种　二三百架次　一千七八百元　五六万套

9.2 带有“几”字的数字表示约数,必须使用汉字。

示例:几千年 十几天 一百几十次 几十万分之一

9.3 用“多”“余”“左右”“上下”“约”等表示的约数一般用汉字。如果文中出现一组具有统计和比较意义的数字,其中既有精确数字,也有用“多”、“余”等表示的约数时,为保持局部体例上的一致,其约数也可以使用阿拉伯数字。

示例1:这个协会举行全国性评奖十余次,获奖作品有一千多件。协会吸收了约三千名会员,其中三分之二是有成就的中青年。另外,在三十个省、自治区、直辖市还设有分会。

示例2:该省从机动财力中拿出1 900万元,调拨钢材3 000多吨、水泥2万多吨、柴油1 400吨,用于农田水利建设。

10 代号、代码和序号

部队番号、文件编号、证件号码和其他序号,用阿拉伯数字。序数词即使是多位数也不能分节。

示例:84062部队 国家标准GB 2312—80 国办发[1987]9号文件 总3147号 国内统一刊号CN 11-1399 21/22次特别快车 HP-3000型电子计算机 85号汽油 维生素B_{12}

11 引文标注

引文标注中版次、卷次、页码,除古籍应与所据版本一致外,一般均使用阿拉伯数字。

示例1:列宁:《新生的中国》,见《列宁全集》中文2版,第22卷,208页,北京,人民出版社,1990。

示例2:刘少奇:《论共产党员的修养》,修订2版,76页,北京,人民出版社,1962。

示例3:李四光:《地壳构造与地壳运动》,载《中国科学》,1973(4),400~429页。

示例4:许慎:《说文解字》,影印陈昌治本,126页,北京,中华书局,1963。

示例5:许慎:《说文解字》,四部丛刊本,卷六上,九页。

12 横排标题中的数字

横排标题涉及数字时,可以根据版面的实际需要和可能作恰当的处理。

13 竖排文章中的数字

提倡横排。如文中多处涉及物理量,更应横排。竖排文字中涉及的数字除必须保留的阿拉伯数字外,应一律用汉字。必须保留的阿拉伯数字、外文字母和符号均按顺时针方向转90度。

示例一：

雪花牌 BCD188 型家用电冰箱容量是一百八十八升，功率为一百二十五瓦，市场售价两千零五十元，返修率仅为百分之零点一五。

示例二：

海军 J12 号的打捞救生船在太平洋上航行了十三天，于一九九〇年八月六日零时三十分返回基地。

14　字体

出版物中的阿拉伯数字，一般应使用正体二分字身，即占半个汉字位置。

北大方正字体样张（简体）

报宋	中国汉字	★ 笔划纤细,字体清秀工整,结构均匀,印刷效果清晰明快 ☆ 适用于报纸、杂志的正文
书宋	中国汉字	★ 字体端正清秀,结构均匀,笔法严谨,美观实用 ☆ 适用于书刊、杂志的正文
宋三	中国汉字	★ 横轻竖重,笔划均匀,构体严谨,排印清晰 ☆ 适用于书刊、杂志、宣传品的正文
小标宋	中国汉字	★ 字型端正,结构匀称,笔划横细竖粗,布局严谨,稳重 ☆ 适用于书、报、杂志的大小标题字及说明用字
大标宋	中国汉字	★ 字体端庄严谨,笔划粗细分明,布局庄重沉稳 ☆ 适用于书、报、杂志的各类标题字
宋黑	中国汉字	★ 横轻竖重,笔划均匀,构体严谨,排印清晰 ☆ 适用于书刊、杂志、宣传品的正文
仿宋	中国汉字	★ 笔划粗细均匀,字型俊秀挺拔,布局严谨,错落有致 ☆ 适用于书、报、杂志及古籍、诗词等的正文和小标题
楷体	中国汉字	★ 字体朴实端正,笔法舒展有力,流畅自然,结构匀称 ☆ 适用于书、报、杂志和各级教材的中小标题及正文字
细等线	中国汉字	★ 笔划纤细,字型方正,结构均匀,排列整齐 ☆ 适用于书刊、杂志的正文及地图、广告用字
黑一	中国汉字	★ 字型工整,结构匀称,排印效果清晰明快 ☆ 适用于书、报、杂志的小标题及绘图、制表和广告用字

中等线	中国汉字	★ 笔划粗细均匀，字型端正典雅，构体清晰 ☆ 适用于书、报、杂志的中小标题及绘图、制表和广告用字
黑　体	中国汉字	★ 笔划均匀，字型端正古朴，构体平稳充实 ☆ 适用于书、报、杂志的各类标题字
大　黑	中国汉字	★ 字体粗重平稳，横竖比例一致，构体庄重，引人注目 ☆ 适用于报纸大标题及书籍、画报的美术装帧和广告用字
细　圆	中国汉字	★ 笔划圆顺舒展，结构秀逸婉转，字体匀称美观 ☆ 适用于书、报、杂志的正文及装帧、广告等宣传用字
准　圆	中国汉字	★ 字体圆润舒展，笔法婉转柔和，构体古朴美观 ☆ 适用于书、报、杂志的各类标题字及装饰用字
粗　圆	中国汉字	★ 字型圆润饱满，笔法舒展柔和，美观大方 ☆ 适用于书、报、杂志的标题及装饰用书
综　艺	中国汉字	★ 字型见方，结构饱满，笔法新颖雅致，具有独特的艺术效果 ☆ 适用于书、报、杂志及宣传印刷品的标题或装饰用字
水　柱	中国汉字	★ 意在笔先，笔断意连，造型独特，具有流动感 ☆ 适用于书、报、杂志的标题及正文字，也可作装饰用字
姚　体	中国汉字	★ 字体隽秀工整，结构狭长，字间距较大，排印清晰，整齐划一 ☆ 适用于书籍、报刊、杂志的标题字
隶　变	中国汉字	★ 字型微扁，笔划舒展，构体秀逸平和，古朴庄重 ☆ 适用于书、报、杂志的标题及正文字，也可作装饰用字
隶　书	中国汉字	★ 字体浑厚饱满，结构跌宕起伏，笔意朴拙，书法韵味浓 ☆ 适用于书、报、杂志的各类标题字和装饰、宣传用字
魏　碑	中国汉字	★ 字体苍劲坚实，结构跌宕起伏，笔意朴拙，不避锋芒 ☆ 适用于书籍、报刊、杂志的标题字

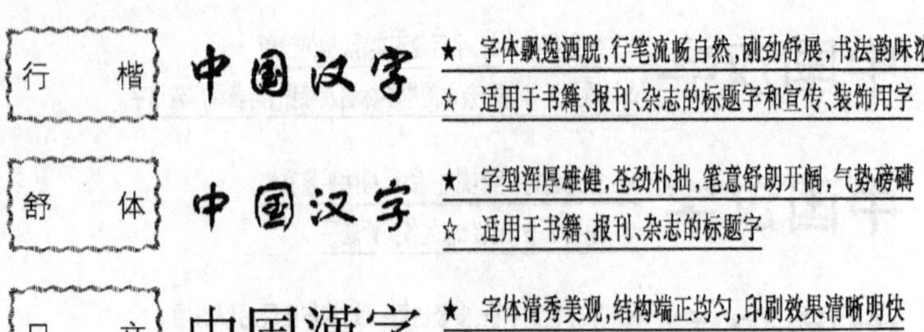

行　楷	中国汉字	★ 字体飘逸洒脱，行笔流畅自然，刚劲舒展，书法韵味浓 ☆ 适用于书籍、报刊、杂志的标题字和宣传、装饰用字
舒　体	中国汉字	★ 字型浑厚雄健，苍劲朴拙，笔意舒朗开阔，气势磅礴 ☆ 适用于书籍、报刊、杂志的标题字
日　文	中国漢字	★ 字体清秀美观，结构端正均匀，印刷效果清晰明快 ☆ 适用于书籍、报刊、杂志的正文

参考文献

1. 中国大百科全书·新闻出版. 北京：中国大百科全书出版社,1990

2. 中国标准出版社第四编辑室编. 作者编辑出版常用国家标准. 北京：中国标准出版社,1993

3. 曾彦修,张惠卿等. 编辑工作二十讲. 北京：人民出版社,1986

4. 阙道隆主编. 实用编辑学. 北京：中国书籍出版社,1986

5. 朱文显,邓星盈. 编辑学概论. 成都：四川省社会科学院出版社,1988

6. 方集理主编. 编辑学基础. 杭州：杭州大学出版社,1992

7. 王知伊等编. 编辑记者一百人. 上海：学林出版社,1985

8. 郑兴东等. 报纸编辑学(第2版). 北京：中国人民大学出版社,1995

9. 徐铸成. 新闻艺术. 上海：知识出版社,1985

10. 叶春华. 报纸编辑. 福州：福建人民出版社,1985

11. 蔡雯. 现代新闻编辑学. 成都：四川人民出版社,1995

12. 彭朝丞. 标题的艺术. 北京：人民日报出版社,1985

13. 张子让. 标题制作与版面设计. 上海：复旦大学出版社,1991

14. 孔繁根. 摄影采访与图片编辑教程. 北京：中国人民大学出版社,1992

15. 余也鲁. 杂志编辑学. 香港：海天书楼,1980

16. 张觉明. 现代杂志编辑学. 台北：商务印书馆,1980

17. 柳闽生. 杂志的编辑设计. 台北：天工书局,1982

18. 陈仁风. 现代杂志编辑学. 北京：中国人民大学出版社,1996

19. 罗见龙,王耀先主编. 科技编辑工作概论. 北京：科学出版社,1985

20. 姚福申. 中国编辑史. 上海：复旦大学出版社,1990

21. 彭建炎. 出版学概论. 长春：吉林大学出版社,1992

22. 安塞. 编辑应用文写作. 太原：书海出版社,1988

23. 上海人民出版社总编办公室. 编辑工作手册. 上海：上海人民出版社,1982

24. 沈浚成. 校对手册(第2版). 北京：科学出版社,1985

25. 冶金工业出版社编辑部. 著译者须知. 北京：冶金工业出版社,1985

26. 邱陵. 书籍装帧艺术简史. 哈尔滨：黑龙江人民出版社,1984

27. 黄燕生等. 版本古籍鉴赏与收藏. 长春：吉林科学技术出版社,1996

28. 罗小华. 中国近代书籍装帧. 北京：人民美术出版社,1990

29. 余秉楠. 世界书籍艺术流派. 广州：花城出版社,1987

30. 曹辛之. 曹辛之装帧艺术. 广州：岭南美术出版社,1985

31. 钱君匋. 书衣集. 太原：山西人民出版社,1986

32. 刘丰杰. 书籍美术. 沈阳：辽宁美术出版社,1987

33. 潘树广主编. 艺术文献检索与利用. 杭州：浙江美术学院出版社,1989

34. 余秉楠. 书籍装帧设计. 哈尔滨：黑龙江美术出版社,1995

35. 孙德珊,吴冠英. 插图设计艺术. 黑龙江美术出版社,1995

36. 庞薰琹. 论工艺美术. 北京：轻工业出版社,1987

37. 廖宝增. 装帧设计知识. 北京：知识出版社,1987

38. 张福昌. 视错觉在设计上的应用. 北京：轻工业出版社,1983

39. 吴祖慈. 工业美术设计基础. 北京：轻工业出版社,1985

40. 刘华明. 绘画色彩研究. 上海：上海人民美术出版社,1985

41. 周正. 绘画色彩学概要. 西安：陕西人民美术出版社,1986

42. 邵瞿昌. 视幻图案应用参考. 武昌：湖北美术出版社,1986

43. 唐兴汉. 出版印刷工作常用手册. 北京：科学普及出版社,1984

44. 王国栋. 书报刊编印知识. 兰州：甘肃人民出版社,1988

45. 赵晓恩主编. 出版业务知识. 北京：文化艺术出版社,1984

46. 张秀民. 中国印刷史. 上海：上海人民出版社,1989

47. 冯瑞乾. 印刷工艺概论. 北京：印刷工业出版社,1985

48. 习力主编. 出版印制管理. 北京：农业出版社,1987

49. 罗树宝,吕品. 编辑出版知识问答. 北京：科学普及出版社,1989

50. 潘树广. 书海求知. 上海：知识出版社,1984

51. 潘树广. 书海求知续编. 上海：知识出版社,1987

52. 贲炜. 书的知识. 长沙：湖南文艺出版社,1991

53. 王鼎吉主编. 图书发行业务知识手册. 北京：中国社会出版社,1992

54. 赵国璋,潘树广主编. 文献学辞典. 南昌：江西教育出版社,1990

55. 倪波主编. 文献学概论. 南京：江苏教育出版社,1990

56. 陈光祚主编. 电子出版物及其制作技术. 武昌：武汉大学出版社,1994

57. 倪萍萍. 计算机文字处理与自动照排系统. 上海：上海交通大学出版社,1993

58. 柳宏,季培均. 办公自动化. 南京：江苏文艺出版社,1993

59. 阙道隆,徐柏容,林穗芳. 书籍编辑学概论. 沈阳：辽宁教育出版社,1995

60. 吴添汉. 编辑应用写作. 沈阳：辽宁教育出版社,1995

61. 吴飞. 新闻编辑学. 杭州：浙江大学出版社,2000

62. 吴飞. 编辑学理论研究. 杭州：浙江大学出版社,2001

63. 中国编辑学会秘书处. 未来编辑谈编辑. 北京：北京出版社,1999

64. 新闻出版署教育培训中心：编辑出版新探. 北京：人民教育出版社,2001

65. 邹忠民主编. 实用计算机信息检索. 苏州：苏州大学出版社,2000

修订后记

本书是1997年版《编辑学》的修订本。旧版20.3万字，新版作了较大幅度的内容更新。正文增订8万余字，附录增订万余字，全书增至30万字。

增订的内容，侧重于两方面：一是编辑学理论与方法的阐述，二是计算机技术尤其是网络技术在出版领域的应用。全书的结构体系未变，依旧保留原来的特色。第一章至第三章是总论部分，论述编辑学的几个基本理论问题和编辑人员应具备的思想素质、业务素质和基本技能。第四章至第十一章是分论部分，分别讲述图书、报纸和期刊的编辑。第十二章讲述计算机技术给编辑出版工作带来的革命性变化。

以往新闻学专业开设编辑课程，一般只讲授报纸编辑。笔者认为，报纸编辑与书刊编辑虽有各自的特点，但在理论与方法上也有许多共通之处。将书、报、刊编辑结合起来讲授，有助于学生贯通理解和拓宽视野，也有利于学生适应不同岗位的工作。本书的编写，正是基于这一理念。

编辑学与文献学是近缘学科。用文献学的眼光审视编辑活动，有助于理论研究的深化，并提高实际操作的科学性。因而，本书的许多章节，是把编辑学与文献学结合起来论述的。关于这一问题，我在《大文献学散论》一文(见《学林漫笔》，东南大学出版社2002年版)中作了较具体的解说，此不赘述。

本书从初稿的编印到这次修订本的出版，时隔16年，其间几经修订。早在1986年，因教学之需，我编印了《编辑工艺》，分8章，讲述图书、报纸、期刊的编辑，先后给9届学生讲授该课程。1996年进行修订，增加了总论与计算机部分，扩充为10章，更名为《编辑学简明教程》，供新闻学专业的本科生和文献学方向的研究生使用。1997年，又增订为12章，列入"现代新闻学与大众传播学丛书"，由苏州大学出版社出版。去年，出版社为了及时反映新闻学与传播学学科建设的新进展，本着对读者高度负责的精神，提出对这套丛书全面修订的计划，《编辑学》自然在修订之列。本人因健康原因，难以独立完成修订工作，于是邀我的博士生金振华君协助修订。振华君已在本校出版社工作9年，有丰富的实践经验，又发表过多篇编辑学论文，协助修订可谓驾轻就熟。我们作了分工,振华君着重增订总论部分和书刊编辑部分,撰稿4.5万字;我着重增订“计算机与编辑出版”一章,并对其他各章作了增删,撰稿3.5万字。

本书虽几经修订,但学科发展迅猛,而本人闻见有限,书中一定还有许多不足之处,敬请读者指正。

潘树广
2002年夏于苏州大学